高等职业教育"十二五"规划教材

Qiaohan Xiabu Gongcheng Jishu
桥涵下部工程技术

郭发忠 主编

王穗平[河南交通职业技术学院]
吕志仁[浙江大宇交通工程有限公司] 主审

人民交通出版社

内 容 提 要

本书是国家级示范性骨干高等职业院校道路桥梁工程技术专业课程建设的配套教材。本书的编写是根据道路桥梁工程技术专业的工作岗位、典型工作任务要求,以工学结合的人才培养模式为背景,设计编排了课程内容。全书共7章,主要内容为:概述,桥梁墩台与基础构造,桥梁墩台与基础的设计计算,墩台施工放样,基础施工,墩台施工,基础、墩台质量检测与评定。

本书主要供高等职业院校道路桥梁工程技术专业教学使用,亦可为高职高专交通土建类专业教学使用,也可作为路桥类工程技术人员的培训教材或自学用书。

图书在版编目(CIP)数据

桥涵下部工程技术/郭发忠主编. — 北京:人民交通出版社,2014.6
高等职业教育"十二五"规划教材
ISBN 978-7-114-11368-0

Ⅰ.①桥… Ⅱ.①郭 Ⅲ.①桥涵工程—下部结构—高等职业教育—教材 Ⅳ.①U443.2

中国版本图书馆 CIP 数据核字(2014)第 074799 号

高等职业教育"十二五"规划教材

书　　名:	桥涵下部工程技术
著 作 者:	郭发忠
责任编辑:	任雪莲
出版发行:	人民交通出版社股份有限公司
地　　址:	(100011)北京市朝阳区安定门外外馆斜街3号
网　　址:	http://www.ccpress.com.cn
销售电话:	(010) 59757973
总 经 销:	人民交通出版社股份有限公司发行部
经　　销:	各地新华书店
印　　刷:	北京市密东印刷有限公司
开　　本:	787×1092　1/16
印　　张:	11.75
字　　数:	300千
版　　次:	2014年6月 第1版
印　　次:	2018年7月 第2次印刷
书　　号:	ISBN 978-7-114-11368-0
定　　价:	30.00元

(有印刷、装订质量问题的图书由本社负责调换)

道路桥梁工程技术专业建设委员会

主 任 委 员：王怡民

副主任委员：金仲秋　李锦伟

编　　　委：柴勤芳　屠群峰　兰杏芳　张征文

　　　　　　郭发忠　陈　凯　王建林　彭以舟

　　　　　　陈晓麟　徐忠阳　贾　佳　薛廷河

　　　　　　邵丽芳　钮　宏　开永旺　赵　伟

　　　　　　赵剑丽　单光炎（企业）　胡建福（企业）

　　　　　　刘　芳（企业）　周观根（企业）

前言 Preface

根据职业教育改革与发展方向，我们在浙江省省级高职示范建设院校和国家示范性骨干学院建设中，在专业人才培养模式研究与培养方案编制工作方面，进行了人才需求调研和专业建设与教学改革现状分析。通过与交通建设行业、企业生产一线专家和技术人员等共同分析论证，对道路桥梁工程技术专业所涵盖的职业岗位(群)进行了职业能力和工作任务分析，设计构建了道路桥梁工程技术专业课程体系，在课程体系优化的基础上，形成了人才培养方案与课程标准。

桥涵下部工程技术课程是道路桥梁工程技术专业的核心课程，其目标是通过教学，使学生认识桥涵下部工程结构的构造组成及适用特点，掌握常用中小桥梁下部结构的设计计算方法、一般桥涵下部结构的施工技能和相关理论知识，能够参与完成常用桥梁的施工方案编制、组织现场施工、进行现场施工质量检测与质量评定等工作任务，达到公路工程施工管理人员相关技能的要求。

该教材于2009年浙江省示范性院校重点专业建设中形成了校本讲义，并在教学试用过程中进行了不断的修改完善，2010年又启动了示范性国家骨干院校建设，在课程建设中又对该教材的内容进行了深入调研、修改补充完善、教学试用验证、专家论证评审等，形成了示范性国家骨干院校建设的校本教材。

本书由浙江交通职业技术学院郭发忠教授担任主编，河南交通职业技术学院王穗平教授和浙江大宇交通工程有限公司吕志仁高级工程师担任主审。参加本书编写的人员分工如下：第一～三章由浙江交通职业技术学院郭发忠编写；第四、七章由新疆乌鲁木齐市市政设施养护处郭武工程师和新疆交通职业技术学院敬麒麟副教授联合编写；第五章由郭发忠和浙江交通职业技术学院贾佳副教授联合编写；第六章由浙江交通职业技术学院戴庆星和浙江省交通建设集团有限公司周联英高级工程师联合编写。

本教材在编写过程中，参考并引用了附于书末的参考文献，在此对其作者致以诚挚谢意！

由于编者水平有限，编写时间紧迫，书中疏漏和不妥乃至错误之处在所难免，诚挚希望广大读者在使用过程中及时将发现的问题告知，以便进一步修改和补充。

编 者
2013 年 12 月

目 录 Contents

第一章 概 述 ··· 1
第一节 桥涵下部结构的组成及作用 ··· 1
第二节 桥涵下部结构设计所需资料 ··· 2
第三节 墩台与基础的作用(荷载)及其效应组合 ································· 4
思考与练习题 ··· 10

第二章 桥梁墩台与基础的构造 ··· 12
第一节 桥墩类型与构造 ··· 12
第二节 桥台类型与构造 ··· 16
第三节 基础类型与构造 ··· 20
思考与练习题 ··· 25

第三章 桥梁墩台与基础的设计计算 ··· 27
第一节 桥墩设计与计算 ··· 27
第二节 桥台设计与计算 ··· 59
第三节 桩基础设计与计算 ··· 74
思考与练习题 ··· 98

第四章 墩台施工放样 ··· 99
第一节 墩台定位测量 ··· 99
第二节 墩台基础中线、边线和高程测量 ······································ 107
思考与练习题 ··· 109

第五章 基础施工 ··· 110
第一节 扩大基础施工 ··· 110
第二节 桩基础施工 ··· 119
思考与练习题 ··· 141

第六章 墩台施工 ··· 142
第一节 圬工墩台施工 ··· 142
第二节 钢筋混凝土墩台施工 ··· 152
思考与练习题 ··· 164

第七章 基础、墩台质量检测与评定 ··· 166
第一节 基础工程质量检测与评定 ··· 166
第二节 墩台结构质量检测与评定 ··· 174
思考与练习题 ··· 178

参考文献 ··· 180

第一章 概 述

第一节 桥涵下部结构的组成及作用

学习内容:桥涵下部结构的组成;桥墩、桥台及基础的作用。
学习目标:要求学生能正确认知桥涵下部结构的各组成部分及其在桥涵工程结构中的作用。

桥涵结构通常被划分为两大部分,即上部结构和下部结构。上部结构又称桥跨结构,是在线路中断时跨越障碍的主要结构。对设有支座的桥梁,上部结构通常是指支座及其以上的部分;对不设支座的桥梁,如拱桥、刚架桥等,为起拱线或主梁以上部分。下部结构主要包括桥墩、桥台、基础和地基。图1-1所示为一座桥梁结构的各部组成立面示意图。

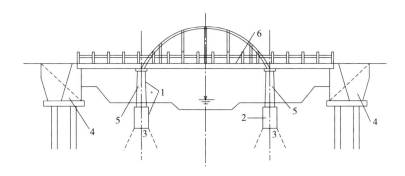

图1-1 桥梁结构各部组成立面示意图
1-下部结构;2-基础;3-地基;4-桥台;5-桥墩;6-上部结构

桥涵下部工程结构,决定着桥跨结构在平面和高程上的位置,墩台位于桥梁上部结构与基础之间,承担着上部结构产生的荷载,并将荷载有效地传递给基础和地基,起着"承上启下"的作用。

桥墩是多跨桥梁的中间支承结构物,它除承受桥跨结构的荷重外,还要承受流水压力、水面以上的风力以及可能出现的流冰压力、船只或漂浮物或汽车的撞击作用。

桥台设置在桥梁两端,其除了支承桥跨结构外,还起衔接两岸路堤的作用;它既能挡土护岸,又能承受台背填土压力及填土上车辆荷载所产生的附加土侧压力。

墩台与地基接触的部分称为基础,它对整个桥梁的质量和正常使用起着根本的作用。因此,桥梁墩台与基础不仅要求自身应具有足够的强度、刚度和稳定性,而且对地基的承载能力、沉降量、地基与基础之间的摩阻力等都有相应的要求。

第二节　桥涵下部结构设计所需资料

学习内容： 桥位平面图（或桥址地形图）及上部结构设计有关资料；工程地质勘测报告及桥位地质纵剖面图；地基土质调查试验报告；河流调查资料及其他参考资料。

学习目标： 要求学生知道在进行桥涵下部结构设计时，应收集和掌握哪些资料。

桥涵下部结构的设计方案以及计算中有关参数的选用，都要根据当地的地质条件、水文条件、上部结构形式、荷载特征、材料情况以及施工要求等因素全面考虑。施工方案和方法也应结合设计要求、现场地形、地质条件、施工技术设备、施工季节、气候和水文等情况来研究确定。因此，事前应进行详细的调查研究，充分掌握必要的、符合实际情况的资料。

1. 桥位平面图（或桥址地形图）及上部结构设计有关资料

在进行桥梁结构初步设计时，应该了解并掌握当地的桥位地形地物资料、河床断面资料和地形图等。若桥址处有不良地质地段，如滑坡、崩塌、泥石流、河道弯曲等情况，均应重视，合理拟定桥梁下部结构的总体设计方案及布置。

桥梁上部结构的形式对下部结构的设计计算有着很大的约制作用，如桥梁上部结构为超静定结构，则对地基和基础的沉降有更严格的要求。因此，应该对桥梁上部结构的总体资料、数据、设计安全等级、技术标准等有全面的了解和掌握，使下部结构设计更为合理、安全、可靠。

2. 工程地质勘测报告及桥位地质纵剖面图

地质勘测报告及桥位和桥位地质纵剖面图中，主要反映桥位处的地质状况，包括河谷的地质构造，桥位及附近地层的岩性，如地质年代、成因、层次、层序、分布规律、岩层的完整及破碎程度、风化程度，以及覆盖层厚度和土层变化关系等资料，这对工程设计和工程评价是不可缺少的。此外，在地质勘测报告中还应说明建桥地点一定范围内各种不良地质现象或特殊地貌，如溶洞、冲沟、陡崖等的成因、分布范围、发展规律及对工程的影响特点。以上这些资料有助于合理确定桥位和下部结构位置的高程以及墩台高度、结构形式等，对于桥梁下部结构的设计必不可少。

3. 地基土质调查试验报告

地基土质调查试验报告中的内容主要是工程地质勘测时通过调查、钻（挖）取各层地基土足够数量的原状土（岩）样，用室内或原位试验方法得到各层土的物理力学指标，如粒径级配、塑性指数、天然含水率、重度、孔隙比、抗剪强度指标、压缩特性、渗透性指标以及必要的荷载试验、岩石抗压强度试验等结果。这些数据可以帮助我们在对基础设计时进行埋置深度的研究、地基强度的计算、沉降量的计算、基础类型的确定等。

4. 河流调查资料

设计桥梁墩台基础，必须有比较可靠的水文调查资料，主要包括设计冲刷深度、设计洪水频率、最高洪水位、低水位和常年水位及流量、流速、流向变化情况，其次还包括河流的下蚀、侧蚀和河床的稳定性、河流变迁、潮汐等资料。这些数据将影响桥梁下部结构基础的埋置深度、墩身的水平力计算、施工方法的确定等。

5. 其他参考资料

地震、建筑材料、施工条件、气候等资料对下部结构设计会产生一定的影响，尤其是地震资料对处在地震区的桥梁设计更为重要。随着我国经济实力的不断增强,对桥梁结构的抗震也提出越来越高的要求,而桥梁下部结构恰恰是抗震设计和设防的重要部位。大量桥梁震害表明,地震时桥梁的破坏常常是由于墩台基础和地基在地震中的毁坏所导致。因此要重视下部结构的抗震设计,并采取有效的抗震措施,减轻或避免地震损失。

表1-1为桥涵下部结构设计和施工所需的地质、水文、地形及现场调查资料。

桥涵下部结构设计和施工所需的各种调查资料　　　　　表1-1

资料种类		资料主要内容	资料用途
1. 桥位平面图(或桥址地形图)		(1)桥位地形; (2)桥位附近的地貌、地物; (3)不良工程地质状况及分布; (4)桥位与两端路线的平面关系; (5)桥位与河道的平面关系	(1)选择桥位及下部结构位置时研究; (2)有助于布置施工现场; (3)辅助了解地质概况; (4)估计河岸冲刷及水流方向的变化情况; (5)确定布置墩台、基础防护构造物
2. 桥位工程地质勘测报告及工程地质纵坡剖面图		(1)河床地质分层土(岩)类,层面高程,钻孔位置及钻孔柱状图; (2)地质、地史资料说明; (3)不良工程地质现象及特殊地貌的调查勘测资料	(1)选择桥位及下部结构位置时研究; (2)选定地基持力层; (3)选定墩台高度和结构形式; (4)有助于布置墩台和基础防护构造物
3. 地基土质调查试验报告		(1)钻孔资料; (2)覆盖层及地基土(岩)层状生成分布情况; (3)分层土(岩)层状生成分布情况; (4)荷载试验报告; (5)地下水位调查情况	(1)帮助分析和掌握地基的层状; (2)确定地基持力层及基础的埋置深度; (3)选定地基各土层强度和有关计算参数; (4)确定基础的类型和构造; (5)为基础沉降计算提供所需的数据
4. 河流水文调查报告		(1)桥位附近河道纵横断面图; (2)提供有关水位、流速和流量的调查资料; (3)确定各种冲刷深度的计算资料; (4)有关通航等级、漂流物、流水调查资料	(1)根据冲刷深度的要求,可确定基础的埋置深度; (2)桥墩水平作用力的计算; (3)研究在各种施工季节的施工方法
5. 其他调查资料	(1)地震	(1)历次地震记录; (2)震害调查情况	(1)抗震设计方法和抗震措施的选择; (2)结构抗震设计的强度; (3)对地基液化及岸坡滑移的分析研究
	(2)建筑材料	(1)就地取材的数量、种类、距离等; (2)材料的加工能力、运输能力等; (3)工程用水的调查情况	(1)确定下部结构所用的材料; (2)就地取材的计划安排
	(3)气象	(1)当地气象台有关气温变化、降水量、风向风力等记录资料; (2)实地调查采访资料	(1)确定气温变化特点; (2)确定基础的埋置深度; (3)确定风速、风压等; (4)确定在各种施工季节的施工方法
	(4)附近桥梁调查	(1)附近桥梁结构的形式、设计计算书、施工图纸; (2)附近桥梁的地质地层性质情况; (3)附近桥梁的冲刷和河道变迁; (4)现状及运营情况、墩台结构变形	(1)掌握附近桥梁的地基地质情况; (2)为新建桥梁提供参考以确定基础的埋置深度; (3)为河流的冲刷、改道情况提供参考
	(5)施工调查资料		(1)施工季节和施工方法的确定; (2)拟订工程材料、运输、设备供应方案; (3)施工中动力及临时设备、临时结构的规划设计

第三节 墩台与基础的作用(荷载)及其效应组合

学习内容:桥涵墩台与基础设计中应考虑作用(荷载)种类,作用的分类,各项作用应用的说明,作用效应组合方法与要求,以及桥涵墩台与基础设计时的作用效应组合应用说明。

学习目标:要求学生知道在进行桥涵下部结构设计时应考虑的作用种类,理解各种作用的应用方法和技术要求,掌握作用效应组合的原则与作用效应组合的技术方法。

一、作用的分类

《公路桥涵设计通用规范》(JTG D60—2004)(以下简称《通用规范》)把公路桥涵设计采用的作用按时间的变异分为永久作用、可变作用和偶然作用三类,这种分类是桥梁结构上作用的基本分类。各类作用的分类见表1-2。

作用分类表　　　　　　　　　表1-2

编号	作用分类	作用名称
1	永久作用	结构重力(包括结构附加重力)
2		预加力
3		土的重力
4		土侧压力
5		混凝土收缩及徐变作用
6		水的浮力
7		基础变位作用
8	可变作用	汽车荷载
9		汽车冲击力
10		汽车离心力
11		汽车引起的土侧压力
12		人群荷载
13		汽车制动力
14		风荷载
15		流水压力
16		冰压力
17		温度(均匀温度和梯度温度)作用
18		支座摩阻力
19	偶然作用	地震作用
20		船舶或漂流物的撞击作用
21		汽车撞击作用

在表1-2所述作用分类中,很多作用如结构重力、预加力、汽车荷载、人群荷载等适用于全桥(上部结构和下部结构)设计,但有些作用如汽车荷载引起的制动力、离心力、冲击力、支座摩阻力、土侧压力、水的浮力、基础变位作用、风荷载、流水压力、冰压力及各种偶然作用

(包括地震作用、船舶或漂流物的撞击作用),是下部结构(即墩台和基础)设计和计算中要特别考虑的。各种作用的计算方法可参考《通用规范》第4条的规定。以下就几种典型的作用进行说明。

1. 汽车荷载

汽车荷载分为公路—Ⅰ级、公路—Ⅱ级两个等级,由车道荷载和车辆荷载组成。桥梁结构的整体计算采用车道荷载;桥梁结构的局部加载,涵洞、桥台和挡土墙土压力等的计算采用车辆荷载。车辆荷载与车道荷载的作用不得叠加。各级公路桥涵设计的汽车荷载等级应符合表1-3的规定。

各级公路桥涵的汽车荷载等级　　　　　　表1-3

公路等级	高速公路	一级公路	二级公路	三级公路	四级公路
汽车荷载等级	公路—Ⅰ级	公路—Ⅰ级	公路—Ⅱ级	公路—Ⅱ级	公路—Ⅱ级

二级公路为干线公路且重型车辆多时,其桥涵的设计可采用公路—Ⅰ级汽车荷载。四级公路上重型车辆少时,其桥涵设计所采用的公路—Ⅱ级车道荷载的效应可乘以0.8的折减系数,车辆荷载的效应可乘以0.7的折减系数。

1)车道荷载

车道荷载由均布荷载和集中荷载组成,在桥梁结构的整体计算时采用,计算图式如图1-2所示。

公路车道荷载Ⅰ级车道荷载的均布荷载标准值为$q_K = 10.5 \text{kN/m}$,集中荷载标准值按以下规定选取:桥梁计算跨径小于或等于5m时,$P_K = 180 \text{kN}$;桥梁计算跨径等于或大于50m时,$P_K = 360 \text{kN}$;桥梁计算跨径在5~50m时,P_K值采用直线内插求得。计算剪力效应时,上述集中荷载标准值P_K应乘以1.2的系数。公路—Ⅱ级车道荷载的均布荷载标准值q_K和集中荷载准值P_K采用公路—Ⅰ级车道荷载的0.75。车道荷载的均布荷载标准值应布满于使结构产生最不利效应的同号影响线上;集中荷载标准值只作用于相应影响线中一个最大的影响线峰值处。

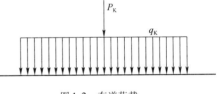

图1-2 车道荷载

2)车辆荷载

车辆荷载在局部加载时使用,用于涵洞、桥台和挡土墙压力的计算。立面、平面尺寸、横向布置如图1-3和图1-4所示。

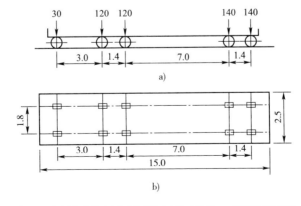

图1-3 车辆荷载的立面、平面尺寸(尺寸单位:m;荷载单位:kN)

计算墩台基础时,应在桥跨主梁上按照墩台产生最不利的荷载效应布置车道荷载,即:根据使墩台产生最大的轴向力和最大的弯矩确定桥跨上汽车荷载的布载方式。

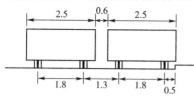

图1-4 车辆荷载横向布置(尺寸单位:m)

2. 汽车冲击力

汽车在不平整的桥面铺装上高速行驶,会使桥梁受到冲击力作用。汽车冲击力,对于钢筋混凝土柱式墩及其他轻型桥墩应计入汽车冲击力,对于重力式墩台则不计冲击力。

3. 汽车荷载离心力

当弯道桥的曲线半径小于或等于250m时,应计入离心力。离心力的着力点在桥面以上1.2m处(为计算简便,也可移至桥面上,不计由此引起的作用效应)。

4. 汽车荷载的制动力

桥上汽车制动力是车辆在制动时为克服车辆的惯性力而在路面与车辆之间发生的滑动摩擦力。汽车荷载制动力是桥梁墩台承受的主要纵向水平力之一,其方向与车辆前进方向相同。制动力的着力点在桥面以上1.2m处,计算墩台时可移至支座铰中心或支座底座面上;计算刚构桥、拱桥时,制动力的着力点可移至桥面上,但不计由此而产生的竖向力和力矩。

5. 土侧压力

土侧压力是指土体对结构物的侧向压力。其中,汽车荷载在桥台或挡土墙后填土的破坏棱体上引起的土侧压力,采用车辆荷载计算,并将其换算成等代土层厚度,计算公式可参考《通用规范》第4.3.4条。

任何埋在土体中的结构物都将受到土压力的作用,对于一个结构物来讲,只有当其前后或左右两侧土压力不对称时才有计算的实际意义。例如,在验算岸墩的截面强度及整体稳定性时,当锥坡有适当防护措施不致被水流冲毁时,可考虑来自填土及墩前锥坡的主动土压力;否则,应按锥坡被冲毁后墩后单向主动土压力验算。

6. 水的浮力

水的浮力对不同的土质和不同的计算内容有不同的规定。

(1)基础底面位于透水性地基上的桥梁墩台,当验算稳定时,应考虑设计水位的浮力;当验算地基应力时,可仅考虑低水位的浮力,或不考虑水的浮力。

(2)基础嵌入不透水性地基的桥梁墩台不考虑水的浮力。

(3)作用在桩基承台底面的浮力,应考虑全部底面积。对桩嵌入不透水地基并灌注混凝土封闭者,不应考虑桩的浮力;在计算承台底面浮力时应扣除桩的截面面积。

(4)当不能确定地基是否透水时,应以透水或不透水两种情况与其他作用组合,取其最不利者。

7. 偶然作用

1)地震作用

对地震动峰值加速度等于0.1g、0.15g、0.2g、0.3g地区的公路桥涵应进行抗震设计。对地震动峰值加速度大于和等于0.40g地区的公路桥涵,必须进行专门的抗震研究和设计。对地震动峰值加速度小于和等于0.05g地区的公路桥涵,除有特殊要求外,可采用简易设防。对做过地震小区划的地区,应按主管部门审批后的地震动参数进行抗震设计。

公路桥梁地震作用的计算及结构的设计应符合现行《公路桥梁抗震设计细则》

(JTG/T B02-01—2008)(以下简称《抗震细则》)的规定。

2)船舶或漂流物的撞击作用

位于通航河流或有漂流物的河流中的桥梁墩台,设计时应考虑船舶或漂流物的撞击作用。

8.作用代表值说明

进行结构或结构构件设计时,针对不同设计目的所采用的各种作用规定值,包括作用标准值、作用准永久值和作用频遇值等。

1)作用标准值

作用标准值是结构或结构构件设计时,采用的各种作用的基本代表值,它是结构设计的主要参数。作用标准值反映了作用在设计基准期内(公路桥涵结构的设计基准期为100年)随时间的变异,并按其在设计基准期内的最大概率分布的某一分位值确定。

2)作用准永久值

作用准永久值是结构或构件按正常使用极限状态长期效应组合设计时,采用的另一种可变作用代表值。其值可根据在足够长观测期内作用任意时点概率分布的0.5(或略高于0.5)分位值确定。

3)作用频遇值

作用频遇值是结构或构件按正常使用极限状态短期效应组合设计时,采用的一种可变作用代表值。其值可根据在足够长观测期内作用任意时点概率分布的0.95分位值确定。

公路桥涵设计时,对不同的作用应采用不同的代表值。

(1)作用的设计值:规定为作用的标准值乘以相应的作用分项系数。

(2)作用效应:结构对所受作用的反应,如由作用产生的结构或构件的轴力、弯矩、扭矩、位移、应力、裂缝等。

永久作用采用标准值作为代表值。永久作用的标准值,对结构自重力(包括结构附加重力),可按结构构件的设计尺寸与材料的重度计算确定。

可变作用则应根据不同的极限状态分别采用标准值、准永久值和频遇值作为其代表值。承载能力极限状态设计及按弹性阶段计算结构强度时,应采用标准值作为可变作用的代表值。正常使用极限状态按短期效应(频遇)组合设计时,应采用频遇值作为可变作用的代表值;按长期效应(准永久)组合设计时,应采用准永久值作为可变作用的代表值。

可变作用频遇值由可变作用标准值乘以频遇值系数 ψ_1 得到;可变作用准永久值由可变作用标准值乘以准永久值系数 ψ_2 得到。

频遇值系数 ψ_1 和准永久值系数 ψ_2 在作用效应组合时,按相应规定取用。

偶然作用会对结构安全产生非常巨大的影响,甚至使桥梁毁坏和交通中断。因此,对建造在地震区或有可能受到船舶或漂流物以及汽车撞击的桥梁,应进行谨慎的抗震和防撞设计。

偶然作用也可取其标准值作为代表值。偶然作用可根据调查、试验资料,结合工程经验确定其标准值。

二、作用效应组合

1.按承载能力极限状态设计时的作用效应组合

1)基本组合

永久作用的设计值效应与可变作用设计值效应相组合,其效应组合表达式为:

$$\gamma_0 S_{ud} = \gamma_0 \left(\sum_{i=1}^{m} \gamma_{Gi} S_{Gik} + \gamma_{Q1} S_{Q1k} + \psi_c \sum_{j=2}^{n} \gamma_{Qj} S_{Qjk} \right) \tag{1-1}$$

或

$$\gamma_0 S_{ud} = \gamma_0 \left(\sum_{i=1}^{m} S_{Gid} + S_{Q1d} + \psi_c \sum_{j=2}^{n} S_{Qjd} \right) \tag{1-2}$$

式中：S_{ud}——承载能力极限状态下作用基本组合的效应组合设计值。

  γ_0——结构重要性系数，按表1-4规定的结构设计安全等级采用，对应于设计安全等级一级、二级和三级分别取1.1、1.0和0.9。

  γ_{Gi}——第i个永久作用效应的分项系数，应按表1-5的规定采用。

  S_{Gik}、S_{Gid}——第i个永久作用效应的标准值和设计值。

  γ_{Q1}——汽车荷载效应（含汽车冲击力、离心力）的分项系数，取$\gamma_{Q1}=1.4$；当某个可变作用在效应组合中的值超过汽车荷载效应时，则该作用取代汽车荷载，其分项系数应采用汽车荷载的分项系数；对专为承受某作用而设置的结构或装置，设计时该作用的分项系数取与汽车荷载同值；计算人行道板和人行道栏杆的局部荷载，其分项系数也与汽车荷载取同值。

  S_{Q1k}、S_{Q1d}——汽车荷载效应（含汽车冲击力、离心力）的标准值和设计值。

  γ_{Qj}——在作用效应组合中除汽车荷载效应（含汽车冲击力、离心力）、风荷载外的其他第j个可变作用效应的分项系数，取$\gamma_{Qj}=1.4$，但风荷载的分项系数取$\gamma_{Qj}=1.1$。

  S_{Qjk}、S_{Qjd}——在作用效应组合中除汽车荷载效应（含汽车冲击力、离心力）外的其他第j个可变作用效应的标准值和设计值。

  ψ_c——作用效应组合中除汽车荷载效应（含汽车冲击力、离心力）外的其他可变作用效应的组合系数，当永久作用与汽车荷载和人群荷载（或其他一种可变作用）组合时，人群荷载（或其他一种可变作用）的组合系数取$\psi_c=0.80$；当除汽车荷载（含汽车冲击力、离心力）外尚有两种其他可变作用参与组合时，其组合系数取$\psi_c=0.70$；当除汽车荷载（含汽车冲击力、离心力）外尚有三种可变作用参与组合时，其组合系数取$\psi_c=0.60$；当除汽车荷载（含汽车冲击力、离心力）外尚有四种及多于四种的可变作用参与组合时，取$\psi_c=0.50$。

设计弯桥时，当离心力与制动力同时参与组合时，制动力标准值或设计值按70%取用。

公路桥涵结构的设计安全等级   表1-4

设计安全等级	桥涵结构	设计安全等级	桥涵结构
一级	特大桥、重大桥	三级	小桥、涵洞
二级	大桥、中桥、重要小桥		

注：特大、大、中桥等系按《通用规范》表1.0.11中的单孔跨径确定，对多跨不等跨桥梁，以其中最大跨径为准；重要的大桥和小桥，指高速公路和一般公路上、国防公路上及城市附近交通繁忙公路上的桥梁。

2）偶然组合

永久作用标准值效应与可变作用某种代表值效应及一种偶然作用标准值效应相组合。偶然作用的效应分项系数取1.0；与偶然作用同时出现的可变作用，可根据观测资料和工程经验取用适当的代表值。地震作用标准值及其表达式按现行《抗震细则》相关规定采用。

永久作用效应的分项系数 表1-5

编号	作用类别		永久作用效应的分项系数	
			对结构的承载能力不利时	对结构的承载能力有利时
1	混凝土和圬工结构重力(含结构附加重力)		1.2	1.0
	钢结构重力(含结构附加重力)		1.1 或 1.2	
2	预加力		1.2	1.0
3	土的重力		1.2	1.0
4	混凝土收缩及徐变作用		1.0	1.0
5	土侧压力		1.4	1.0
6	水的浮力		1.0	1.0
7	基础变位作用	混凝土和圬工结构	0.5	0.5
		钢结构	1.0	1.0

注：本表编号1中，当钢桥采用钢桥面板时，永久作用效应分项系数取1.1；当采用混凝土桥面板时，取1.2。

偶然组合用于结构在特殊情况下的设计，所以不是全部桥涵都采用，一些结构也可以采取构造或其他预防措施来解决。

基础结构的偶然组合(不包括地震作用)表达式为：

$$\gamma_0 S_{ad} = \gamma_0 \left(\sum_{i=1}^{m} \gamma_{Gi} S_{Gik} + \gamma_a S_{ak} + \psi_{11} S_{Q1k} + \sum_{j=2}^{n} \psi_{2j} S_{Qjk} \right) \quad (1\text{-}3)$$

式中：S_{ad}——承载能力极限状态下作用偶然组合的效应组合值；

γ_0——结构重要性系数，取 $\gamma_0 = 1.0$；

S_{Gik}——第 i 个永久作用效应的标准值效应；

S_{ak}——偶然作用标准值效应；

S_{Q1k}——除偶然作用外，第一个可变作用标准值效应；该标准值效应大于其他任意第 j 个可变标准值效应；

S_{Qjk}——其他第 j 个可变作用标准值效应；

γ_{Gi}、γ_a——上面表达式中相应作用效应的分项系数，均取值为1.0；

ψ_{11}——第一个可变作用效应的频遇值系数，按《通用规范》4.1.7条第一款规定采用，或按式(1-4)中规定采用，稳定验算时取 $\psi_{11} = 1.0$；

ψ_{2j}——其他第 j 个可变作用效应的准永久值系数，按《通用规范》4.1.7条第二款规定采用，或按式(1-5)中规定采用，稳定验算时取 $\psi_{2j} = 1.0$。

2. 按正常使用极限状态设计时的作用效应组合

1) 作用短期效应组合

即永久作用标准值效应与可变作用频遇值效应相组合，其效应组合表达式为：

$$S_{sd} = \sum_{i=1}^{m} S G_{ik} + \sum_{j=1}^{n} \psi_{1j} S_{Qjk} \quad (1\text{-}4)$$

式中：S_{sd}——作用短期效应组合设计值；

ψ_{1j}——第 j 个可变作用效应的频遇值系数，汽车荷载(不计冲击力) $\psi_1 = 0.7$，人群荷载 $\psi_1 = 1.0$，风荷载 $\psi_1 = 0.75$，温度梯度作用 $\psi_1 = 0.80$，其他作用 $\psi_1 = 1.0$；

$\psi_{1j} S_{Qjk}$——第 j 个可变作用效应的频遇值。

2)作用长期效应组合

即永久作用标准值与可变作用准永久值效应相组合,其效应组合表达式为:

$$S_{ld} = \sum_{i=1}^{m} S_{Gik} + \sum_{j=1}^{n} \psi_{2j} S_{Qjk} \qquad (1-5)$$

式中:S_{ld}——作用长期效应组合设计值;

ψ_{2j}——第j个可变作用效应的准永久值系数,汽车荷载(不计冲击力)$\psi_2 = 0.4$,人群荷载$\psi_2 = 0.4$,风荷载$\psi_2 = 0.75$,温度梯度作用$\psi_2 = 0.8$,其他作用$\psi_2 = 1.0$;

$\psi_{Qjk}、S_{Qjk}$——第j个可变作用效应的准永久值。

当结构构件需要进行弹性阶段截面应力计算时,除特别指明外,各作用效应的分项系数及组合系数均取为1.0,各项应力限值按各设计规范规定采用。构件在吊装、运输时,构件重力应乘以动力系数1.2或0.85,并可视构件具体情况适当增减。

3. 作用效应组合应用说明

(1)进行桥梁墩台设计时,应考虑结构上可能同时出现的作用,按承载能力极限状态进行作用效应组合,如式(1-1)、式(1-2)。组合的内容,由设计者根据实际情况确定,通常需要对所有可能的组合分别进行计算,取其最不利的效应进行设计。桥墩计算中,一般需验算墩身截面的强度、墩身截面上的合力偏心距以及桥墩纵向和横向的稳定性。

(2)对基础结构而言,进行结构构件自身承载力验算时,作用效应组合表达式、结构重要性系数、各效应的分项系数及组合系数,应按照式(1-1)和式(1-2)执行。但进行基础稳定性验算时,上述公式中的各项系数均取1.0。

(3)当基础结构需要进行正常使用极限状态设计时,作用短期效应组合和长期效应组合表达式、频遇值系数及准永久系数,均按式(1-4)式(1-5)或按《通用规范》第4.1.7条确定。

(4)计算基础沉降时,传至基础底面的作用效应,应按正常使用极限状态下作用长期效应组合采用。该组合仅为直接施加于结构上的永久作用标准值(不包括混凝土收缩及徐变作用、基础变位作用)和可变作用准永久值(仅指汽车荷载和人群荷载)引起的效应。

(5)对地基进行竖向承载力验算时,传至基底或承台底面的作用效应,应按正常使用极限状态的短期效应组合采用;同时尚应考虑作用效应的偶然组合(不包括地震作用),见式(1-3)。作用效应组合值应小于或等于相应的抗力——地基承载力容许值或单桩承载力容许值。应注意:

①当采用作用短期效应组合时,其中可变作用的频遇值系数均取为1.0,且汽车荷载应计入冲击系数。填料厚度(包括路面厚度)等于或大于0.5m的拱桥、涵洞,以及重力式墩台,其基底计算可不计汽车冲击系数。

②当采用作用效应的偶然组合时,其组合表达式按《公路桥涵地基与基础设计规范》(JTG D63—2007)(以下简称《地基与基础规范》)第1.0.5条或式(1-3)采用,但不考虑结构重要性系数,且公式中的作用分项系数γ_{Gi}和γ_a、频遇值系数ψ_{1i}和准永久值系数ψ_{2j}均取值为1.0。

思考与练习题

1. 简述桥梁下部结构的组成和桥墩、桥台及基础的作用。
2. 在进行桥涵下部结构设计时应收集哪些资料?

3. 简述桥涵下部结构设计时所需资料的主要用途。

4. 叙述桥涵设计时所考虑的作用种类和作用名称,并说明在桥涵下部结构设计时应考虑哪些作用。

5. 当桥梁计算跨径为30m时,公路—Ⅰ级车道荷载中的集中荷载标准值P_K为何值?计算剪力效应时,上述集中荷载标准值P_K应为何值?

6. 当桥梁计算跨径为30m时,公路—Ⅱ级车道荷载的均布荷载标准值q_K和集中荷载准值P_K分别为何值?

7. 汽车荷载中的车辆荷载主要用于桥涵结构哪些方面的计算?

8. 简述水的浮力计算中,对不同的土质和不同的计算内容有哪些不同的规定。

9. 简述桥涵下部结构设计时,作用效应组合的一般种类形式。

10. 在进行地基竖向承载力验算时,传至基底或承台底面的作用效应采用何种组合?并说明组合中的注意事项。

第二章 桥梁墩台与基础的构造

第一节 桥墩类型与构造

学习内容:桥墩的作用、类型及其适用条件;常用桥墩的构造组成及构造要求。

学习目标:要求学生能认知桥墩工程结构的作用、常用桥墩类型及其适用条件、常用桥墩构造要求和特点;能正确选用桥墩类型和识读桥墩构造图。

桥墩(Pier)是指在两孔及两孔以上桥梁的中间支承结构,是桥梁的重要组成部分。它决定着桥跨结构在平面上和高程上的位置,除承受桥跨结构的荷重外,还要承受流水压力,水面以上的风力以及可能出现的流冰压力、船只或漂浮物或汽车的撞击作用,并将荷载传递给地基。梁式桥桥墩主要分为五大类:重力式实体桥墩,钢筋混凝土薄壁墩,V形桥墩和Y形桥墩,柱式桥墩和桩柱式桥墩,柔性排架桩墩。拱桥桥墩主要分为三大类:重力式实体桥墩,柱式桥墩和桩柱式桥墩,单向推力墩。

一、梁式桥桥墩

1. 重力式桥墩

重力式桥墩主要是靠自身重力(包括桥跨结构重力)来平衡外力和保证桥墩的稳定性(抗倾覆稳定和抗滑稳定)。此种桥墩墩身多做成实体式的,可以不用钢筋,而用天然石材或片石混凝土砌筑。因此,其圬工体积较大,阻水面积大,自重也大,对地基承载力的要求高,桥墩自身刚度大,具有较强的防撞能力,适合于修建在地基承载力较高、覆盖层较薄、基岩埋深较浅的地基上,如图2-1所示。

图2-1 重力式桥墩

重力式桥墩由墩帽、墩身和基础三部分组成。

墩帽直接承受着支座传来的集中力作用,所以要求它具有足够的强度。墩帽一般采用C20以上的混凝土浇筑,并加配构造钢筋,非严寒地区的小跨径较窄桥梁可不设构造钢筋。墩帽顶面在横桥向常做成一定的排水坡,四周应挑出墩身5~10cm作为滴水(檐口)。

对于中、小跨径的桥梁,支座可直接安置在墩帽上。为了使支座传来的压力均匀分布到墩顶上,可在支座下设置1~2层钢筋网。钢筋网的尺寸为支座的2倍,钢筋直径一般为8~12mm。网格间距为7~10cm。

对于大跨径的桥梁,需在墩顶上设置钢筋混凝土支承垫石,支座放在支承垫石上。支承垫石的平面尺寸要根据支座大小、支座传来的荷载大小和支承垫石下墩顶混凝土强度而定,一般要求支座边缘距支承垫石边缘的距离不小于 15~20cm,支承垫石的厚度一般为其长度的 1/3~1/2。

墩身的平面形状,在河中可以做成圆端形或尖端形,无水岸墩或高架桥也可做成矩形,在水流与桥梁斜交时,可做成圆形。墩身一般采用强度等级不低于 C20 的片石混凝土浇筑,或用浆砌块石、浆砌料石,也可用混凝土预制块砌筑。石砌桥墩应采用强度等级不低于 MU30 的石料,大中桥用不低于 M7.5 砂浆砌筑,小桥涵用不低于 M5 砂浆砌筑。混凝土桥墩一般用强度等级为 C20 或 C20 以上混凝土浇筑,并可掺入不多于 20% 的片石,混凝土预制块强度不低于 C25。

设在天然地基上的桥墩基础一般采用强度等级不低于 C20 的混凝土或 M5 砂浆砌片石(或块石)筑成。基础的平面尺寸较墩身底面尺寸略大,四周各放大 250~750mm。在竖向,基础可以做成单层,也可以做成 2~3 层台阶式的。

重力式桥墩的优点是承载能力大,缺点是圬工数量多,重力大。适用于地基承载力较高、荷载较大或河流中流冰和漂浮物较多的桥梁。

2. 钢筋混凝土薄壁桥墩

钢筋混凝土薄壁墩可分为单肢薄壁墩和双肢薄壁墩两种形式。前者墩身重量较轻,可节约圬工材料,适用于工程地质条件较差时的简支梁桥;后者适用于墩梁固结的连续刚构桥,如图 2-2 所示。钢筋混凝土薄壁桥墩,其墩身厚度为墩高的 1/15~1/10(一般为 30~50cm)。圬工数量比重力式桥墩节省 70% 左右,但需耗用较多的钢筋。

3. V 形桥墩和 Y 形桥墩

大跨径桥梁,当上部结构为连续梁时,为了缩短两桥墩的跨径,桥墩结构可采用顶部分开、底部连在一起的 V 形桥墩和顶部分开、底部与直立桥墩连在一起的 Y 形桥墩(图 2-3)。由于这种桥墩能缩短上部结构的跨径,所以上部结构所产生的弯矩比用其他形式的桥墩减小很多。V 形桥墩的高度一般都设计成等高,墩底可以是固结的,也可以是铰接的。Y 形桥墩的高度可以不同,但斜臂顶至底的距离应保持不变,这样可以使所有的斜臂都具有统一的体形。

图 2-2 钢筋混凝土薄壁桥墩

图 2-3 Y 形桥墩

V 形和 Y 形桥墩具有优美的外形,它能增加上部结构的跨径,减少桥墩数目,但施工比较复杂,需设置临时墩和用钢脚手架来支承斜臂的重力。

4. 柱式桥墩和桩柱式桥墩

柱式桥墩和桩柱式桥墩是用能承受弯矩的盖梁来代替实体式桥墩上的墩帽,当采用桩基础时,还须在桩顶设置承台或横系梁,使各桩共同受力,并通过它使柱与桩相连(图2-4)。

柱式桥墩和桩柱式桥墩是公路桥梁采用较多的桥墩形式之一,它能减小墩身重力,节约圬工材料,外形又较美观。

桩柱式桥墩一般分为两部分,在地面以上(或柱桩连接处以上)称为柱,在地面以下称为桩。图2-5a)为单柱式桩墩,适用于斜交桥;图2-5b)为变截面双柱式桩墩;图2-5c)为等截面双柱式柱墩;当桥墩较高,也可以把水下部分做成实体式,水上部分仍为柱式,见图2-5d)。

图2-4 桩柱式桥墩

盖梁是柱式桥墩的墩帽,一般采用钢筋混凝土就地浇筑,混凝土采用C20~C30,也有采用预应力混凝土的。跨高比不大于5的盖梁宜采用强度等级较高的混凝土,应不低于C25。盖梁截面内应设箍筋,两侧设纵向水平钢筋。盖梁的宽度、高度和长度尺寸应根据上部结构安装要求及受力分析计算确定。

为使桩柱与盖梁或承台有较好的整体性,桩柱顶一般应嵌入盖梁或承台150~200mm,露出桩柱顶的主筋可弯成与铅垂线约成15°倾斜角的喇叭形,伸入盖梁或承台中。

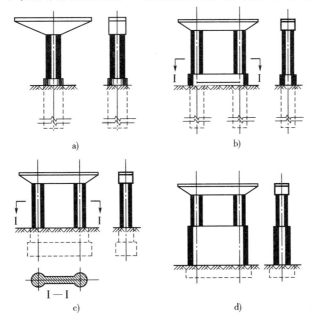

图2-5 桩柱式桥墩

为加强桩柱的整体性,柱式墩台的柱身间应设置横系梁。横系梁构造钢筋伸入桩内与主筋连接。

5. 柔性排架桩墩

钢筋混凝土柔性排架桩墩是由成排的钢筋混凝土桩与钢筋混凝土盖梁连接组成,如图2-6所示。

钢筋混凝土柔性排架桩墩适用于跨径小于13m的桥梁。对于漂浮物较多和流速较大的河流,由于桩墩容易磨耗,则不宜采用。

柔性排架桩墩可分为单排架和双排架墩。单排架桩墩高一般为4~5m。当桩墩高度大于 5m 时,为了避免行车可能发生的纵向晃动,宜设置双排架墩。桩一般是采用预制的钢筋混凝土方桩,其截面为边长 25~40cm 的矩形。

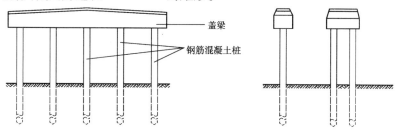

图 2-6　钢筋混凝土柔性排架桩墩

6. 轻型桥墩

小跨径的钢筋混凝土板桥,一般采用石砌或混凝土轻型桥墩较为经济。墩帽用混凝土浇筑,墩帽四周挑檐宽度为 5cm,周边做成 5cm 倒角。当桥面的横向排水不用三角垫层调整时,可在墩帽顶面以中心向两端加做三角垫层。墩帽上要预埋栓钉,位置与上部结构块件的栓孔相适应。墩身用混凝土或浆砌块石做成,宽度不小于 60cm,两边坡度为直立,两头做成圆墩形。基础采用 C15 混凝土或 M5 浆砌片石(或块石)做成,平面尺寸较墩身底面尺寸略大(一般大于 20cm)。基础多做成单层式的,其高度在 100cm 左右。

二、拱桥桥墩

1. 重力式桥墩

拱桥重力式桥墩,其形式基本上与梁桥重力式桥墩相仿,如图 2-7 所示。因为承受较大的水平推力,所以拱桥重力式桥墩的宽度尺寸比梁桥大,同时墩帽顶部做成斜坡。

墩帽可用浆砌块石(或料石)做成(对应于石拱桥),或用混凝土做成(对应于混凝土或钢筋混凝土拱桥)。拱桥墩身体积较大,除了用块石砌筑外,也可用片石混凝土浇筑。有时为了节省圬工砌体,可将墩身做成空心,中间填以砂石。拱桥桥墩基础与梁桥相同。

2. 柱式桥墩和桩柱式桥墩

拱桥的柱式桥墩和桩柱式桥墩与梁桥相同。由于要承受较大的水平推力,柱和桩的直径比梁桥大,根数也比梁桥多。当跨径较大(40~50m)时,可以采用双排桩。拱座(盖梁)采用钢筋混凝土,构造与重力式桥墩拱座基本相同。

图 2-7　重力式桥墩

3. 单向推力墩

多跨拱桥根据施工和使用要求,每隔 3~5 孔设置单向推力墩。目前常用的单向推力墩有以下几种形式。

1)普通柱墩加设斜撑及拉杆的单向推力墩

普通柱墩加设斜撑及拉杆的单向推力墩是在普通墩柱上对称增设一对钢筋混凝土斜撑(图 2-8),以提高其抵抗单向水平推力的能力。接头只承受压力而不承受拉力。在基础埋置深度不大,地基条件较好时,也可把桥墩基础加宽成⊥形的单向推力墩。

2)悬臂式单向推力墩

悬臂式单向推力墩是在桥墩的顺桥向双向挑出悬臂(图 2-9)。当邻孔遭到破坏后,由于悬臂端的存在,使拱支座竖向反力通过悬臂端而成为稳定力矩,保证了单向推力墩不致遭到损坏。

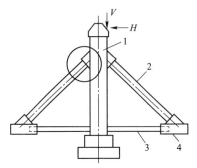
图 2-8　普通柱墩加设斜撑的单向推力墩
1-立柱;2-斜撑;3-拉杆;4-基础

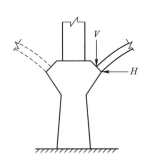
图 2-9　悬臂式单向推力墩

3)实体单向推力墩

当桥墩较矮及单向推力不大时,只需加大实体墩身的尺寸,做成实体单向推力墩即可。

第二节　桥台类型与构造

学习内容: 桥台的作用、类型及其适用条件;常用桥台的构造组成及构造要求。

学习目标: 要求学生能认知桥台工程结构的作用、常用桥台类型及其适用条件、常用桥台构造要求和特点;能正确选用桥台类型并识读桥台构造图。

桥台(Abutment)是指位于桥梁两端并与路基相连接的、支承上部结构和承受桥头填土侧压力的构造物。它起着支承上部结构和连接两岸道路、挡住桥台背后填土的作用。桥台具有多种形式,主要分为重力式桥台、轻型桥台、框架式桥台、组合式桥台等。

一、梁桥桥台

1. 重力式 U 形桥台

重力式 U 形桥台由台帽、台身(前墙和侧墙)和基础三部分组成,如图 2-10 所示。前墙除承受上部结构传来的荷载外,还承受路堤的水平压力。前墙顶部设置台帽,以放置支座和安设上部构造,其构造要求与墩帽基本相同。台顶部分用防护墙(雉墙)将台帽与填土隔开,侧墙用以连接路堤并抵挡路堤填土向两侧的压力。侧墙长度可根据锥形护坡长度决定,侧墙后端应伸入路堤锥体内 75cm,以防填土松塌。尾端上部做成垂直形式,下部按一定坡度缩短,前端与前墙相连,改善了前墙的受力条件。桥台前墙的下缘一般与锥坡下缘相齐。两个侧墙间应填以渗透性较好的土。为了排除桥台前墙后面的积水,应于侧墙间略高于高水位的平面上铺一层向路堤方向设有斜坡的夯实黏土作为防水层,并在黏土层上再铺一层碎石,将积水引向设于桥台后横穿路堤的盲沟内。

桥台两侧设有锥形护坡,锥形的坡度一般由纵向(顺路堤方向)1:1 逐渐变至横向1:1.5,以便和路堤边坡一致。锥坡的平向形状为 1/4 的椭圆,锥坡用土夯筑而成,其表面用片石砌筑。对于侧墙,其构造虽然简单,但圬工数量大,并由于自身重力而增加了对地基的压力。因此,重力式 U 形桥台一般适用于填土高度在 8~10m 以下或跨度稍大的桥梁。重力式 U 形桥台的一般构造如图 2-11 所示。

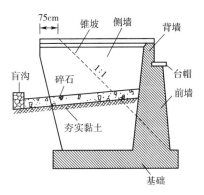

图 2-10 重力式 U 形桥台　　图 2-11 重力式 U 形桥台的一般构造

2. 钢筋混凝土薄壁桥台

钢筋混凝土薄壁桥台由扶壁式挡土墙和两侧的薄壁侧墙构成。挡土墙由厚度不小于 15cm(一般为 15~30cm)的前墙和每隔 2.5~3.5m 设置的扶壁组成。台顶由竖直小墙和支于扶壁上的水平板构成承梁部分,以支承桥跨。侧墙由两个边扶壁构成,在边扶壁上建有钢筋混凝土耳墙。这种桥台比重力式 U 形桥台可减少圬工体积 40%~50%,同时还因其自身重力小而减小了对地基的压力。但其构造复杂,钢筋用量也比较多,适用于在软土地基上建造的桥梁。

3. 重力式埋置桥台

当路堤填土高度超过 6~8m 时,可采用重力式埋置桥台(图 2-12)。它是将台身埋在锥形护坡中,只露出台帽,以安放支座和上部结构。由于台身埋入土中,利用台前锥坡产生的土压力来抵消台后的主动土压力,可以增加桥台的稳定性,桥台的尺寸也相应减小。但重力式埋置桥台的锥坡挡水面积大,对桥孔下的过水面积有所压缩。

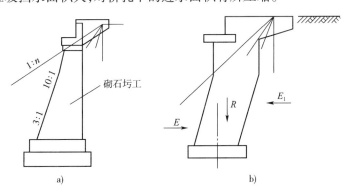

图 2-12 重力式埋置桥台
a) 直立式;b) 后倾式

重力式埋置桥台台顶部分的内角到路堤锥坡表面的距离不应小于 50cm,否则,应在台顶缺口的两侧设置横隔板,使台顶部分与路堤锥坡的填土隔开,防止土壅到支承平台上。桥台通过耳墙与路堤衔接,耳墙伸进路堤的长度一般不小于 75cm。

重力式埋置桥台的台身可用混凝土、片石混凝土或浆砌块石筑成,耳墙用钢筋混凝土做成。台身常做成后倾式,见图 2-12b),这样可减小台后土压力和基底合力偏心距。但施工时应注意桥台前后均匀填土,以防倾倒。重力式埋置桥台将台身埋在锥形护坡中,利用台前锥坡产生的土压力来抵消台后的主动土压力,可以增加桥台的稳定性,桥台的尺寸也相应减小。

除了重力式埋置桥台外,还有立柱式埋置桥台、框架式埋置桥台和桩式埋置桥台。这些桥台均较重力式桥台轻巧,能节约大量圬工。

在高等级公路中,对于桩式埋置桥台,当桩的下沉量很小、路基下沉量较大而引起桥头跳车时,需设置桥头搭板。埋置式桥台因台身埋置于锥体填土中而得名。它具有台身短、工程量省的优点。但锥体填土伸出桥台前缘,侵占桥孔过水面积,因而桥台易受水流冲刷毁坏。埋置式桥台因台身短、重量小、台后填土高、土压大,为抵挡台后土压力,一般均做成台身后仰的形式,因此,也称为后伸式埋置桥台。这种桥台适用于桥梁跨度较大和填土较高的桥台。耳墙式桥台的外形相当于割去台尾下部的 U 形桥台。这种桥台较 U 形桥台具有工程量少的优点,但其构造较复杂,钢筋混凝土耳墙施工也较困难,因而应用尚不普遍。

4. 轻型桥台

轻型桥台用于跨径不大于 13m 的板(梁)桥,且不宜多于 3 孔,全长不大于 20m。台帽用混凝土浇筑,厚度不小于 30cm。当填土高度较高或跨径较大时,宜采用有台背的台帽。当上部构造不设三角垫层时,可在台帽上做成有斜坡的三角垫层。台身用混凝土浇筑或块石砌筑,宽度不小于 60cm,两边坡度为直立。两边翼墙与桥台连成整体,成为一字形桥台,见图 2-13b);也有把翼墙与桥台设缝分离,翼墙与水流方向成 30°夹角,成为八字形桥台,见图 2-13a)。为了节约圬工数量,也可在边柱上设置耳墙(图 2-14)。为了增加桥台抵抗水平推力的抗弯刚度,也可将台身做成 T 形截面。八字翼墙的顶面宽度,混凝土不宜小于 30cm,块石砌筑不宜小于 50cm,端部顶面应高出地面 20cm。

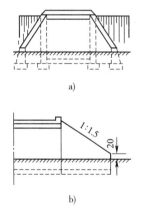

图 2-13 八字形和一字形桥台

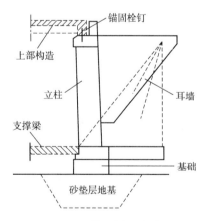

图 2-14 带耳墙轻型桥台

轻型桥台下端与相邻桥台(墩)之间应设置支撑梁(图 2-15),并设在铺砌层及局部冲刷线以下。支撑梁可用 20cm×30cm 的钢筋混凝土浇筑而成,或用尺寸不小于 40cm×40cm 的混凝土或块石砌筑。支撑梁按基础长度的中线对称布置,其间距为 2~3m。基础能嵌入风化岩层 15~25cm,可不设支撑梁。

轻型桥台的主要特点是利用桥跨结构和设在基础顶面上的支撑梁作为桥台(墩)之间的支撑,墩台、桥跨结构和支撑梁构成一个四铰框架,台身可以按上下铰接支承的简支梁承受水平土压力,因而减薄了台身的厚度。

5. 枕梁式桥台

枕梁式桥台是以枕梁代替台帽,并直接搁于地基上。它是桥梁中最简单的一种桥台,适用于桥梁建筑高度小,桥台下土质比较密实,河床比较稳定,无冲刷的小型桥梁。枕梁用钢筋混凝土浇筑而成,截面为矩形,尺寸按荷载大小、支承情况和地基承载力大小计算确定。枕梁下铺设 50～70cm 厚的碎石垫层,以保证枕梁均匀下沉。枕梁边缘到河床坡顶的水平距离应为 1～1.5m,以保证台前的土堤稳定。

二、拱桥桥台

1. 重力式 U 形桥台

重力式 U 形桥台在拱桥中用得最多,其构造与梁桥 U 形桥台相仿,也是由前墙、侧墙和基础三部分组成(图 2-16)。前墙承受拱圈推力和路堤填土压力。前墙

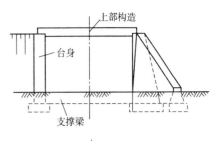
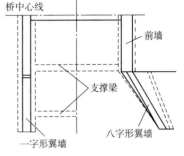

图 2-15 支撑梁的轻型桥台

上设有台帽,构造和拱桥墩帽相同。对空腹式拱桥,在前墙顶设有防护墙。侧墙和前墙连成整体,伸入路堤锥坡内 75cm,并抵挡路堤填土向两侧的压力。

2. 组合式桥台

组合式桥台由台身和后座两部分组成(图 2-17)。台身基础承受竖向力,一般采用桩基础。拱的水平推力则主要由后座基底摩阻力及台后的土侧压力来平衡。组合式桥台的承台与后座间必须密切贴合并设置沉降变形缝,以适应两者的不均匀沉降。后座基底高程应低于拱脚下缘高程,力求台后土侧压力和基底摩阻力的合力作用点同拱座中心高程一致。

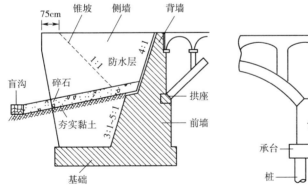

图 2-16 重力式 U 形桥台的一般构造　　图 2-17 组合式桥台

3. 轻型桥台

1)八字形轻型桥台

八字形桥台(图 2-18)的台身可做成等厚度的或变厚度的形式。变厚度的台身背坡坡度一般为 2∶1～4∶1,台口尺寸应满足抗剪强度要求。两边八字翼墙与台身分开,其顶宽为 40cm,前坡坡度为 10∶1,后坡坡度为 5∶1。

2)前倾式桥台

前倾式桥台由于台身向桥孔方向倾斜,因此比直立台身的受力情况要好,用料要省。前

倾台身可做成等厚度的,前倾坡度可达4:1。其缺点是施工比较麻烦。

3)U形轻型桥台和山字形轻型桥台

U形桥台由前墙(等厚度的)和平行于行车方向的侧墙组成,当桥台宽度较大时,为了保证前墙和侧墙的整体性,可在U形桥台的中间加一道背撑,成为山字形桥台。

4. 空腹L形桥台

空腹L形桥台适用于软土地基而桥台本身不高的空腹式拱桥。它由前墙、后墙、基础板和撑墙部分组成。

前墙承受拱圈传来的压力,后墙支承台后土压力。在前后墙之间加设撑墙3~4道,它是前后墙间的传力构件,又是后墙和基础板的加劲构件。上下游的边撑墙还起着挡土的作用。中间的撑墙高度则根据后墙的受力情况决定。空腹可以是敞口的,也可以加设盖板,腹内可以填土,也可以不填土。

5. 履齿式桥台

履齿式桥台又称飞机式桥台(图2-19),由前墙、侧墙、底板和撑墙几部分组成,适用于软弱地基和低路堤的拱桥。桥台的底板一般是用片石混凝土浇筑,其厚度在50cm左右,并不设钢筋。底板下面设齿槛以增加抗滑稳定性,齿槛的宽度和深度一般均不宜小于50cm。底板上设置撑墙以增强刚度。

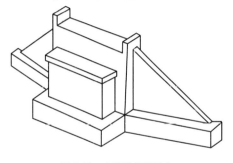

图2-18 八字形轻型桥台

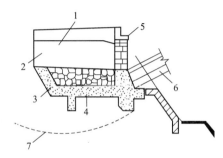

图2-19 履齿式桥台

1-前墙;2-侧墙;3-底板;4-撑墙;5-腹拱台帽;6-主拱圈;7-滑动面

为了抵抗拱的水平推力,可将台背做成斜挡板,使其与老土坡紧贴,这样就可以利用尾部斜墙背面的原地基土和前墙背面新填土的水平土压力来平衡拱的推力。这种桥台容易沿图2-19中所示的虚线滑动,因此必须验算沿此滑动面的稳定性。

6. 屈膝式桥台

屈膝式桥台也适用于软土地基。它可以看成为横卧的L形桥台,是直接利用原状土做拱座,施工中应尽量不破坏表层好土。屈膝式桥台在构造上较履齿式桥台更为简单。它的受力面最好与桥台外力的合力方向垂直,且没有偏心是最为理想的。必要时也要验算地基土的稳定性。

第三节 基础类型与构造

学习内容:基础的作用、类型及其适用条件;常用基础的构造组成及构造要求。

学习目标:要求学生能认知桥梁墩台基础工程结构的作用、常用墩台基础类型及其适用条件、常用桥台基础构造要求和特点;能正确选用桥梁墩台基础类型和识读桥梁墩台基础构造图。

基础(Foundation)是指建筑底部与地基接触的承重构件,它的作用是把建筑物上部的荷载传给地基。

一般而言,基础多埋置于地面以下,基础按埋深不同分为浅基础和深基础两种类型。

一、浅基础

通常把位于天然地基上、埋置深度小于5m的一般基础(柱基或墙基)以及埋置深度虽超过5m,但仍小于基础宽或长度的基础(如箱形基础),统称为天然地基上的浅基础。在桥梁结构中,对于无冲刷河流,埋置深度是指河底或地面至基础底面的距离;对于有冲刷河流,是指局部冲刷线至基础底面的距离。浅基础的类型(根据受力及构造条件)主要分为刚性基础和柔性基础。

1. 刚性扩大基础

基础在外力(包括基础自重)作用下,基底的地基反力为 σ,此时基础的悬出部分[图2-20a)],a—a断面左端,相当于承受着强度为 σ 的均布作用的悬臂梁,在承受作用后,a—a断面将产生弯曲拉应力和剪应力。当基础圬工具有足够的截面使材料的容许应力大于由地基反力产生的弯曲拉应力和剪应力时,a—a断面不会出现裂缝,这时,基础内不需配置受力钢筋,这种基础称为刚性扩大基础[图2-20a)]。它是桥梁、涵洞等建筑物常用的基础类型。

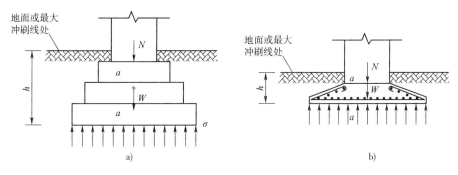

图2-20 扩大基础

刚性基础常用的材料主要有水泥混凝土、粗料石和片石。水泥混凝土是修筑基础最常用的材料,用于修筑基础的水泥混凝土强度等级一般不宜小于C15。对于大体积混凝土基础,为了节约水泥用量,可掺入不多于砌体体积25%的片石(称片石混凝土)。

刚性基础的特点:稳定性好、施工简便、能承受较大的作用。它的主要缺点是自重大,并且当持力层为软弱土时,由于扩大基础面积有一定限制,需要对地基进行处理或加固后才能采用,否则会因所受的作用压力超过地基强度而影响建筑物的正常使用。所以对于作用大或上部结构对地基沉降较敏感的建筑物,当持力层土质的工程性质较差、持力层厚度较大时,刚性基础作为浅基础是不适宜的。

2. 柔性扩大基础

基础在基底反力作用下,在a—a断面产生的弯曲拉应力和剪应力若超过了基础圬工的强度极限值,为了防止基础在a—a断面开裂甚至断裂,可将刚性基础尺寸重新设计,并在基础中配置足够数量的钢筋,这种基础称为柔性基础[图2-20b)]。柔性基础主要是用钢筋混凝土浇筑,常见的形式有柱下扩展基础,条形、十字形基础及箱形基础等形式,其整体性能较好,抗弯刚度较大。

3. 单独和联合基础

单独基础是立柱式桥墩等建筑常用的基础形式之一。一般砌筑成台阶式[图2-21a)、b)、d)],用钢筋混凝土浇筑时,也可浇筑成锥形[图2-21c)]。当为了满足地基强度要求时,须将基础平面尺寸扩大;当基础尺寸扩大后与相邻的基础在平面上出现相连或重叠时,则可将它们连在一起成为联合基础[图2-21b)]。

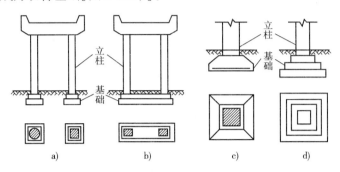

图2-21 单独和联合基础

天然地基上的浅基础埋置深度较浅,用料较省,无须复杂的施工设备,在开挖基坑、必要时支护坑壁和排水疏干后对地基不加处理即可修建,具有施工工期短、造价低等优点,因而设计时宜优先选用浅基础。

二、深基础

埋置深度大于5m或埋置深度大于基础宽或长度的基础,一般称为深基础。深基础的类型主要有桩基础和沉井基础等。

1. 桩基础

桩基础一般由桩和连接于桩顶的承台共同组成(图2-22)。若桩身全部埋于土中,承台底面与土体接触,则称为低承台桩基;若桩身上部露出地面而承台底位于地面以上,则称为高承台桩基。

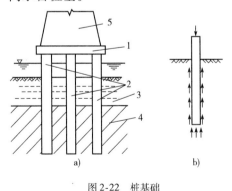

图2-22 桩基础
1-承台;2-基桩;3-松软土层;4-持力层;5-墩身

1) 桩基础的类型

桩基础通常按桩身材料、施工方法、成桩过程中挤土效应、承载性状及使用功能等进行分类。

(1) 按桩身材料分类

按桩身材料不同,可将桩划分为木桩、混凝土桩、钢筋混凝土桩、钢桩以及其他组合材料桩。

(2) 按施工方法分类

按施工方法可分为预制桩、灌注桩两大类。

(3) 按成桩过程中挤土效应分类

桩的设置方法(打入桩或钻孔成桩等)不同,桩周土所受的排挤作用也不相同。挤土作用会引起桩周土天然结构、应力状态和性质的变化,从而影响土的性质和桩的承载力。

所以,按设置效应,可分为挤土桩、小量挤土桩和非挤土桩三类。

(4) 按承载性状分类

轴向荷载作用下的竖直桩,按达到承载力极限状态时的荷载传递主要方式,可分为端承型桩和摩擦型桩两大类。

2）桥梁工程中常用的桩基础

目前国内桥梁工程中最常用的桩基础及其构造特点与要求如下。

（1）就地灌注钢筋混凝土桩

钻孔桩设计直径不宜小于0.8m；挖孔桩直径或最小边宽度不宜小于1.2m；钢筋混凝土管桩直径可采用0.4~0.8m，管壁最小厚度不宜小于80mm。钻（挖）孔桩及沉管桩是采用就地灌注的钢筋混凝土桩，混凝土强度等级不低于C25，管桩填芯混凝土强度等级不应低于C15。

桩内钢筋应按内力和抗裂性要求计算确定。端承桩和短摩擦桩可按桩身最大弯矩通长均匀配置。长摩擦桩根据桩身弯矩分段配筋，当按内力计算桩身不需要钢筋时，也应在桩顶3~5m内设置构造钢筋。孔内钢筋不设弯钩，以利水下混凝土的灌注。为了保证钢筋骨架有一定的刚性，便于吊装及保证钢筋受力后的纵向稳定，主筋直径不宜小于16mm，每根桩不宜少于8根钢筋，并应沿桩周均匀布置，其净距不应小于80mm且不应大于350mm；为防止因骨架移动发生露筋现象，钢筋保护层净距不应小于60mm；箍筋宜采用闭合式箍筋或螺旋筋，直径不应小于主筋直径的1/4，且不应小于8mm，其中距不应大于主筋直径的15倍且不应大于300mm；当骨架较重时，为增加吊装时的骨架刚度，一般沿钢筋笼骨架每隔2.0~2.5m设置直径16~22mm的加劲箍一道；钢筋笼四周应设置凸出的定位钢筋、定位混凝土块或采用其他定位措施；钢筋笼底部的主筋宜稍向内弯曲，作为导向。图2-23为灌注桩钢筋布置示意图。

钻（挖）孔桩的端承桩根据桩底受力情况如需嵌入岩层时，嵌入深度应根据受力情况计算确定，并不得小于0.5m。

（2）钢筋混凝土预制桩

钢筋混凝土预制桩有实心的圆桩和方桩、空心的管桩，另外还有用于管柱基础的管柱。方形截面因其生产、制作、运输和堆放均较为方便，因此经常采用。

实心方桩的截面边长一般为0.3~0.5m，预应力钢筋混凝土预制桩截面边长不宜小于0.35m。就地预制桩的长度取决于沉桩设备，一般在25~30m以内；工厂预制桩的分节长度应根据施工条件及运输条件确定，一般不超过12m，沉桩时在现场连接到所需长度。

桩身混凝土强度等级不宜低于C25，桩身配筋应按起吊、运输、沉桩和使用各阶段的内力要求通长配筋，最小配筋率不小于0.8%，箍筋直径一般不小于8mm，间距100~200mm，桩的两端处应加密间距一般为50mm，由于桩尖穿过土层时受到正面阻力，应在桩尖处把所有的钢筋弯在一起并焊在一根芯棒上。在密实砂和碎石类土中，可在桩尖处包以钢板桩靴，加强桩尖。桩头直接受到锤击，因此

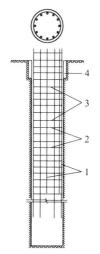

图2-23　钢筋混凝土灌注桩
1-主筋；2-箍筋；3-加强箍；4-护筒

在桩顶需放置三层方格网片以增加桩头强度。钢筋保护层厚度不小于3.5cm，桩内需预埋直径为20~25mm的钢筋吊环。图2-24为预制桩钢筋布置示意。

钢筋混凝土桩一般采用法兰盘接头。钢筋混凝土预制桩的分节长度应根据施工条件决定，为节省用钢量和加快施工进度，应尽量减少接头数量。接头强度不应小于桩身强度，接头法兰盘不应凸出于桩身之外，在沉桩时和使用过程中接头不应松动和开裂。

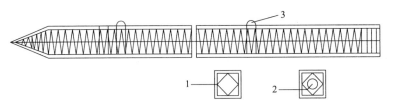

图 2-24 预制钢筋混凝土方桩
1-实心方桩;2-空心方桩;3-吊环

（3）钢桩

钢桩的形式很多，主要有钢管形和 H 形钢桩，常用的是钢管桩。钢管桩强度高，能承受强大的冲击力和获得较高的承载力；其设计的灵活性大，壁厚、直径的选择范围大，便于割接，桩长容易调节；轻便，易于搬运，沉桩时贯入能力强，速度较快，可缩短工期，且排挤土量小，对邻近建筑影响小，也便于小面积密集的打桩施工。钢桩的最大缺点是造价高和存在锈蚀问题。

钢管桩的分段长度按施工条件确定，一般不宜超过 12～15m，常用直径为 400～1 000mm，钢桩焊接接头应采用等强度连接。钢管桩可采用下列桩端形式：

①敞口带加强箍（带内隔板、不带内隔板）、敞口不带加强箍（带内隔板、不带内隔板）；

②闭口平底、锥底。

3）承台的构造及桩与承台的连接

对于多排桩基础，桩顶由承台连接成为一个整体。承台的平面尺寸和形状应根据上部结构（墩、台身）底截面尺寸和形状以及基桩的平面布置而定，一般采用矩形和圆端形。

承台厚度应保证承台有足够的强度和刚度，公路桥梁墩台多采用钢筋混凝土，承台的厚度宜大于等于桩直径，且不宜小于 1.5m，混凝土强度等级不应低于 C25。

桩顶直接埋入承台连接：当桩径（或边长）小于 0.6m 时，埋入长度不应小于 2 倍桩径（或边长）；当桩径（或边长）为 0.6～1.2m 时，埋入长度不应小于 1.2m；当桩径（或边长）大于 1.2m 时，埋入长度不应小于桩径（或边长）。

当桩顶主筋伸入承台连接时，承台在桩身混凝土顶端平面内须设一层钢筋网，此项钢筋网须全长通过桩顶，并与桩的主筋绑扎在一起，以防止承台受拉区裂缝开展，在每米内（按每一方向）设钢筋网 1 200～1 500mm^2，钢筋直径采用 12～16mm，钢筋网应通过桩顶且不应截断。承台的顶面和侧面应设置表层钢筋网，每个面在两个方向的截面面积均不宜小于 400mm^2/m，钢筋间距不应大于 400mm，见图 2-25。

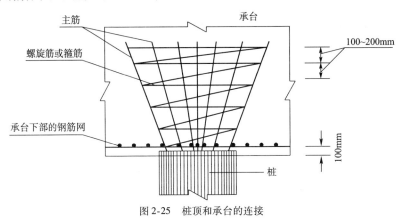

图 2-25 桩顶和承台的连接

为加强桩和承台的连接,混凝土桩顶埋入承台内 100mm。伸入承台内的桩顶主筋可做成喇叭形(大约与竖直线成 15°角)。伸入承台内的主筋长度,光圆钢筋不应小于 30 倍钢筋直径(设弯钩),带肋钢筋不应小于 35 倍钢筋直径(不设弯钩)。

对于双柱式或多柱式墩(台)单排桩基础,在桩与桩之间为加强横向联系而设有横系梁。当用横系梁加强桩之间的整体性时,横系梁的高度可取为 0.8~1.0 倍桩的直径,宽度可取为 0.6~1.0 倍桩的直径。混凝土的强度等级不应低于 C25。纵向钢筋不应少于横系梁截面面积的 0.15%;箍筋直径不应小于 8mm,其间距不应大于 400mm。横系梁的主钢筋应伸入桩内,其长度不小于 35 倍主筋直径。

2. 沉井基础

沉井是用混凝土(或钢筋混凝土)等建筑材料制成的井筒结构物(图 2-26)。施工时,先就地制作第一节井筒,然后用适当的方法在井筒内挖土,使沉井在自重作用下克服阻力而下沉。随着沉井的下沉,逐步加高井筒,沉到设计高程后,在其下端浇筑混凝土封底,填心以后,使其成为桥梁墩台或其他结构物的基础(图 2-27)。

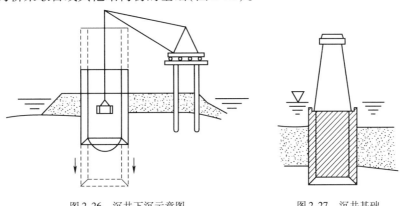

图 2-26 沉井下沉示意图　　图 2-27 沉井基础

沉井下沉的方法一般有静压法、振动法和气锤法。

沉井的特点:埋深较大,整体性好,稳定性好,具有较大的承载面积,能承受较大的垂直和水平荷载。此外,沉井既是基础,又是施工时的挡土和挡水围堰结构物,其施工工艺简便,技术稳妥可靠,无须特殊专业设备,并可做成补偿性基础,避免过大沉降,因而在深基础或地下结构中应用较为广泛。但沉井基础施工工期较长,对粉砂、细砂类土在井内抽水时易发生流沙现象,造成沉井倾斜;沉井下沉过程中若遇到大孤石、树干或井底岩层表面倾斜过大,将给施工带来一定的困难。

思考与练习题

1. 桥梁墩(台)一般由哪几部分组成?桥墩、桥台有何作用?
2. 梁桥桥墩的主要类型有哪几种?分别适用于哪些条件?
3. 拱桥桥墩的主要类型有哪几种?分别适用于哪些条件?
4. 拱桥桥墩与梁桥桥墩的区别主要表现在哪些方面?
5. 桥台有哪些类型?分别适用于哪些条件?
6. 埋置式桥台在构造和受力上有何特点?其适用范围有哪些?
7. 叙述排除 U 形桥台墙后积水的措施。

8. 何为浅基础和深基础？
9. 浅基础有哪些类型？分别适用于哪些条件？
10. 桩基础有哪些类型？
11. 简述桥梁工程中常用的桩基础类型及其主要技术要求。
12. 简述桩与承台连接构造的技术要求。
13. 简述沉井基础的特点和适用的条件。

第三章　桥梁墩台与基础的设计计算

第一节　桥墩设计与计算

学习内容：桥墩及其基础设计的基本要求；作用于桥墩与基础的荷载及其组合；实体桥墩的截面强度验算、基底应力计算及桥墩稳定性验算；桩柱式桥墩的设计与计算。

学习目标：要求学生能认知桥墩及其基础设计的基本要求；掌握作用于桥墩和基础的荷载计算及其组合方法；掌握实体桥墩与扩大基础的尺寸拟定、承载能力计算及稳定性验算的方法；掌握桩柱式桥墩的计算要点和盖梁的设计计算方法；能根据设计资料绘制桥墩与基础的结构设计图。

桥墩和基础的设计应符合技术先进、安全可靠、适用耐久、经济合理以及有利于环保的要求。除此以外，还应考虑因地制宜、就地取材、便于施工和养护等因素。结构设计在满足构造和工艺要求的前提下，应按照承载能力极限状态和正常使用极限状态进行。

一、作用布置及其效应组合

本书第一章已对公路桥涵设计采用的有关作用及其作用效应组合作了详细介绍，在此对桥墩计算可能涉及的作用及其组合作更具体的阐述。

1. 计算桥墩上的作用

1）永久作用

(1) 结构重力，包括主梁、桥面铺装、人行道、灯柱、护栏及其他附属物重力对墩帽或拱座产生的支承反力，以及桥墩自身的重力（包括基础台阶上土的重力）。

(2) 上部结构混凝土收缩及徐变作用。

(3) 土侧压力（指土体自重作用下的土侧压力）。

(4) 基础变位作用，对超静定结构，基础的任何变位都将对桥墩产生附加内力，这种附加内力只与结构本身和基础变位大小有关。

(5) 水的浮力（计算时按《通用规范》中4.2.4条规定采用）。

2）可变作用

(1) 汽车荷载，人群荷载。

(2) 汽车冲击力，对钢筋混凝土柱式桥墩及其他轻型桥墩，应计入冲击力，对于重力式实体桥墩，不计冲击力。

(3) 离心力，对弯道半径小于或等于250m的弯桥桥墩应计入离心力。

(4) 作用在上部结构和墩身上的纵横向风力。

(5) 汽车荷载的制动力。

(6)作用在墩身上的流水压力。

(7)作用在墩身上的流冰压力。

(8)温度作用,主要指上部结构受温度变化发生伸缩而对桥墩产生的水平力。

(9)支座摩阻力。

3)偶然作用

(1)地震作用,对地震动峰值加速度等于 $0.10g$、$0.15g$、$0.20g$、$0.30g$ 地区的公路桥涵,应进行抗震设计;桥墩的抗震设计应考虑上部结构的地震作用,其作用点的位置,顺桥向为支座顶面。

(2)船只或漂流物或汽车的撞击作用。位于通航河流或有漂浮物的河流中的桥墩,设计时应考虑船只或漂浮物的撞击作用;位于城市立交或高架桥的桥墩,设计时应考虑汽车的撞击作用。

(3)施工荷载。

2. 作用效应组合

在所有桥墩的计算作用中,不同桥梁出现的作用种类和大小不同,不同作用之间的组合效应也不同,选择什么样的作用效应组合主要与所计算的对象有关。桥墩计算一般需验算墩身截面强度、作用在墩身截面上的合力偏心距、基底应力及偏心距以及桥墩的稳定性等。应根据可能出现的各种作用情况,进行最不利的作用效应组合。

1)梁桥桥墩计算作用布置与作用效应组合

(1)纵桥向作用布置

①第一种作用布置是根据桥墩各截面上产生最大竖向反力进行布置,即除结构重力外,相邻两孔都布满汽车和人群荷载,车道荷载中的集中力布置在桥墩截面重心处,同时还可能作用着其他纵向作用,如制动力和支座摩阻力、纵向风力和船只撞击作用等,见图 3-1a),用来验算顺桥向墩身强度和地基承载力。

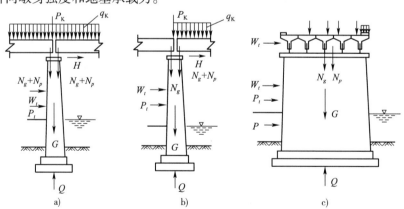

图 3-1 在梁桥桥墩上的作用情况

②第二种作用布置是根据桥墩各截面可能产生最大偏心距和最大弯矩时的情况进行布置,即除结构重力外,只在一孔布置汽车和人群荷载。若为不等跨时,则在较大跨径的一孔布置汽车和人群荷载,同时还可能作用其他纵向作用,如制动力和支座摩阻力、纵向风力和船只撞击作用等,见图 3-1b),用来验算顺桥向墩身强度和偏心距、基底应力和偏心距以及桥墩的稳定性。

③施工阶段各种可能的作用。

④考虑地震的作用。
(2)顺桥向作用效应组合
①上部结构重力+计算截面以上桥墩重力+浮力。
②上部结构重力+计算截面以上桥墩重力+浮力+汽车荷载+人群荷载。
③上部结构重力+计算截面以上桥墩重力+浮力+汽车荷载+人群荷载+纵向风力+支座摩阻力(或制动力+温度作用)。

其中,支座摩阻力与制动力或温度作用取小者进行组合。

④上部结构重力+计算截面以上桥墩重力+浮力+汽车荷载+人群荷载+船只或漂浮物撞击作用或汽车撞击作用。

(3)横桥向作用布置

根据在垂直于行车方向桥墩各截面产生最大偏心弯矩时的情况进行布置,即除结构重力外,汽车和人群荷载在横桥向偏于一侧布置,同时还可能作用其他横向作用,如横向风力、流水或流冰压力、船只或漂浮物撞击作用或汽车撞击作用等,见图3-1c),用来验算横桥向墩身强度和偏心距、基底应力和偏心距以及桥墩的稳定性。

(4)横桥向作用效应组合(以双车道为例)

①上部结构重力+计算截面以上桥墩重力+浮力+双孔双行汽车荷载+双孔单边人群荷载+横向风力+水压力或冰压力。

②上部结构重力+计算截面以上桥墩重力+浮力+双孔单行汽车荷载+双孔单边人群荷载+横向风力+水压力或冰压力。

③上部结构重力+计算截面以上桥墩重力+浮力+双孔双行汽车荷载+双孔单边人群荷载+船只或漂浮物撞击作用或汽车撞击作用。

④上部结构重力+计算截面以上桥墩重力+浮力+双孔单行汽车荷载+双孔单边人群荷载+船只或漂浮物撞击作用或汽车撞击作用。

2)拱桥桥墩计算作用布置与作用效应组合

(1)作用布置

①第一种作用布置是根据桥墩各截面上产生最大竖向反力进行布置,即除结构重力外,相邻两孔都布满汽车和人群荷载,车道荷载中的集中力布置在桥墩截面重心处,同时还可能作用着其他纵向作用,如制动力、温度作用、纵向风力、拱圈材料收缩作用和船只撞击或汽车撞击作用等,用来验算顺桥向墩身强度和偏心距、地基承载力和偏心距。

②第二种作用布置是根据桥墩各截面可能产生最大偏心距和最大弯矩时的情况进行布置,即除结构重力外,只在一孔布置汽车和人群荷载,若为不等跨时,则在较大跨径的一孔布置汽车和人群荷载,车道荷载中的集中力应布置在拱脚弯矩影响线竖标最大值处,同时还可能作用着其他纵向作用,如制动力、温度作用、纵向风力、拱圈材料收缩作用和船只撞击作用等(图3-2),用来验算顺桥向墩身强度和偏心距、基底应力和偏心距以及桥墩稳定性。

③施工阶段各种可能的荷载作用状况。
④考虑地震作用的状况。
(2)作用效应组合
①上部结构重力+计算截面以上桥墩重力+浮力+混凝土收缩作用。
②上部结构重力+计算截面以上桥墩重力+浮力+混凝土收缩作用+汽车荷载+人群荷载。

③上部结构重力 + 计算截面以上桥墩重力 + 浮力 + 混凝土收缩作用 + 汽车荷载 + 人群荷载 + 纵向风力 + 制动力 + 温度作用。

④上部结构重力 + 计算截面以上桥墩重力 + 浮力 + 混凝土收缩作用 + 汽车荷载 + 人群荷载 + 船只或漂浮物撞击作用或汽车撞击作用。

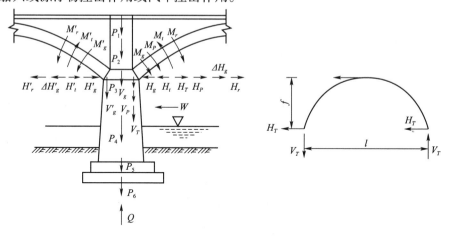

图 3-2 拱桥桥墩上的作用情况

需要特别强调的是,以上各种作用效应组合均应满足《通用规范》中所规定的承载力、容许偏心距和稳定系数的要求。

二、重力式桥墩计算

对于重力式桥墩计算,就某个截面而言,这些外力都可以合成为竖直方向和水平方向的合力(用 ΣN 和 ΣH 表示),以及绕该截面 x-x 轴和 y-y 轴的弯矩(用 ΣM_x 和 ΣM_y 表示),如图 3-3 所示。

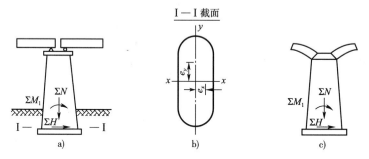

图 3-3 墩身截面强度验算

1. 重力式桥墩计算或验算的步骤
(1)根据构造要求和经验拟定各部分尺寸。
(2)对结构进行分析,计算可能出现的作用,并进行最不利作用效应组合。
(3)选取验算截面及验算内容。
(4)计算各截面的内力。
2. 验算内容
1)墩身截面承载力验算
(1)选取验算截面
通常选取墩身的底面及墩身截面突变处。对于采用悬臂式墩帽的墩身,除对墩帽进行验算外,还应对墩身与墩帽交界截面予以验算。当桥墩较高时,沿墩高每隔 2~3m 选取一个验算截面。

(2)验算截面的内力计算

按照各种作用效应组合,分别计算各验算截面的竖向力、水平力和弯矩,得到 $\sum N$、$\sum H$ 及 $\sum M$。

(3)验算截面的偏心距计算

桥墩一般属偏心受压构件,各验算截面在各种作用效应组合下,受压偏心距按下式计算:

$$e = \frac{\sum M}{\sum N} \tag{3-1}$$

(4)截面的承载力验算

重力式桥墩主要采用圬工材料建造,一般属偏心受压构件。根据《公路圬工桥涵设计规范》(JTG D61—2005)(以下简称《圬工桥规》)规定:

①砌体(包括砌体与混凝土组合)受压构件,当受压偏心距在限值范围(表3-1)内时,桥墩各控制截面的承载能力按下式计算:

$$\gamma_0 N_d < \varphi A f_{cd} \tag{3-2}$$

式中:γ_0——结构重要性系数,对应于《圬工桥规》规定的一级、二级、三级设计安全等级分别取用 1.1、1.0、0.9;

N_d——轴向力设计值;

A——构件截面面积,对于组合截面按强度比换算,即 $A = A_0 + \eta_1 A_1 + \eta_2 A_2 + \cdots$,$A_0$ 为标准层截面面积,A_1、$A_2 \cdots$ 为其他层截面面积,$\eta_1 = f_{c1d}/f_{c0d}$,$\eta_2 = f_{c2d}/f_{c0d} \cdots$,$f_{c0d}$ 为标准层轴心抗压强度设计值,f_{c1d}、$f_{c2d} \cdots$ 为其他层的轴心抗压强度设计值;

f_{cd}——砌体或混凝土轴心抗压强度设计值,按《圬工桥规》3.3.2、3.3.3 及 3.3.4 条的规定采用,对组合截面应采用标准层轴心抗压强度设计值;

φ——构件轴向力的偏心距 e 和长细比 β 对受压构件承载力的影响系数,按式(3-3)计算。

$$\varphi = \frac{1}{\frac{1}{\varphi_x} + \frac{1}{\varphi_y} - 1} \tag{3-3}$$

$$\varphi_x = \frac{1 - \left(\frac{e_x}{x}\right)^m}{1 + \left(\frac{e_x}{i_y}\right)^2} \cdot \frac{1}{1 + \alpha \beta_x (\beta_x - 3)\left[1 + 1.33\left(\frac{e_x}{i_y}\right)^2\right]} \tag{3-4}$$

$$\varphi_y = \frac{1 - \left(\frac{e_y}{y}\right)^m}{1 + \left(\frac{e_y}{i_x}\right)^2} \cdot \frac{1}{1 + \alpha \beta_y (\beta_y - 3)\left[1 + 1.33\left(\frac{e_y}{i_x}\right)^2\right]} \tag{3-5}$$

式中:φ_x、φ_y——x 方向和 y 方向偏心受压构件承载力影响系数;

x、y——x 方向和 y 方向截面重心至偏心方向的截面边缘的距离(图3-4);

e_x、e_y——轴向力在 x 方向、y 方向的偏心距,$e_x = M_{yd}/N_d$,$e_y = M_{xd}/N_d$,其值不应超过表 3-1 及图 3-4 所示在 x 方向、y 方向的规定值,其中 M_{yd}、M_{xd} 分别为绕 y 轴、x

轴的弯矩设计值，N_d 为轴向力设计值；

m——截面形状系数，对于圆形截面取 2.5；对于 T 形或 U 形截面取 3.5；对于箱形或矩形截面(包括两端设有曲线形或圆弧形的矩形墩身截面)取 8.0；

i_x、i_y——弯曲平面内的截面回转半经，$i_x = \sqrt{I_x/A}$，$i_y = \sqrt{I_y/A}$；I_x、I_y 分别为截面绕 x 轴和绕 y 轴的惯性矩，A 为截面面积；对于组合截面，A、I_x、I_y 应按弹性模量比换算(见《圬工桥规》4.0.6)；

α——与砂浆强度等级有关的系数，当砂浆强度等级大于或等于 M5 或为组合构件时，α 为 0.002；当砂浆强度为 0 时，α 为 0.013；

β_x、β_y——构件在 x 方向、y 方向的长细比，按式(3-6)和式(3-7)计算，当 β_x、β_y 小于 3 时，取 3。

$$\beta_x = \frac{\gamma_\beta l_0}{3.5 i_y} \quad (3-6)$$

$$\beta_y = \frac{\gamma_\beta l_0}{3.5 i_x} \quad (3-7)$$

式中：γ_β——不同砌体材料构件的长细比修正系数，按表 3-2 的规定取用；

l_0——构件计算长度，按表 3-3 的规定取用。

受压构件偏心距限值　　表 3-1

作用组合	基本组合	偶然组合
偏心距限值 e	≤0.6s	≤0.7s

注：1. 混凝土结构单向偏心的受拉一边或双向偏心的各受拉一边，当设有不小于截面面积 0.05% 的纵向钢筋时，表内规定值可增加 $0.1s$。
2. 表中 s 值为截面或换算截面中心轴至偏心方向截面边缘的距离(图 3-5)。

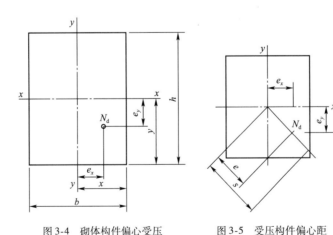

图 3-4　砌体构件偏心受压　　图 3-5　受压构件偏心距

长细比修正系数 γ_β　　表 3-2

砌体材料类别	混凝土预制块砌体或组合构件	细料石、半细料石砌体	粗料石、块石、片石砌体
γ_β	1.0	1.1	1.3

构件计算长度 l_0 表 3-3

构件及其两端约束情况		计算长度 l_0
直杆	两端固结	$0.5l$
	一端固结,一端为不移动的铰	$0.7l$
	两端均为不移动的铰	$1.0l$
	一端固结,一端自由	$2.0l$

注:l 为构件支点间长度。

②混凝土受压构件,当受压偏心距(表 3-1)在限值范围内时,根据《圬工桥规》4.0.8,桥墩各控制截面的承载能力按下式计算:

$$\gamma_0 N_d \leq \varphi f_{cd} A_c \qquad (3-8)$$

a. 单向偏心受压。

受压区高度 h_c 应按下列条件确定[图 3-6a)]:

$$e_c = e \qquad (3-9)$$

截面的受压承载力可按下列公式计算:

$$\gamma_0 N_d \leq \varphi f_{cd} b(h - 2e) \qquad (3-10)$$

式中:N_d——轴向力设计值;
φ——弯曲平面内轴心受压构件弯曲系数,按表 3-4 采用;
f_{cd}——混凝土轴心抗压强度设计值;
A_c——混凝土受压区面积;
e_c——受压区混凝土法向应力合力作用点至截面重心的距离;
e——轴向力的偏心距;
b——矩形截面宽度;
h——矩形截面高度。

当构件弯曲平面外长细比大于弯曲平面内长细比时,尚应按轴心受压构件验算其承载力。

混凝土轴心受压构件弯曲系数   表 3-4

l_0/b	<4	4	6	8	10	12	14	16	18	20	22	24	26	28	30
l_0/i	<14	14	21	28	35	42	49	56	63	70	76	83	90	97	104
φ	1.00	0.98	0.96	0.91	0.86	0.82	0.77	0.72	0.68	0.63	0.59	0.55	0.51	0.47	0.44

注:(1)l_0 为计算长度,按表 3-3 的规定采用。
(2)在计算 l_0/b 或 l_0/i 时,b 或 i 的取值:对于单向偏心受压杆件,取弯曲平面内截面高度或回转半径;对于轴心受压构件及双向偏心受压构件,取截面短边尺寸或截面最小回转半径。

b. 双向偏心受压。

受压区高度和宽度,应按下列条件确定[图 3-6b)]:

$$e_{cy} = e_y \qquad (3-11)$$
$$e_{cx} = e_x \qquad (3-12)$$

矩形截面的偏心受压承载力可按下列公式计算:

$$\gamma_0 N_d \leq \varphi f_{cd} [(h - 2e_y)(b - 2e_x)] \qquad (3-13)$$

式中:φ——轴心受压构件弯曲系数,见表 3-4;
e_{cy}——受压区混凝土法向应力合力作用点在 y 轴方向至截面重心距离;

e_{cx}——受压区混凝土法向应力合力作用点在 x 轴方向至截面重心距离;

e_y——轴向力 y 轴方向的偏心距;

e_x——轴向力 x 轴方向的偏心距。

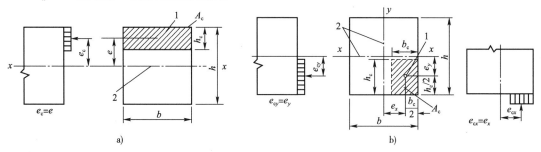

图 3-6 混凝土构件偏心受压
a) 单向偏心受压;b) 双向偏心受压;
1-受压区重心(法向压应力作用点);2-截面重心轴

③砌体、混凝土的单向及双向偏心受压构件,当轴向力的偏心距 e(表 3-1)超过偏心距限值时,构件承载力应按下列公式计算:

单向偏心

$$\gamma_0 N_d \leqslant \varphi \frac{Af_{tmd}}{\dfrac{Ae}{W}-1} \tag{3-14}$$

双向偏心

$$\gamma_0 N_d \leqslant \varphi \frac{Af_{tmd}}{\dfrac{Ae_x}{W_y}+\dfrac{Ae_y}{W_x}-1} \tag{3-15}$$

式中:N_d——轴向力设计值;

A——构件截面面积,对于组合截面应按弹性模量比换算为换算截面面积;

W——单向偏心时,构件受拉边缘的弹性抵抗矩,对于组合截面应按弹性模量比换算为换算截面弹性抵抗矩;

W_y、W_x——双向偏心时,构件 x 方向受拉力边缘 y 轴的截面弹性抵抗矩和构件 y 方向受拉力边缘绕 x 轴的截面弹性抵抗矩,对于组合截面应按弹性模量比换算为换算截面弹性抵抗矩;

f_{tmd}——构件受拉边层的弯曲抗拉强度设计值,按《圬工桥规》表 3.3.2、表 3.3.3-4 和表 3.3.4-3 采用;

e——单向偏心时,轴向力偏心距;

e_x、e_y——双向偏心时,轴向力在 x 方向和 y 方向的偏心距;

φ——砌体偏心受压构件承载力影响系数或混凝土轴心受压构件弯曲系数,分别按式(3-3)计算和按表 3-4 选取。

④抗剪强度的验算。

当拱桥相邻两孔的推力不相等时,需要验算拱座截面的抗剪强度,以及在裸拱情况下卸落拱架时,也要进行抗剪强度验算。

根据《圬工桥规》规定,砌体构件或混凝土构件直接受剪时,应按下列公式计算:

$$\gamma_0 V_d \leq A f_{vd} + \frac{1}{1.4} \mu_f N_k \tag{3-16}$$

式中：V_d——剪力设计值；

A——受剪截面面积；

f_{vd}——砌体或混凝土抗剪强度设计值，按《圬工桥规》中表3.3.2、表3.3.3-4和表3.3.4-3采用；

μ_f——摩擦系数，采用 $\mu_f = 0.7$；

N_k——与受剪截面垂直的压力标准值。

2）地基承载力和偏心距验算

地基承载力和偏心距验算按《地基与基础规范》的有关规定计算。

（1）地基承载力验算

基底岩土的承载力，当不考虑嵌固作用时，可按下式验算。

① 当基底只承受轴心荷载时：

$$P = \frac{N}{A} \leq [f_a] \tag{3-17}$$

式中：P——基底平均压应力；

N——传至基底的作用短期效应组合在基底产生的竖向力；

A——基础底面面积；

$[f_a]$——修正后的地基承载力容许值。

② 基底单向偏心受压，承受竖向力 N 和弯矩 M 共同作用时，除满足式（3-17）外，尚应符合下列条件：

$$P_{max} = \frac{N}{A} + \frac{M}{W} \leq \gamma_R [f_a] \tag{3-18}$$

式中：P_{max}——基底最大压应力；

M——作用于桥墩短期效应组合产生的水平力和竖向力对基底重心轴的弯矩；

W——基础底面偏心方向面积抵抗矩；

γ_R——地基承载力容许值抗力系数。

③ 基底双向偏心受压，承受竖向力 N 和绕 x 轴弯矩 M_x 与绕 y 轴弯矩 M_y 共同作用时，除满足式（3-17）外，尚应符合下列条件：

$$P_{max} = \frac{N}{A} + \frac{M_x}{W_x} + \frac{M_y}{W_y} \leq \gamma_R [f_a] \tag{3-19}$$

式中：W_x、W_y——基础底面偏心方向边缘绕 x 轴、y 轴的面积抵抗矩。

当设置在基岩上的桥墩基底承受单向偏心荷载，其偏心距 e_0 超出核心半径 ρ 时，其基底的一边出现拉应力，由于不考虑基底承受拉应力，故需按基底应力重分布（图3-7）验算基底最大压应力。基底为矩形截面的最大压应力 P_{max} 计算公式如下：

$$P_{max} = \frac{2N}{3da} = \frac{2N}{3\left(\frac{b}{2} - e_0\right)a} \tag{3-20}$$

式中：b——偏心方向基础底面的边长；

a——垂直于偏心方向基础底面的边长；

d——N 作用点至基底受压边缘的距离；

e_0——N 作用点至基底截面重心的距离。

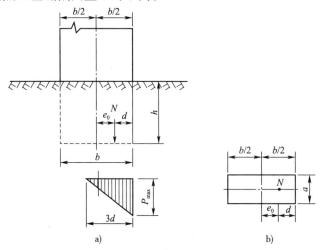

图 3-7 基岩上矩形截面基底单向偏心受压应力重分布图
a)基础立面；b)基础平面

当设置在基岩上的桥墩基底承受双向偏心荷载，其偏心距 e_0 超出核心半径 ρ 时，基底最大压应力可按《地基与基础规范》附录 K 确定。

(2)基底偏心距验算

为了防止基底最大压应力 P_{max} 与最小压应力 P_{min} 相差过大，导致基底产生不均匀沉陷，从而影响桥墩的正常使用，需控制基底合力偏心距 e_0。要求 e_0 符合表 3-5 的要求。

墩台基底的合力偏心距容许值 $[e_0]$　　　　表 3-5

作用情况	地基条件	合力偏心距	备 注
墩台仅受永久作用标准值效应组合	非岩石地基	桥墩 $[e_0] \leq 0.1\rho$	拱桥、刚构桥墩台，其合力作用点应尽量保持在基底重心附近
		桥台 $[e_0] \leq 0.75\rho$	
墩台承受作用标准值效应组合或偶然作用(地震作用除外)标准值效应组合	非岩石地基	$[e_0] \leq \rho$	拱桥单向推力墩不受限制，但应符合表 3-7 规定的抗倾覆稳定系数
	较破碎～极破碎岩石地基	$[e_0] \leq 1.2\rho$	
	完整、较完整岩石地基	$[e_0] \leq 1.5\rho$	

基底以上外力作用点对基底重心轴的偏心距 e_0 按下式计算：

$$e_0 = \frac{M}{N} \leq [e_0] \tag{3-21}$$

式中：N、M——作用于基底的竖向力和所有外力(竖向力、水平力)对基底截面重心的弯矩。

基底承受单向或双向偏心受压的 ρ 值可按下式计算：

$$\rho = \frac{e_0}{1 - \dfrac{P_{min}A}{N}} \tag{3-22}$$

式中：P_{min}——基底最小压应力，$P_{min} = \dfrac{N}{A} - \dfrac{M_x}{W_x} - \dfrac{M_y}{W_y}$，当为负值时表示拉应力。

3)桥墩的稳定性验算

桥墩的稳定性验算按《地基与基础规范》的有关规定计算。

(1)倾覆稳定性验算

用抵抗倾覆的稳定系数 k_0 来表示桥墩抵抗倾覆的稳定程度,其计算式如下(图 3-8):

$$k_0 = \frac{s}{e_0} \tag{3-23}$$

$$e_0 = \frac{\sum P_i e_i + \sum H_i h_i}{\sum P_i} \tag{3-24}$$

式中:s——基底截面重心至偏心方向截面边缘的距离;

e_0——所有外力的合力 R 在验算截面的作用点对基底重心轴的偏心距;

P_i——不考虑其分项系数和组合系数的作用标准值组合或偶然作用(地震除外)标准值组合引起的竖向力(kN);

e_i——竖向力 P_i 对验算截面重心的力臂(m);

H_i——不考虑其分项系数和组合系数的作用标准值组合或偶然作用(地震除外)标准值组合引起的水平力(kN);

h_i——水平力 H_i 对验算截面的力臂(m)。

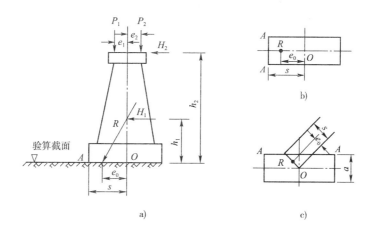

图 3-8 墩台基础的稳定验算示意图
a)立面;b)平面(单向偏心);c)平面(双向偏心)

(2)滑动稳定性验算

抵抗滑动的稳定系数 k_c 按下式验算(图 3-8):

$$k_c = \frac{\mu \sum P_i + \sum H_{iP}}{\sum H_{ia}} \tag{3-25}$$

式中:$\sum P_i$——竖向力的总和;

$\sum H_{iP}$——抗滑稳定水平力总和;

$\sum H_{ia}$——滑动水平力总和;

μ——基础底面与地基土间的摩擦系数,通过试验确定;当缺少实际资料时,可参照表 3-6 采用。

基底摩擦系数 μ　　　　　　　　　　　　　　　表 3-6

地基土分类	黏土(流塑~坚硬)、粉土	砂土(粉砂~砾砂)	碎石土(松散~密实)	软岩(极软岩~较软岩)	硬岩(较硬岩、坚硬岩)
μ	0.25	0.30~0.40	0.40~0.50	0.40~0.60	0.60、0.70

上述求得的抗倾覆与滑动稳定系数 k_0、k_c 均不应小于表 3-7 所规定的最小值。

抗倾覆抗滑动的稳定系数 k_0、k_c　　　　　表 3-7

	作用组合	验算项目	稳定系数
使用阶段	永久作用(不包括混凝土收缩及徐变、浮力)和汽车、人群的标准值效应组合	抗倾覆	1.5
		抗滑动	1.3
	各种作用(不包括地震作用)的标准值效应组合	抗倾覆	1.3
		抗滑动	1.2
	施工阶段作用的标准值效应组合	抗倾覆	1.3
		抗滑动	1.2

【例 3-1】 石砌桥墩计算示例

1. 上部结构

上部结构标准跨径 30m,计算跨径 29.5m,双车道净宽 7m,两边人行道净宽各 1.0m。每孔上部结构自重为 4 583.868kN,自重的支座反力:

$$R_L = R_R = 4\,583.868/2 = 2\,291.934\text{kN}$$

2. 设计荷载

公路—Ⅰ级汽车荷载,人群荷载 3kN/m²(图 3-9、图 3-10)。

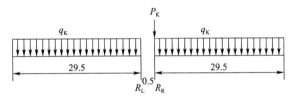

图 3-9　车道荷载纵向布置(尺寸单位:m)　　　图 3-10　车道荷载横向布置(尺寸单位:m)

1) 汽车荷载

两跨均有荷载,在右跨左支点设集中荷载 P_K。

均布荷载　　　　$q_K = 10.5\text{kN/m}$

集中荷载　　　　$P_K = 180 + \dfrac{360 - 180}{50 - 5} \times (29.5 - 5) = 278\text{kN}$

左反力　　　　$R_L = 2 \times \dfrac{1}{2} \times 10.5 \times 29.5 = 309.750\text{kN}$

右反力　　　　$R_R = 2 \times \dfrac{1}{2} \times 10.5 \times 29.5 + 2 \times 278 = 865.750\text{kN}$

反力合力　　　　$R = R_L + R_R = 309.75 + 865.75 = 1\,175.500\text{kN}$

纵桥向偏心弯矩　$M = (865.75 - 309.75) \times 0.5/2 = 139.000\text{kN·m}$

横桥向偏心弯矩　$M = 1\,175.50 \times 0.55 = 646.525\text{kN·m}$

2) 人群荷载

两跨均设有人群荷载,每侧 $q_P = 3.0$ kN/m,$R_L = R_R = 2 \times \frac{1}{2} \times 3.0 \times 29.5 = 88.500$ kN。

3. 墩帽和墩身自重(图 3-11)

$$P = \left[\left(9 \times 1.3 + \frac{\pi}{4} \times 1.3^2 \right) \times 0.5 \times 25 \right] + \left[\left(9 \times 1.1 + \frac{\pi}{4} \times 1.1^2 \right) + \right.$$
$$\left. \left(9 \times 1.5 + \frac{\pi}{4} \times 1.5^2 \right) \right] \times \frac{1}{2} \times 6 \times 24$$
$$= 2\,043.3 \text{ kN}$$

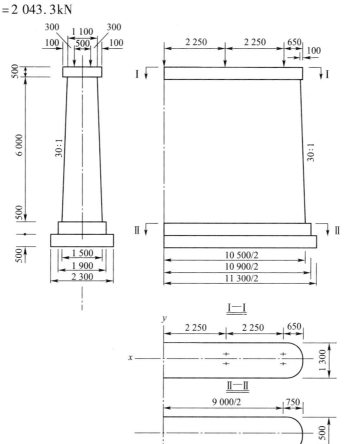

图 3-11 桥墩结构图(尺寸单位:mm)

4. 墩身底竖向荷载效应标准值

墩身底竖向荷载效应标准值如表 3-8 所示。

墩身底竖向荷载效应标准值　　　　表 3-8

效应＼项目	上部结构	墩帽与墩身	汽车荷载	人群荷载
R_L(kN)	2 291.934	—	309.750	88.500
R_R(kN)	2 291.934	—	865.750	88.500
自重(kN)	—	2 043.300	—	—
纵向偏心弯矩(kN·m)	—	—	139.000	—
横向偏心弯矩(kN·m)	—	—	646.525	—

5．风荷载

风荷载按《通用规范》4.3.7计算。

$$F_{wh} = k_0 k_1 k_3 W_d A_{wh} \quad \text{其中 } k_0 = 0.9(\text{中桥})$$

1）横桥向上部结构风荷载

$$B = 9\text{m}, H = 2\text{m}, B/H = 4.5(1 < B/H < 8)$$

$k_1 = 2.1 - 0.1(B/H) = 2.1 - 0.1 \times 4.5 = 1.65$；$k_2 = 1.0$（B类地区，梁高中点离地面7m）；

$k_3 = 1.0$（一般地区）；$k_5 = 1.38$（B类地区）；$V_{10} = 28.6\text{m/s}$（北京地区，见《通用规范》附录表A）；$z = 7\text{m}$（梁高中点离地面）。

$$V_d = k_2 k_5 V_{10} = 1.0 \times 1.38 \times 28.6 = 39.468 \text{m/s}$$

$$\gamma = 0.012\,017 e^{-0.000\,1 \times 7} = 0.012\,01 \text{kN/m}^3$$

$$W_d = \frac{\gamma V_d^2}{2g} = \frac{0.012\,01 \times 39.468^2}{2 \times 9.81} = 0.953\,5 \text{kN/m}^2$$

上部结构高度为2m，每跨迎风面积为 $A_{wh} = 2 \times 30 = 60\text{m}^2$，上部结构风荷载标准值 F_{wh} 为：

$$F_{wh} = k_0 k_1 k_3 W_d A_{wh} = 0.9 \times 1.65 \times 1.0 \times 0.953\,5 \times 60 = 84.957 \text{kN}$$

上部结构风荷载对墩身底弯矩：

$$M_{wh} = 84.957 \times \left(\frac{1}{2} \times 2 + 0.047 + 6.5\right) = 641.170 \text{kN}\cdot\text{m}（2\text{m}为梁高，0.047\text{m}为支座高度，6.5\text{m}为墩帽和墩身高度）$$

2）横桥向墩帽及墩身风荷载

k_1 按《通用规范》表4.3.7-6，$t/b = 10\,400/1\,300 = 8$，其中 t 为墩身平均长度，b 为墩身平均宽度。按该表注1、注2，$k_1 = 1.1$，乘以 $\left(1 - 1.5\frac{r}{b}\right) = \left(1 - 1.5 \times \frac{700}{1\,300}\right) = 0.192$ 或 0.5，取较大者，$k_1 = 1.1 \times 0.5 = 0.55$。

$k_2 = 1.0$（B类地区，墩帽和墩身中点离地面3.25m）；$k_3 = 1.0$；$k_5 = 1.38$。

$V_{10} = 28.6\text{m/s}$（北京地区，见《通用规范》附表A）。

$z = 3.25\text{m}$（离地面高度平均3.25m计）。

$$V_d = k_2 k_5 V_{10} = 1.0 \times 1.38 \times 28.6 = 39.468 \text{m/s}$$

$$\gamma = 0.012\,001\,7 e^{-0.000\,1 \times 3.25} = 0.012\,01 \text{kN/m}^3$$

$$W_d = \frac{\gamma V_d^2}{2g} = \frac{0.012\,01 \times (39.468)^2}{2 \times 9.81} = 0.953\,5 \text{kN/m}^2$$

墩帽迎风面积：

$$A_{wh} = 1.3 \times 0.5 = 0.65 \text{m}^2$$

墩帽风荷载：

$$F_{wh} = k_0 k_1 k_3 W_d A_{wh} = 0.9 \times 0.55 \times 1.0 \times 0.953\,5 \times 0.65 = 0.307 \text{kN}$$

墩帽风荷载对墩身底弯矩：

$$M_{wh} = 0.307 \times \left(\frac{1}{2} \times 0.5 + 6\right) = 1.918 \text{kN}\cdot\text{m}$$

墩身迎风面积：

$$A_{wh} = (1.1+1.5) \times \frac{1}{2} \times 6 = 7.8 \mathrm{m}^2$$

墩身风荷载：
$$F_{wh} = k_0 k_1 k_3 W_d A_{wh} = 0.9 \times 0.55 \times 1.0 \times 0.9535 \times 7.8 = 3.681 \mathrm{kN}$$

墩身风荷载对墩身底弯矩：
$$M_{wh} = 3.681 \times \frac{1}{3} \times 6 \times \left(\frac{2 \times 1.1 + 1.5}{1.1 + 1.5}\right) = 10.477 \mathrm{kN \cdot m}$$

3）纵桥向墩帽及墩身风荷载

纵桥向上部结构风荷载不计，见《通用规范》第4.3.7条。

$k_1 = 2.1$（墩身长边迎风，$t/b = 1300/10400 = 0.125$，其中 t 为墩身平均宽度，b 为墩身平均长度。按《通用规范》表4.3.7-6注1，取 $k_1 = 2.1$）。

$k_3 = 1.0$；$k_5 = 1.38$；$V_{10} = 28.6 \mathrm{m/s}$（北京地区，见《通用规范》附表A）；$z = 3.25 \mathrm{m}$（离地面高度平均以3.25m计）。

$$V_d = k_2 k_5 V_{10} = 1.0 \times 1.38 \times 28.6 = 39.486 \mathrm{m/s}$$

墩帽迎风面积：
$$A_{wh} = 10.3 \times 0.5 = 5.15 \mathrm{m}^2$$

墩帽风荷载：
$$F_{wh} = 0.7 k_0 k_1 k_3 W_d A_{wh} = 0.7 \times 0.9 \times 2.1 \times 1.0 \times 0.9535 \times 5.15 = 6.497 \mathrm{kN}$$

《通用规范》规定纵桥向风荷载为横桥向0.7倍。

墩帽风荷载对墩身底弯矩：
$$M_{wh} = 6.497 \times \left(\frac{1}{2} \times 0.5 + 6\right) = 40.606 \mathrm{kN \cdot m}$$

墩身迎风面积：
$$A_{wh} = (10.1 + 10.5) \times \frac{1}{2} \times 6 = 61.8 \mathrm{m}^2$$

墩身风荷载：
$$F_{wh} = 0.7 k_0 k_1 k_3 W_d A_{wh} = 0.7 \times 0.9 \times 2.1 \times 1.0 \times 0.9535 \times 61.8 = 77.959 \mathrm{kN}$$

墩身风荷载对墩身底弯矩：
$$M_{wh} = 77.959 \times \frac{1}{3} \times 6 \left(\frac{2 \times 10.1 + 10.5}{10.1 + 10.5}\right) = 232.363 \mathrm{kN \cdot m}$$

4）风荷载效应合计

风荷载效应汇总如表3-9所示。

墩身底风荷载效应标准值　　表3-9

风荷载效应 \ 风向和部位	横向桥			纵桥向	
	上部	墩帽	墩身	墩帽	墩身
风压（kN）	84.957	0.307	3.681	6.497	77.959
墩身底弯矩（kN·m）	641.170	1.918	10.477	40.606	232.363

6. 纵向力

纵向力中，温度、混凝土收缩和徐变作用，等跨简支梁（非连续桥面）的桥墩，两排支座相互对消（每个墩顶设两排橡胶支座和一个伸缩装置）。

制动力按《通用规范》规定为加载长度上总重力的10%，桥墩承受加载长度（$2 \times 29.5 = $

59m)上制动力之半。本桥为双向两车道,采用一个车道的汽车重力。

$$F_b = \frac{0.1}{2}(q_K \times 59 + P_K) = \frac{0.1}{2}(10.5 \times 59 + 278) = 44.875 \text{kN}$$

F_b 不应小于 165kN,故取用 165kN。

制动力作用于支座中心,对墩身底力臂为:$6.5 + 0.047/2 = 6.524$m。

制动力对墩身底弯矩 $M = 165 \times 6.524 = 1076.46 \text{kN} \cdot \text{m}$。

7. 墩身底截面按承载能力极限状态验算

按《通用规范》规定,承载能力极限状态基本效应组合表达式为:

$$\gamma_0 S_{ud} = \gamma_0 \left(\sum_{i=1}^{m} \gamma_{Gi} S_{Gik} + \gamma_{Q1} S_{Q1k} + \psi_c \sum_{j=2}^{n} \gamma_{Qj} S_{Qik} \right)$$

式中:S_{ud}——作用效应设计值;

γ_0——结构重要性系数,$\gamma_0 = 1.0$;

γ_{Gi}——永久作用效应分项系数,结构自重 $\gamma_{Gi} = 1.2$ 或 $\gamma_{Gi} = 1.0$;

γ_{Qj}——j 为 1 时,即 γ_{Q1},汽车荷载效应分项系数,$\gamma_{Q1} = 1.4$;j 为 2 时,即 γ_{Q2},人群荷载效应分项系数,$\gamma_{Q2} = 1.4$;j 为 2 时,即 γ_{Q3},风荷载效应分项系数,$\gamma_{Q3} = 1.1$;

ψ_c——除汽车作用效应(含汽车冲击力、离心力)外的其他可变作用效应的组合系数:
一种可变作用 $\psi_c = 0.8$,两种 $\psi_c = 0.7$,三种 $\psi_c = 0.6$,四种及以上 $\psi_c = 0.5$。

本例采用纵、横向分别考虑。

(1)结构自重竖向力,汽车、人群荷载竖向力及其纵、横向弯矩,纵向风荷载弯矩,制动力弯矩等作用效应(不计横向风荷载弯矩)组合。

①竖向力

$$\gamma_0 N_0 = 1.0 \times [1.2 \times (2 \times 2291.934 + 2043.3) + 1.4 \times (309.75 + 865.75) + 0.8 \times 1.4 \times 2 \times 88.5]$$
$$= 9796.54 \text{kN}$$

②纵向弯矩(绕 x 轴)

$$\gamma_0 M_{d,l} = 1.0 \times \{0 + 1.4 \times 139.000 + 0.7 \times [1.1 \times (40.606 + 232.363) + 1.4 \times 1076.46]\}$$
$$= 1459.717 \text{kN} \cdot \text{m}$$

(见表 3-8、表 3-9 及"6. 纵向力",等号右边中括号内,风荷载效应分项系数 1.1,制动力效应分项系数 1.4,两者组合系数 $\psi_c = 0.7$)

③横向弯矩(绕 y 轴)

$$\gamma_0 M_{d,t} = 1.0 \times (0 + 1.4 \times 646.525 + 0) = 905.135 \text{kN} \cdot \text{m}$$

(见表 3-8,横向弯矩仅有汽车荷载效应)

④偏心距验算

偏心距按表 3-1 验算(图 3-12)。

$$e_x = \frac{M_{d,t}}{N_d} = \frac{905.135}{9796.540} = 0.0924 \text{m} = 92.4 \text{mm}$$

$$e_y = \frac{M_{d,l}}{N_d} = \frac{1459.717}{9796.540} = 0.1490 \text{m} = 149.0 \text{mm}$$

$$e = \sqrt{e_x^2 + e_y^2} = \sqrt{92.4^2 + 149^2} = 175.3 \text{mm}$$

$$\theta = \arctan \frac{e_x}{e_y} = \arctan \frac{92.4}{149} = 31.80°$$

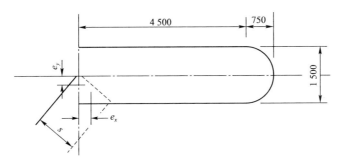

图 3-12 墩身截面偏心距计算(尺寸单位:mm)

截面重心至偏心方向边缘距离 $s = \dfrac{750}{\cos\theta} = \dfrac{750}{\cos 31.8°} = 882.5\,\text{mm}$

$e/s = 175.3/882.5 = 0.199 < 0.6$,符合规定。

⑤墩身底截面承载能力极限状态验算

按式(3-2) $\gamma_0 N_d < \varphi A f_{cd}$ 进行计算。

$$\gamma_0 N_d = 1.0 \times 9\,796.54\,\text{kN}$$

$$\varphi = \dfrac{1}{\dfrac{1}{\varphi_x} + \dfrac{1}{\varphi_y} - 1}$$

$$\varphi_x = \dfrac{1 - \left(\dfrac{e_x}{x}\right)^m}{1 + \left(\dfrac{e_x}{i_y}\right)^2} \cdot \dfrac{1}{1 + \alpha\beta_x(\beta_x - 3)\left[1 + 1.33\left(\dfrac{e_x}{i_y}\right)^2\right]}$$

$$\varphi_y = \dfrac{1 - \left(\dfrac{e_y}{y}\right)^m}{1 + \left(\dfrac{e_y}{i_x}\right)^2} \cdot \dfrac{1}{1 + \alpha\beta_y(\beta_y - 3)\left[1 + 1.33\left(\dfrac{e_y}{i_x}\right)^2\right]}$$

在以上公式中:$x = 5\,250\,\text{mm}$;$y = 750\,\text{mm}$;$e_x = 92.4\,\text{mm}$;$e_y = 149.0\,\text{mm}$;截面形状系数 $m = 8$。

$$I_y = \dfrac{1}{12} \times 1\,500 \times 9\,000^3 + 2[0.006\,86 \times 1\,500^4 + 0.393 \times 1\,500^2 \times (2 \times 2\,250 + 0.212 \times 1\,500)^2]$$
$$= 1.322\,5 \times 10^{14}\,\text{mm}^4(\text{墩身底截面绕 } y \text{ 轴惯性矩})$$

$$A = 9\,000 \times 1\,500 + \dfrac{\pi}{4} \times 1\,500^2 = 1.526\,7 \times 10^7\,\text{mm}^2$$

$$i_y = \sqrt{\dfrac{I_y}{A}} = \sqrt{\dfrac{1.322\,5 \times 10^{14}}{1.526\,7 \times 10^7}} = 2\,943.208\,\text{mm}$$

$$I_x = \dfrac{1}{12} \times 9\,000 \times 1\,500^3 + 0.049\,1 \times 1\,500^4 = 2.779\,8 \times 10^{12}\,\text{mm}^4(\text{墩身底绕 } x \text{ 轴惯性矩})$$

$$i_x = \sqrt{\dfrac{I_x}{A}} = \sqrt{\dfrac{2.779\,8 \times 10^{12}}{1.526\,7 \times 10^7}} = 426.707\,\text{mm}$$

β_x 和 β_y 为构件 x 方向、y 方向的长细比,在 β_x 和 β_y 计算式内,对变截面柱(墩身),其回转半径近似地取平均截面的回转半径。在长细比的回转半径计算中,为便于区别,下角码加注 β,即在下角码加 β 者指平均截面。

$$I_{y\beta} = \dfrac{1}{12} \times 1\,400 \times 9\,000^3 + 2 \times [0.006\,86 \times 1\,400^4 + 0.393 \times 1\,400^2 \times$$

$$(2 \times 2\,250 + 0.212 \times 1\,400)^2]$$
$$= 1.200\,5 \times 10^{14}\,\mathrm{mm}^4$$

$$A_\beta = 9\,000 \times 1\,400 + \frac{\pi}{4} \times 1\,400^2 = 1.413\,9 \times 10^7\,\mathrm{mm}^2$$

$$i_{y\beta} = \sqrt{\frac{I_{y\beta}}{A_\beta}} = \sqrt{\frac{1.200\,5 \times 10^{14}}{1.413\,9 \times 10^7}} = 29\,119.903\,\mathrm{mm} = 2.919\,9\,\mathrm{m}$$

$$I_{x\beta} = \frac{1}{12} \times 9\,000 \times 1\,400^3 + 0.049\,1 \times 1\,400^4 = 2.246\,6 \times 10^{12}\,\mathrm{mm}^4$$

$$i_{x\beta} = \sqrt{\frac{I_{x\beta}}{A_\beta}} = \sqrt{\frac{2.246\,6}{1.413\,9 \times 10^7}} = 398.615\,\mathrm{mm} = 0.398\,6\,\mathrm{m}$$

$l_0 = 2 \times 6.5 = 13\,\mathrm{m}$（上端自由、下端固结的柱,见表3-3,但表3-3适用于等截面,桥墩截面变化不大,可近似应用）。

$\gamma_\beta = 1.3$（按表3-2取值）；$\alpha = 0.000\,2$。

$$\beta_x = \frac{\gamma_\beta l_0}{3.5 i_{y\beta}} = \frac{1.3 \times 13}{3.5 \times 2.919\,9} = 1.654, \beta_x\text{小于3取为3}。$$

$$\beta_y = \frac{\gamma_\beta l_0}{3.5 i_{x\beta}} = \frac{1.3 \times 13}{3.5 \times 0.398\,6} = 12.114$$

$$\varphi_x = \frac{1 - \left(\frac{92.4}{5\,250}\right)^8}{1 + \left(\frac{92.4}{2\,943.208}\right)^2} \times \frac{1}{1 + 0.000\,2 \times 3 \times (3-3)\left[1 + 1.33\left(\frac{92.4}{2\,943.208}\right)^2\right]} = 0.999$$

$$\varphi_y = \frac{1 - \left(\frac{149}{750}\right)^8}{1 + \left(\frac{149}{426.707}\right)^2} \times \frac{1}{1 + 0.000\,2 \times 12.114 \times (12.114 - 3) \times \left[1 + 1.33\left(\frac{149}{426.707}\right)^2\right]} = 0.869$$

$$\varphi = \frac{1}{\frac{1}{\varphi_x} + \frac{1}{\varphi_y} - 1} = \frac{1}{\frac{1}{0.999} + \frac{1}{0.869} - 1} = 0.868$$

$$A = 9\,000 \times 1\,500 + \frac{\pi}{4} \times 1\,500^2 = 1.526\,7 \times 10^7\,\mathrm{m}^2$$

$f_{cd} = 4.22\,\mathrm{MPa}$（《圬工规范》表3.3.3-2）。

$\varphi A f_{cd} = 0.868 \times 1.526\,7 \times 10^7 \times 4.22 = 55\,922.41\,\mathrm{kN} > \gamma_0 N_d = 9\,796.54\,\mathrm{kN}$

符合规定。

（2）结构自重竖向力、汽车、人群荷载竖向力及其纵、横向弯矩,横向风荷载弯矩,制动力弯矩等作用效应（不计纵向风荷载弯矩）组合。

①竖向力
$$\gamma_0 N_d = 9\,796.54\,\mathrm{kN}$$

②纵向弯矩（绕x轴）

$\gamma_0 M_{d,l} = 1.0 \times (0 + 1.4 \times 139.00 + 0.8 \times 1.4 \times 1\,076.46) = 1\,400.235\,(\mathrm{kN \cdot m})$（见表3-8及"6.纵向力";等号右边括号内末项,仅制动力参与组合,$\psi_c = 0.8$）

③横向弯矩（绕y轴）

$$\gamma_0 M_{d,t} = 1.0 \times [0 + 1.4 \times 646.525 + 0.8 \times 1.1 \times (641.170 + 1.918 + 10.477)] = 1\,480.272 \text{kN} \cdot \text{m}$$

④偏心距验算

偏心距按表 3-1 验算(图 3-12)。

$$e_x = M_{d,t}/N_d = 1\,480.272/9\,796.54 = 0.151 \text{m} = 151 \text{mm}$$

$$e_y = Ml_{d,l}/N_d = 1\,400.235/9\,796.54 = 0.143 \text{m} = 143 \text{mm}$$

$$e = \sqrt{e_x^2 + e_y^2} = \sqrt{151^2 + 143^2} = 208 \text{mm}$$

$$\theta = \arctan e_x/e_y = \arctan 151/143 = 46.559°$$

截面重心至偏心方向距离 $s = 750/\cos\theta = 750/\cos 46.559° = 1\,090.8 \text{mm}$

$e/s = 208/1090.8 = 0.19 < 0.6$,符合规定。

⑤墩身底截面承载能力极限状态验算

按式(3-2)进行计算

$x = 5\,250 \text{mm}, y = 750 \text{mm}, e_x = 151 \text{mm}, e_y = 143 \text{mm}, m = 8, I_y = 1.322\,5 \times 10^{14} \text{mm}^4, A = 1.526\,7 \times 10^7 \text{mm}^2, i_y = 2\,943.208 \text{mm}, I_x = 2.779\,8 \times 10^{12} \text{mm}^4, i_x = 427.707 \text{mm}, l_0 = 2 \times 6.5 = 13 \text{m}, \beta_x = 1.654, \beta_y = 12.114, \alpha = 0.000\,2$。

$$\varphi_x = \frac{1 - \left(\frac{151}{5\,250}\right)^8}{1 + \left(\frac{151}{2\,943.208}\right)^2} \times \frac{1}{1 + 0.000\,2 \times 3 \times (3-3) \times \left[1 + 1.33\left(\frac{151}{2\,943.208}\right)^2\right]} = 0.997$$

$$\varphi_y = \frac{1 - \left(\frac{143}{750}\right)^8}{1 + \left(\frac{143}{426.707}\right)^2} \times \frac{1}{1 + 0.000\,2 \times 12.114 \times (12.114 - 3) \times \left[1 + 1.33\left(\frac{143}{426.707}\right)^2\right]} = 0.877$$

$$\varphi = \frac{1}{\frac{1}{0.997} + \frac{1}{0.877} - 1} = 0.875$$

$$f_{cd} = 4.22 \text{MPa}$$

$$\varphi A f_{cd} = 0.875 \times 1.526\,7 \times 10^7 \times 4.22 = 56\,373.40 \text{kN} > \gamma_0 N_d = 9\,796.54 \text{kN}$$

符合规定。

8. 地基承载力和基底的合力偏心距验算

(1)地基承载力验算

地基承载力按《通用规范》和《地基与基础规范》中的相关规定验算。其作用效应组合由永久荷载、汽车荷载、人群荷载、风荷载和制动力组成。

基础如图 3-11 所示,采用 C25 混凝土。地基为一般黏性土,容许承载力 430kPa。

①竖向力

地基承载力验算的竖向力及其偏心弯矩,可按表 3-8 的数据再加基础自重。基础自重为:$(1.9 \times 10.9 + 2.3 \times 11.3) \times 0.5 \times 24 = 560.40 \text{kN}$(图 3-11),基础自重不产生偏心弯矩。

②横向弯矩(图 3-11)

上部结构风荷载对基底弯矩:

$$M_{wh} = 84.957 \times \left(\frac{1}{2} \times 2 + 0.047 + 6.5 + 0.5 + 0.5\right) = 726.126 \text{kN} \cdot \text{m}$$

(见表3-9,括号内2为梁高,6.5为墩帽和墩身高度,0.5为基础每一台阶高度)

墩帽风荷载对基底弯矩:
$$M_{wh} = 0.307 \times \left(\frac{1}{2} \times 0.5 + 6 + 0.5 + 0.5\right) = 2.226 \text{kN} \cdot \text{m}$$

墩身风荷载对基底弯矩:
$$M_{wh} = 3.618 \times \left(\frac{1}{3} \times 6 \times \frac{2 \times 1.1 + 1.5}{1.1 + 1.5} + 0.5 + 0.5\right) = 14.158 \text{kN} \cdot \text{m}$$

③纵桥向弯矩

《通用规范》第4.3.7条第2款,纵桥向不计桥面系及上承式梁所受的风荷载。

墩帽风荷载对基底弯矩:
$$M_{wh} = 6.497 \times \left(\frac{1}{2} \times 0.5 + 6 + 0.5 + 0.5\right) = 47.103 \text{kN} \cdot \text{m}$$

墩身风荷载对基底弯矩:
$$M_{wh} = 77.959 \times \left(\frac{1}{3} \times 6 \times \frac{2 \times 10.1 + 10.5}{10.1 + 10.5} + 0.5 + 0.5\right) = 310.322 \text{kN} \cdot \text{m}$$

制动力对基底弯矩:
$$M = 165 \times \left(\frac{0.047}{2} + 6.5 + 0.5 + 0.5\right) = 1\,241.378 \text{kN} \cdot \text{m}$$

④基底荷载汇总(表3-10和表3-11)

基底荷载效应标准值　　　　　表3-10

效应＼部位	上部结构	墩帽、墩身	基础	汽车	人群	合计
竖向力(kN)	2×2 291.934 =4 583.868	2 043.300	560.400	309.750+865.750 =1 175.5	2×88.5 =177.000	8 540.068
横向偏心弯矩 (kN·m)	—	—	—	646.525	—	646.525
纵向偏心弯矩 (kN·m)	—	—	—	139.000	—	139.000

注:引自表3-8。

基底风荷载和制动力效应标准值　　　　　表3-11

效应＼作用	风荷载			制动力	合计
	上部	墩帽	墩身		
横向力(kN)	84.957	0.307	3.618		88.945
横向弯矩(kN·m)	726.127	2.226	14.158		742.511
纵向力(kN)		6.497	77.959	165.000	249.456
纵向弯矩(kN·m)		47.103	310.322	1 241.378	1 598.803

⑤基底应力计算

根据《地基与基础规范》1.0.8、4.2.2条的相关规定计算如下。

竖向力:
$$N = \gamma_0 N_0 = 1.0[4\,583.868 + 2\,043.300 + 560.400 + (1.0 \times 1\,175.500 + 1.0 \times 177.000)]$$
$$= 8\,540.068 \text{kN}$$

基底面积: $$A = 2.3 \times 11.3 = 25.990 \text{m}^2$$
基底平均压应力: $$P = \frac{N}{A} = \frac{8\,540.068}{25.99} = 328.591 \text{kPa} < [f_a] = 430 \text{kPa}$$
符合规定。

按基底双向偏心受压计算最大压应力 P_{max}。

横桥向弯矩:
$$M_y = 1.0(1.0 \times 646.525 + 1.0 \times 742.511) = 1\,389.036 \text{ kN·m}$$

基底面积抵抗矩:
$$W_y = \frac{1}{6} \times 2.3 \times 11.3^2 = 48.948 \text{m}^3$$

纵桥向弯矩:
$$M_x = 1.0[1.0 \times 139.000 + 1.0(47.103 + 310.322) + 1.0 \times 1\,241.378]$$
$$= 1\,737.803 \text{kN·m}$$

基底面积抵抗矩:
$$W_x = \frac{1}{6} \times 11.3 \times 2.3^2 = 9.963 \text{m}^3$$

基底最大压应力:
$$P_{max} = \frac{N}{A} + \frac{M_x}{W_x} + \frac{M_y}{W_y} = \frac{8\,540.068}{25.99} + \frac{1\,737.803}{9.963} + \frac{1\,389.036}{48.948}$$
$$= 531.394 \text{kPa} < 1.25 \times 430 \text{kPa} = 537.5 \text{kPa}$$

符合规定(式中1.25为地基承载力容许值抗力系数,见《地基与基础规范》中3.3.6条的相关规定)。

(2)基底合力偏心距验算

根据《地基与基础规范》4.2.5条的相关规定计算如下:

$$e_x = \frac{M_y}{N} = \frac{1\,389.036}{8\,540.068} = 0.163 \text{m}$$

$$e_y = \frac{M_x}{N} = \frac{1\,737.803}{8\,540.068} = 0.203 \text{m}$$

$$e_0 = \sqrt{e_x^2 + e_y^2} = \sqrt{0.163^2 + 0.203^2} = 0.26 \text{m}$$

$$P_{min} = \frac{N}{A} - \frac{M_x}{W_x} - \frac{M_y}{W_y} = \frac{8\,540.068}{25.99} - \frac{1\,737.803}{9.963} - \frac{1\,389.036}{48.948} = 125.786 \text{kPa}$$

$$\rho = \frac{e_0}{1 - \frac{P_{min}A}{N}} = \frac{0.26}{1 - \frac{125.786 \times 25.99}{8\,540.068}} = 0.421 \text{m}$$

$$e_0 = 0.26 \text{m} < [e_0] \leq \rho = 0.421 \text{m}$$

符合表3-5的规定要求。

9. 桥墩稳定性验算

桥墩抗倾覆稳定性和抗滑稳定性按《地基与基础规范》中4.4.1和4.4.2条的相关规定验算。

(1)抗倾覆稳定性验算

根据式(3-23) $k_0 = \frac{s}{e_0}$ 的意义,由(图3-8和图3-11)三角几何关系 $\frac{e_y}{e_0} = \frac{2.3/2}{s}$ 得:

$$k_0 = \frac{1}{e_y} \times \frac{2}{2.3} = \frac{1}{0.203} \times \frac{2}{2.3} = 4.28 > 1.5$$

符合表 3-7 的要求。

(2)抗滑动稳定性验算

基础与地基的摩擦系数 μ 取 0.25。

$$\sum P_i = 8\,540.068\text{kPa};\ \sum H_{ip} = 0$$

$$\sum H_{ia} = \sqrt{88.945^2 + 249.456^2} = 264.838\text{kPa}$$

根据式(3-25):

$$k_c = \frac{\mu \sum P_i + \sum H_{ip}}{\sum H_{ia}} = \frac{0.25 \times 8\,540.068 + 0}{264.838} = 8.06 > 1.3$$

符合表 3-7 的要求。

以上有关计算数据见表 3-10、表 3-11。

三、桩柱式桥墩计算

桩柱式桥墩的计算,包括盖梁和桩(柱)身两个部分。

1. 盖梁计算

(1)计算图式

桩柱式墩通常采用钢筋混凝土构件。在构造上,柱的纵向受力钢筋应伸入基础和盖梁内,深入长度不应小于规范规定的锚固长度,并与盖梁的钢筋绑扎成整体,因此盖梁与柱刚接成刚架结构,按刚构计算。

①当盖梁与柱的线刚度(EI/l)之比大于 5 时,双柱式墩盖梁可按简支梁计算和配筋,多柱式墩的盖梁可按连续梁计算。此时,钢筋混凝土盖梁的跨高比 l/h(l、h 分别为盖梁的计算跨径和盖梁高度)为:简支梁 $2.0 < l/h \leq 5.0$,连续梁或刚构 $2.5 < l/h \leq 5.0$。其计算按《公路钢筋混凝土及预应力混凝土桥涵设计规范》(JTG D62—2004)(以下简称《钢混及预混设计规范》)8.2 的相关公式计算。当 $l/h > 5.0$ 时,按《钢混及预混设计规范》的第 5 章~第 7 章钢筋混凝土一般受弯构件计算;当简支梁 $l/h < 2$、连续梁 $l/h < 2.5$ 时,应按深梁计算。

②当盖梁的刚度与桩柱的线刚度比(EI/l)小于 5,或桥墩承受较大横向力时,盖梁应作为横向刚架的一部分进行验算。

(2)作用种类

主要有上部结构重力、盖梁自重、汽车荷载(包括冲击力)及人群荷载。

(3)计算方法

公路桥梁桩柱式墩大多采用双柱式,且盖梁与桩柱的线刚度比往往大于 5,所以通常都按简支梁或双悬臂梁计算。内力计算时,控制截面一般在支点和跨中,荷载纵横向分布的影响可参照装配式简支梁主梁梁肋内力计算方法予以考虑。

①荷载纵向分布的影响:汽车荷载由上部结构通过支座传递给桥墩,所以计算时,先绘制上部结构支点反力影响线,然后按最不利位置布载,即可求得相应最大支座反力。

②荷载横向分布的影响:先作出盖梁控制截面的内力横向影响线,然后按最不利位置布载。当计算跨中正弯矩时,汽车荷载对称布置;当计算支点负弯矩时,汽车荷载非对称布置。

(4)注意事项

①盖梁内力计算时,可考虑桩柱支承宽度对削减负弯矩尖峰的影响。

②桥墩沿纵向的水平力,以及当盖梁在纵桥向设置有两排支座时作用在上部结构的汽车荷载偏心力将对盖梁产生扭矩,应予以考虑。

(5)配筋计算

盖梁的配筋计算方法与钢筋混凝土梁配筋相似,即根据弯矩包络图配置受弯钢筋,根据剪力包络图配置弯起钢筋和箍筋。在配置时,还应计算各控制截面扭矩所需要的箍筋及纵向钢筋。当采用预应力混凝土盖梁时,预应力筋及普通钢筋的配置与预应力混凝土梁相似。

(6)抗裂验算

钢筋混凝土盖梁的最大裂缝宽度可按下列公式计算:

$$W_{fk} = C_1 C_2 C_3 \frac{\sigma_{ss}}{E_s} \left(\frac{30+d}{0.28+10\rho} \right) \tag{3-26}$$

式中:C_1——钢筋表面形状系数,对光面钢筋 $C_1=1.4$,对带肋钢筋 $C_1=1.0$;

C_2——作用(或荷载)长期效应影响系数,$C_2 = 1 + \frac{N_1}{N_2}$,其中,$N_1$ 和 N_2 分别为按作用(或荷载)长期效应组合和短期效应组合计算的内力值(弯矩或轴向力);

C_3——与构件受力性质有关的系数,$C_3 = \frac{1}{3}\left(\frac{0.4l}{h}+1\right)$;

σ_{ss}——钢筋应力,按规范有关公式进行计算;

d——纵向钢筋直径(mm);

ρ——纵向受拉钢筋率,对钢筋混凝土构件,当 $\rho > 0.02$ 时,取 $\rho = 0.02$;当 $\rho < 0.006$ 时,取 $\rho = 0.006$;对轴心受拉构件,ρ 按全部受拉钢筋截面面积 A_s 的一半计算。

$$\rho = \frac{A_s + A_p}{bh_0 + (b_f - b)h_f} \tag{3-27}$$

式中:A_s、A_p——构件受拉区纵向普通钢筋、预应力钢筋截面面积;

b_f、h_f——构件受拉翼缘宽度、厚度。

2. 墩柱计算

(1)外力计算

作用于桥墩桩柱上的永久作用包括:上部结构的自重力、盖梁的自重力及桩身的自重;桩柱承受的可变作用按设计荷载进行最不利加载计算,最后通过作用效应组合,求得最不利的作用。桥墩承受的水平力主要有支座摩阻力和汽车制动力等。

(2)内力计算

桩柱式墩按桩基础的有关内容计算桩柱的内力和桩的入土深度。对于单柱式墩,计算弯矩应考虑纵、横两个方向弯矩的合力,两个方向弯矩合力值为:$M = \sqrt{M_x^2 + M_y^2}$。其余计算同双柱墩。

(3)配筋验算

在计算最不利内力组合之后,先配筋,再验算。验算方法同钢筋混凝土偏心受压构件计算。

(4)抗裂验算

钢筋混凝土圆形截面偏心受压构件,其最大裂缝宽度可按下列公式计算:

$$W_{fk} = C_1 C_2 \left[0.03 + \frac{\sigma_{ss}}{E_s}\left(0.004\frac{d}{\rho} + 1.52C\right) \right] \tag{3-28}$$

$$\sigma_{ss} = \left[59.42 \frac{N_s}{\pi \cdot r^2 f_{cu,k}} \left(2.80 \frac{\eta_s e_0}{r} - 1.0 \right) - 1.65 \right] \rho^{-\frac{2}{3}} \tag{3-29}$$

式中:N_s——按作用(或荷载)短期效应组合计算的轴向力(N);

σ_{ss}——截面受拉区最外缘钢筋应力,当按上述公式中 $\sigma_{ss} \leqslant 24\text{MPa}$ 时,可不必验算裂缝宽度(MPa);

ρ——截面配筋率,$\rho = \dfrac{A_s}{\pi r^2}$;

C——混凝土保护层厚度(mm);

r——构件截面半径(mm);

η_s——使用阶段的偏心距增大系数,按 $\eta_s = 1 + \dfrac{1}{4\,000\dfrac{e_0}{(r+r_s)}}\left(\dfrac{l_0}{2r}\right)$ 计算,当 $\dfrac{l_0}{2r} \leqslant 14$ 时,可取 $\eta_s = 1.0$;

e_0——轴向力 N_s 的偏心距(mm);

$f_{cu,k}$——边长为150mm 的混凝土立方体抗压强度标准值,设计时取混凝土强度等级(MPa);

r_s——构件截面纵向钢筋所在圆周的半径(mm);

l_0——构件的计算长度,当构件两端固定时取 $0.5l$;当一端固定一端为不移动的铰链时取 $0.7l$;当两端均为不移动的铰链时取 l;当一端固定一端自由时取 $2l$;也可按工程经验确定;l 为构件支点间长度;

其余符号意义同前。

【例 3-2】 计算示例

1. 盖梁计算

1)荷载计算

(1)上部结构永久荷载见表 3-12。

上部结构永久荷载 表 3-12

每片边梁自重 (kN/m)	每片中梁自重 (kN/m)		一孔上部构造自重 (kN)	每一个支座恒载反力 (kN)		
1、5 号	2、4 号	3 号		边梁1、3	中梁2、4	中梁3
16.77	17.09	16.90	1 689.02	167.36	170.56	168.66

(2)盖梁自重及作用效应计算(1/2 盖梁长度)(图 3-13)。

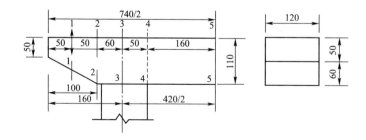

图 3-13 盖梁自重及作用效应计算示意(尺寸单位:cm)

盖梁自重产生的弯矩、剪力效应计算,见表 3-13。

$$q_1 + q_2 + q_3 + q_4 + q_5 = 113.10\text{kN}$$

盖梁自重产生的弯矩、剪力效应计算 表3-13

截面编号	自重 (kN)	弯矩 (kN·m)	剪力(kN) $V_左$	剪力(kN) $V_右$
1-1	$q_1 = 0.5 \times 0.5 \times 1.2 \times 25 + \frac{0.5}{2} \times 0.3 \times 1.2 \times 25$ $= 7.5 + 2.25 = 9.75$	$M_1 = -7.5 \times \frac{0.5}{2} - 2.25 \times \frac{0.5}{3} = -1.875 - 0.375$ $= -2.25$	-9.75	-9.75
2-2	$q_2 = \frac{1}{2}(0.8 + 1.1) \times 0.5 \times 1.2 \times 25$ $= 14.25$	$M_2 = -0.5 \times 1.0 \times 1.2 \times 25 \times 0.5 - \frac{1}{2} \times 0.6 \times 1.0 \times 1.2 \times 25 \times \frac{1}{3} = -7.5 - 3.0 = -10.50$	-24.00	-24.00
3-3	$q_3 = 1.1 \times 0.6 \times 1.2 \times 25$ $= 19.8$	$M_3 = -0.5 \times 1.0 \times 1.2 \times 25 \times 1.1 - \frac{1}{2} \times 0.6 \times 1.0 \times 1.2 \times 2.5 \times \left(\frac{1}{3} + 0.6\right) - 19.8 \times \frac{0.6}{2}$ $= -16.5 - 8.4 - 5.94 = -30.84$	-43.80	-69.30
4-4	$q_4 = 1.1 \times 0.5 \times 1.2 \times 25$ $= 16.50$	$M_4 = 113.1 \times 0.5 - (19.8 + 16.5) \times \frac{1.1}{2} - 15 \times 1.6 - 9 \times \left(\frac{1}{3} + 1.1\right) = 56.55 - 19.965 - 24.00 - 12.9$ $= -0.315$	52.80	52.80
5-5	$q_5 = 1.1 \times 1.6 \times 1.2 \times 25$ $= 52.80$	$M_5 = 113.1 \times 2.1 - (19.8 + 16.5 + 52.8) \times \frac{2.7}{2} - 15 \times 3.2 - 9 \times \left(\frac{1}{3} + 2.7\right)$ $= 237.51 - 120.285 - 48 - 27.3$ $= 41.925$	0	0

(3)可变荷载计算。

①可变荷载横向分布系数计算:荷载对称布置时用杠杆法,非对称布置时用偏心受压法。

a. 公路—Ⅱ级。

(a)单列车对称布置(图3-14)时:

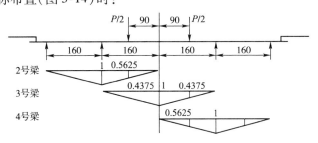

图3-14 单列车对称布置时,可变荷载计算示意(尺寸单位:cm)

$$\eta_1 = 0 = \eta_5 = 0$$

$$\eta_2 = \eta_4 = \frac{1}{2} \times 0.5625 = 0.281$$

$$\eta_3 = \frac{1}{2}(0.4375 + 0.4379) = 0.438$$

(b) 双列车对称布置(图3-15)时：

$$\eta_1 = \eta_5 = \frac{1}{2} \times 0.5632 = 0.266$$

$$\eta_2 = \eta_4 = \frac{1}{2}(0.4375 + 0.4379) = 0.438$$

$$\eta_3 = \frac{1}{2}(0.5938 + 0.5938) = 0.594$$

(c) 单列车非对称布置(图3-16)时：

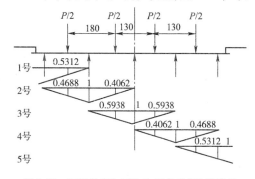

图3-15　双列车对称布置时，可变荷载计算示意
（尺寸单位：cm）

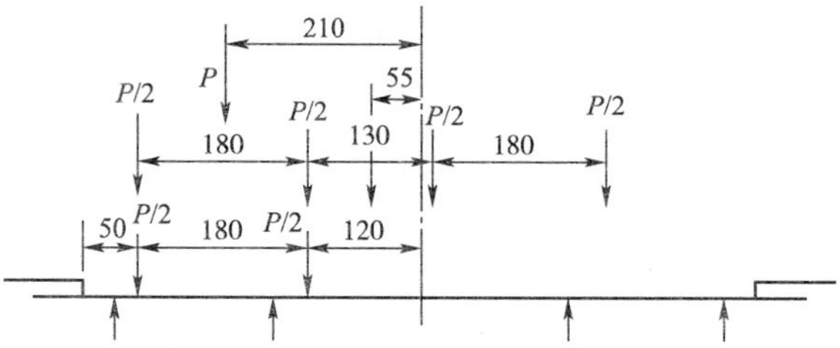

图3-16　单列车和双列车非对称布置时，可变荷载计算示意
（尺寸单位：cm）

由 $\eta_i = \dfrac{1}{n} \pm \dfrac{ea}{(2\sum a^2)}$，已知 $n=5$, $e=2.10$, $2\sum a^2 = 2(1.60^2 + 3.20^2) = 25.6$，则：

$$\eta_1 = \frac{1}{5} + \frac{2.1 \times 3.2}{25.60} = 0.200 + 0.263 = 0.463$$

$$\eta_2 = \frac{1}{5} + \frac{2.1 \times 1.6}{25.60} = 0.200 + 0.131 = 0.331$$

$$\eta_3 = \frac{1}{5} = 0.200$$

$$\eta_4 = \frac{1}{5} - 0.131 = 0.069$$

$$\eta_5 = \frac{1}{5} - 0.263 = -0.063$$

(d) 双列车非对称布置(图3-16)时：

已知：$n=5$, $e=0.55$, $2\sum a^2 = 25.6$，则：

$$\eta_1 = \frac{1}{5} + \frac{0.55 \times 3.2}{25.60} = 0.200 + 0.069 = 0.269$$

$$\eta_2 = \frac{1}{5} + \frac{0.55 \times 1.6}{25.60} = 0.200 + 0.034 = 0.234$$

$$\eta_3 = \frac{1}{5} = 0.200$$

$$\eta_4 = \frac{1}{5} - 0.034 = 0.166$$

$$\eta_5 = \frac{1}{5} - 0.069 = 0.131$$

b. 人群荷载。

$$q_人 = 0.75 \times 3 = 2.25 \text{kN/m}$$

（a）两侧有人群对称布置（图3-17）时：

$$\eta_1 = \eta_5 = 1.422$$
$$\eta_2 = \eta_4 = -0.422$$
$$\eta_3 = 0$$

（b）单侧有人群布置（图3-17）时：

已知：$n=5$，$e=3.2+0.675=3.875$，$2\sum a^2 = 25.6$，则：

$$\eta_1 = \frac{1}{5} + \frac{3.875 \times 3.2}{25.60} = 0.200 + 0.484 = 0.684$$

$$\eta_2 = \frac{1}{5} + \frac{3.875 \times 1.6}{25.60} = 0.200 + 0.242 = 0.442$$

$$\eta_3 = \frac{1}{5} = 0.200$$

$$\eta_4 = \frac{1}{5} - 0.242 = -0.042$$

$$\eta_5 = \frac{1}{5} - 0.484 = -0.284$$

②按顺桥向可变荷载移动情况，求的支座可变荷载反力的最大值（图3-18）。

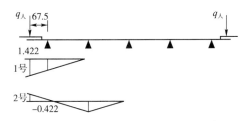

图3-17 两侧有人群和单侧有人群荷载计算示意
（尺寸单位：cm）

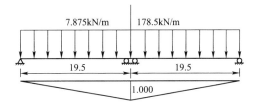

图3-18 支座可变荷载反力的最大值计算示意
（尺寸单位：cm）

a. 公路—Ⅱ级。

双孔布载单列车时：

$$B = \frac{19.5 \times 2 \times 7.875}{2} + 178.5 = 332.06 \text{kN}$$

双孔布载双列车时：

$$2B = 2 \times 332.06 = 664.12 \text{kN}$$

单孔布置单列车时：

$$B = \frac{19.5 \times 7.875}{2} + 178.5 = 255.28 \text{kN}$$

单孔布载双列车时：

$$2B = 510.56 \text{kN}$$

b. 人群荷载（图3-19）。

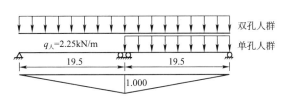

图3-19 人群荷载计算示意（尺寸单位：cm）

单孔满载时：
$$B_2 = 2.25 \times \frac{1}{2} \times 1\,008 \times 19.65 = 22.28\text{kN}(一侧)$$

双孔满载时（一侧）：
$$B_1 = B_2 = 22.28\text{kN}$$
$$B_1 + B_2 = 44.47\text{kN}$$

③可变荷载横向分布后各梁支点反力（计算的一般公式为 $R_i = B\eta_i$）见表3-14。

各梁支点反力计算　　　　　　　　　　　　　　　　　　　　表3-14

计算方法	荷载布置	横向分布系数 η	公路—Ⅱ级荷载(kN)				人群荷载(kN)			
			单孔		双孔		单孔		双孔	
			B	R_1	B	R_1	B	R_1	B	R_1
对称布置按杠杆法算	单列车 公路—Ⅱ级	$\eta_1 = 0$	255.28	0	332.06	0				
		$\eta_4 = 0.281$		71.73		93.31				
		$\eta_3 = 0.438$		111.81		145.44				
		$\eta_2 = 0.281$		71.73		93.31				
		$\eta_5 = 0$		0		0				
	双列车 公路—Ⅱ级	$\eta_1 = 0.266$	510.56	135.81	664.12	176.66				
		$\eta_2 = 0.438$		223.63		290.88				
		$\eta_3 = 0.594$		303.27		394.49				
		$\eta_4 = 0.438$		233.63		290.88				
		$\eta_5 = 0.266$		135.81		176.66				
	人群荷载	$\eta_1 = 1.422$					22.8	31.68	44.57	63.38
		$\eta_2 = -0.422$						−9.40		−18.81
		$\eta_3 = 0$						0		0
		$\eta_4 = -0.422$						−9.40		−18.81
		$\eta_5 = 1.422$						31.68		63.38
非对称布置接偏心受压法计算	单列车 公路—Ⅱ级	$\eta_1 = 0.463$	255.58	118.19	332.06	153.74				
		$\eta_4 = 0.331$		84.50		109.91				
		$\eta_3 = 0.200$		51.06		66.41				
		$\eta_2 = 0.069$		17.61		22.91				
		$\eta_5 = -0.063$		−16.08		−20.92				
	双列车 公路—Ⅱ级	$\eta_1 = 0.269$	510.56	137.34	664.12	178.65				
		$\eta_2 = 0.234$		119.47		155.40				
		$\eta_3 = 0.200$		101.11		132.82				
		$\eta_4 = 0.166$		84.75		110.24				
		$\eta_5 = 0.131$		66.88		87.00				
	人群荷载	$\eta_1 = 0.648$					22.28	15.24	44.57	30.49
		$\eta_2 = 0.422$						9.85		19.70
		$\eta_3 = 0.200$						4.46		8.91
		$\eta_4 = -0.0422$						−0.94		−1.87
		$\eta_5 = 0.284$						−6.33		−12.66

(4)各梁永久荷载、可变荷载反力组合

计算见表3-15,表中均取用各梁的最大值,其中冲击系数为:

$$1+\mu=1+0.249\,9=1.249\,9$$

各梁永久荷载、可变荷载基本组合计算表(单位:kN)　　表3-15

编号	荷载情况	1号梁R_1	2号梁R_2	3号梁R_3	4号梁R_4	5号梁R_5
①	恒载	330.71	337.21	333.34	337.12	330.74
②	公路—Ⅱ级双列对称	220.83	227.24	493.11	227.24	220.83
③	公路—Ⅱ级双列非对称	223.29	194.24	166.02	137.79	180.74
④	人群对称	63.38	−18.81	0	−18.81	63.38
⑤	人群非对称	30.49	19.70	8.91	−1.87	−12.66
⑥	①+②+④	614.92	545.55	826.45	545.55	614.95
⑦	①+②+⑤	582.03	584.06	835.36	562.49	538.91
⑧	①+③+④	617.38	512.55	499.36	456.01	574.86
⑨	①+③+⑤	584.49	551.06	508.27	473.04	498.82

2.双柱反力G_i计算

双柱反力G_i计算(图3-20),所引用的各梁反力见表3-16。

双柱反力G_i计算　　表3-16

荷载组合情况	计算式	反力G_i(kN)
组合⑥:公路—Ⅱ级双列对称,人群对称	$\frac{1}{4.2}(614.92\times5.3+545.55\times3.7+826.45\times2.1+545.55\times0.5-614.95\times1.1)=$ 1 573.69	1 573.69
组合⑦:公路—Ⅱ级双列对称,人群对称	$\frac{1}{4.2}(582.03\times5.3+584.06\times3.7+835.36\times2.1+562.49\times0.5-538.91\times1.1)=$ 1 592.50	1 592.50
组合⑧:公路—Ⅱ级双列非对称,人群对称	$\frac{1}{4.2}(617.38\times5.3+512.55\times3.7+499.36\times2.1+456.10\times0.5-574.86\times1.1)=$ 1 384.03	1 384.03
组合⑨:公路—Ⅱ级双列非对称,人群非对称	$\frac{1}{4.2}(584.49\times5.3+511.06\times3.7+508.27\times2.1+473.04\times0.5-498.82\times1.1)=$ 1 402.83	1 402.83

由表3-16可知,偏载左边的立柱反力最大($G_1>G_2$),并由荷载组合⑦时(公路—Ⅱ级、双列非对称布置与人群对称组合)控制设计。此时$G_1=1\,592.50\text{kN}$,$G_2=1\,067.96\text{kN}$。

3.内力计算

1)永久作用加可变作用下各截面的内力

(1)弯矩计算(图3-20)

截面位置如图3-20所示。为求得最大弯

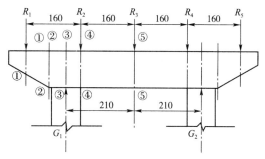

图3-20　截面位置示意(尺寸单位:cm)

矩值,支点负弯矩取用非对称布置时数值,跨中弯矩取用对称布置时数值。

按图 3-20 给出的截面位置,各截面弯矩计算式为:
$$M_{①-①} = 0$$
$$M_{②-②} = -R_1 \times 0.60$$
$$M_{③-③} = -R_1 \times 1.10$$
$$M_{④-④} = -R_1 \times 1.60 + G_1 \times 0.50$$
$$M_{⑤-⑤} = -R_1 \times 3.20 + G_1 \times 2.10 - R_2 \times 1.60$$

各种荷载组合下的各截面弯矩计算见表 3-17。需注意的是,表中内力计算未考虑施工荷载的影响。

各截面弯矩计算　　　　　　　　　　　　　　　　　　　　表 3-17

荷载组合情况	墩柱反力 (kN)	梁支座反力 (kN)		各截面弯矩			
	G_1	R_1	R_2	截面②-②	截面③-③	截面④-④	截面⑤-⑤
组合⑥ 公路—Ⅱ级双列对称	1 573.69	614.92	545.55	-369.95	-676.41	-197.03	464.13
组合⑦ 公路—Ⅱ级双列非对称	1 592.50	582.03	584.06	-349.22	-640.23	-135	547.26
组合⑧ 公路—Ⅱ级双列非对称	1 384.03	617.38	512.55	-370.43	-679.12	-295.80	110.76
组合⑨ 公路—Ⅱ级双列非对称	1 402.83	584.49	551.06	-350.70	-642.94	-233.77	193.87

(2)相应于最大弯矩时的剪力计算

一般计算公式为:

截面①-①:$V_左 = 0$,$V_右 = -R_1$

截面②-②:$V_左 = V_右 = -R_1$

截面③-③:$V_左 = -R_1$,$V_右 = G_1 - R_1$

截面④-④:$V_左 = G_1 - R_1$,$V_右 = G_1 - R_1 - R_2$

截面⑤-⑤:$V_左 = G_1 - R_1 - R_2$,$V_右 = G_1 - R_1 - R_2 - R_3$

计算值见表 3-18。

各截面剪力计算　　　　　　　　　　　　　　　　　　　　表 3-18

荷载组合情况	墩柱反力	梁支座反力			各截面剪力									
		R_1	R_2	R_3	截面①-①		截面②-②		截面③-③		截面④-④		截面⑤-⑤	
					$V_左$	$V_右$	$V_左$	$V_右$	$V_左$	$V_右$	$V_左$	$V_右$	$V_左$	$V_右$
组合⑥ 公路—Ⅱ级	157.69	614.92	545.55	826.45	0	-614.92	-614.92	-614.92	-614.92	958.77	958.77	413.22	413.22	-413.23
组合⑦ 公路—Ⅱ级	1592.50	582.03	584.06	835.36	0	-582.03	-582.03	-582.03	-582.03	1010.47	1010.47	426.41	426.41	-408.95
组合⑧ 公路—Ⅱ级	1384.03	617.38	512.55	499.36	0	-617.38	-617.38	-617.38	-617.38	766.65	766.65	254.1	254.1	-245.26
组合⑨ 公路—Ⅱ级	1402.83	584.49	551.06	508.27	0	-584.49	-584.49	-584.49	-584.49	818.34	818.34	267.28	267.28	-240.99

2）梁内力汇总（表3-19）

表中各截面内力均取表3-17和表3-18中的最大值。按表3-19可绘制内力计算的包络图。

梁内力汇总表 表3-19

内力		截面号	①-①	②-②	③-③	④-④	⑤-⑤
弯矩 (kN/m)	$M_{自重}$		-2.25	-10.50	-30.84	-0.31	41.925
	$M_{荷载}$		0	-370.43	-679.12	-295.80	547.26
	$M_{计算}$		-2.25	380.93	-709.96	-296.11	589.22
剪力 (kN)	$V_{自重}$	左	-9.75	-24.00	-43.80	52.80	0
		右	-9.75	-24.00	69.30	52.80	0
	$V_{荷载}$	左	0	-617.38	-617.38	1010.47	426.41
		右	-617.38	-617.38	1010.47	426.41	-413.23
	$V_{计算}$	左	-9.75	-641.38	-661.18	1063.27	426.41
		右	-627.13	-641.38	1079.77	479.21	-413.23

4. 截面配筋设计与承载力校核

采用C30混凝土，主筋选用HRB335，φ22，保护层5cm（钢筋中心至混凝土边缘）。$f_{cd}=13.8\text{MPa}$，$f_{sd}=280\text{MPa}$。

1）正截面抗弯承载能力验算

$$\gamma_0 M_d \leq f_{sd} bx \left(h_0 - \frac{x}{2}\right)$$

$$f_{sd} A_s = f_{sd} bx$$

$$A_s = \frac{f_{cd}}{f_{sd}} bx$$

以下取③-③截面做配筋设计，其他截面相同，在此不作详细计算。

已知： $bh = 120\text{cm} \times 110\text{cm}$，$M_d = -709.96\text{kN·m}$

取 $\gamma_0 = 1.0$，$h_0 = 110 - 5 = 105\text{cm}$

即：

$$709.96 \times 10^6 = 13.8 \times 1\,200 x \left(1\,050 - \frac{x}{2}\right)$$

化简后为： $x^2 - 2\,100x + 85\,743.96 = 0$

解方程得到： $x = 83.31\text{mm}$

$$A_s = f_{cd} \cdot bx / f_{sd} = 13.8 \times 1\,200 \times 83.31 / 280 = 4\,927.19\text{mm}^2$$

用φ22钢筋，其根数 $n = \dfrac{A_s}{A_{sl}} = \dfrac{49.27}{3.801} = 13$ 根，实际选用14根，配筋率：

$$\mu = \frac{53.214}{120 \times 105} \times 100\% = 0.422\%$$

该截面实际承载力 M_U 为：

$$M_U = f_{cd} A_s \left(h_0 - \frac{x}{2}\right)$$

$$= 280 \times 53.214 \times (1\,050 - 83.31/2)$$
$$= 1\,502.43 \text{kN} \cdot \text{m} > M_\text{d} = 709.96 \text{kN} \cdot \text{m}$$

就正截面承载能力与配筋率而言,配筋设计满足《通用规范》的要求。

其他截面的配筋设计,如表 3-20 所示。

各截面钢筋量计算表 表 3-20

截面号	M (kN·m)	所需钢筋面积 A_s (cm²)	所需 $\phi22$ (根数)	实际选用 根数	实际选用 A_s (cm²)	含筋率 (%)
①-①	-2.25	—	—	6	22.81	0.266
②-②	-380.93	14.51	3.80	8	30.41	0.241
③-③	-709.96	49.27	12.96	14	53.214	0.422
④-④	-296.11	11.24	3.0	8	30.41	0.241
⑤-⑤	589.22	22.60	6.0	10	38.01	0.302

对比可知,原标准图的配筋是合适的,均大于计算值。

2)斜截面抗剪承载能力计算

按《钢混及预混设计规范》5.2.10 条要求,当截面符合下式时,可不进行斜截面抗剪承载力计算,仅需要按《钢混及预混设计规范》9.3.13 条构造要求配置箍筋。

$$\gamma_0 V_\text{d} \leq 0.50 \times 10^{-3} \alpha_2 f_\text{td} b h_0 \text{ (kN)}$$

式中:α_2——预应力提高系数,本例取 $\alpha_2 = 1.0$;

f_td——混凝土抗拉设计强度,本例取 $f_\text{td} = 1.39 \text{MPa}$。

对于①-①截面:

$$0.5 \times 10^{-3} \alpha_2 f_\text{td} b h_0 = 0.5 \times 10^{-3} \times 1.0 \times 1.39 \times 1\,200 \times 750 = 625.50 \text{kN}$$

对于②-②截面:

$$0.5 \times 10^{-3} \alpha_2 f_\text{td} b h_0 = 0.5 \times 10^{-3} \times 1.0 \times 1.39 \times 1\,200 \times 1\,050 = 875.70 \text{kN}$$

按《钢混及预混设计规范》5.2.9 条规定:

$$\gamma_0 V_\text{d} \leq 0.51 \times 10^{-3} \sqrt{f_\text{cu,k}} b h = 0.51 \times 10^{-3} \sqrt{30} \times 1\,200 \times 1\,050 = 3\,520 \text{kN}$$

对照表 3-18 V_j 值,本例可按构造要求设置斜筋与箍筋,如图 3-21 所示。

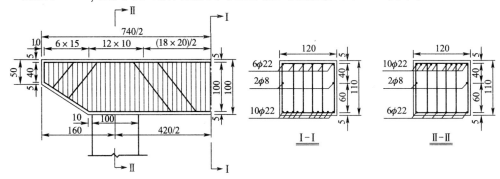

图 3-21 斜筋与箍筋设置示意(尺寸单位:cm)

3)全梁承载力校核

已知 $h_0 = 1\,050 \text{mm}$,$\sigma_\text{s} = 280 \text{MPa}$,一根主筋 $\phi22$ 所参承受的弯矩值为:

$M_1 = \sigma_\text{s} \times A_\text{s} \times z$,其中 $z = 0.92$,$h_0 = 966 \text{mm}$,代入后得 $M_1 = 280 \times 380.1 \times 996 = 102.8 \text{kN} \cdot \text{m}$,据此绘制全梁承载力图和弯矩包络图,如图 3-22 所示。

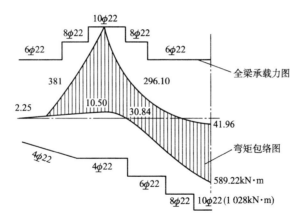

图 3-22 全梁承载力图和弯矩包络图

第二节 桥台设计与计算

学习内容：桥台及其基础设计的基本要求；作用于桥台的荷载及其组合；重力式桥台的截面强度验算、基底应力计算及桥台稳定性验算；轻型桥的计算要点。

学习目标：要求学生认知桥台设计的基本要求；掌握作用于桥台的荷载计算及其组合方法；掌握桥台承载能力计算及稳定性验算的方法；认知轻型桥台的计算要点；能根据设计资料绘制桥台与基础的结构设计图。

桥台及其基础设计的基本要求是：桥台和基础的设计应符合技术先进、安全可靠、适用耐久、经济合理以及有利环保的要求，除此以外，还应考虑因地制宜、就地取材、便于施工和养护等因素。

一、重力式桥台设计与计算

1. 桥台计算作用的特点

重力式桥台与重力式桥墩相比，其计算作用基本相同，不同的主要是桥台要考虑台后填土的土侧压力及汽车荷载引起的土侧压力，而桥墩则不考虑；桥台不需考虑纵横向风力、流水压力、冰压力、船只或漂浮物的撞击作用，但桥墩则要考虑。

台后土侧压力，一般按主动土压力计算，其大小与土的压实程度有关。在计算桥台前端的最大应力、向桥孔一侧的偏心和向桥孔方向的倾覆与滑动时，台后填土按尚未压实考虑(摩擦角取小值)；当计算桥台后端的最大应力、向路堤一侧的偏心和向路堤方向的倾覆与滑动时，则台后填土按已经压实考虑(摩擦角取较大值)。土压力的计算范围，当验算台身强度和地基承载力时，计算基础顶至桥台顶面范围内的土压力；当验算桥台稳定性时，计算基础底至桥台顶面范围内的土压力。

2. 作用布置与作用效应组合

1)梁桥重力式桥台的作用布置与作用效应组合

(1)作用布置(只考虑纵桥向)

①在桥跨结构上布置汽车荷载、温度下降作用、制动力(向桥孔方向)，并考虑台后土侧压力，如图 3-23a)所示。

②在桥台后破坏棱体上布置汽车荷载、温度下降作用,并考虑台后土侧压力,如图 3-23b)所示。

③在桥跨结构上和台后破坏棱体上都布置车辆荷载、温度下降作用、制动力(向桥孔方向),并考虑台后土侧压力,如图 3-23c)所示。

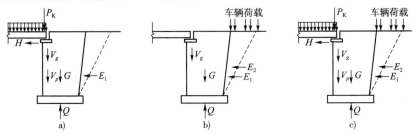

图 3-23 梁桥桥台作用组合图

(2)作用效应组合

①上部结构重力 + 计算截面以上桥台重力 + 浮力 + 土侧压力(此组合是验算地基受永久作用时的合力偏心距)。

②上部结构重力 + 计算截面以上桥台重力 + 浮力 + 土侧压力 + 作用在桥跨结构上的汽车荷载和人群荷载。

③上部结构重力 + 计算截面以上桥台重力 + 浮力 + 土侧压力 + 作用在桥跨结构上的汽车荷载和人群荷载 + 制动力。

④上部结构重力 + 计算截面以上桥台重力 + 浮力 + 土侧压力 + 作用在桥跨结构上的汽车荷载和人群荷载 + 支座摩阻力。

⑤上部结构重力 + 计算截面以上桥台重力 + 浮力 + 土侧压力(包括作用在破坏棱体上的汽车荷载所引起的土侧压力)。

⑥上部结构重力 + 计算截面以上桥台重力 + 浮力 + 土侧压力(包括作用在破坏棱体上的汽车荷载所引起的土侧压力) + 支座摩阻力。

⑦上部结构重力 + 计算截面以上桥台重力 + 浮力 + 土侧压力(包括作用在破坏棱体上的汽车荷载所引起的土侧压力) + 作用在桥跨结构上的汽车荷载和人群荷载。

⑧上部结构重力 + 计算截面以上桥台重力 + 浮力 + 土侧压力(包括作用在破坏棱体上的汽车荷载所引起的土侧压力) + 作用在桥跨结构上的汽车荷载和人群荷载 + 制动力。

⑨上部结构重力 + 计算截面以上桥台重力 + 浮力 + 土侧压力(包括作用在破坏棱体上的汽车荷载所引起的土侧压力) + 作用在桥跨结构上的汽车荷载和人群荷载 + 支座摩阻力。

2)拱桥重力式桥台的作用布置与作用效应组合

(1)作用布置(只考虑顺桥向)

①在桥跨结构上布置汽车荷载,使拱脚水平推力 H_p 达到最大值,温度上升,制动力向路堤方向,并考虑台后土侧压力,拱圈材料收缩作用(图 3-24)。

②在台后破坏棱体上布置汽车荷载、温度下降作用,并考虑台后土侧压力、拱圈材料收缩作用(图 3-25)。

(2)作用效应组合

①上部结构重力 + 计算截面以上桥台重力 + 浮力 + 土侧压力 + 混凝土收缩作用(此组合是验算地基承受永久荷载作用时的偏心距)。

②上部结构重力+计算截面以上桥台重力+浮力+土侧压力(包括作用在破坏棱体上的汽车荷载所引起的土侧压力)+混凝土收缩作用。

③上部结构重力+计算截面以上桥台重力+浮力+土侧压力(包括作用在破坏棱体上的汽车荷载所引起的土侧压力)+混凝土收缩作用+温度下降作用。

④上部结构重力+计算截面以上桥台重力+浮力+土侧压力+作用在桥跨结构上的汽车荷载和人群荷载+混凝土收缩作用。

⑤上部结构重力+计算截面以上桥台重力+浮力+土侧压力+作用在桥跨结构上的汽车荷载和人群荷载+混凝土收缩作用+向路堤方向的制动力+温度上升作用。

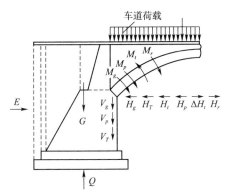 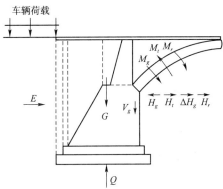

图3-24 作用在拱桥桥跨上的作用　　　图3-25 作用在拱桥桥台后的作用

3. 重力式桥台强度、偏心距和稳定性验算

桥台台身强度与偏心距、地基承载力与偏心距以及桥台稳定性验算与桥墩相同。若U形桥台两侧墙厚度之和不小于同一水平截面前墙全长的0.4倍时,桥台台身截面按U形整体截面验算其截面强度;否则,台身前墙应按独立的挡土墙进行验算。

二、轻型桥台设计与计算

为了防止桥台受到路堤的土侧压力作用,而向河中方向移动,通常利用桥跨结构和底部支撑梁作为桥台与桥台或桥墩与桥台之间的支撑,形成四铰框架体系,台身可以按上下铰接的简支梁承受水平土压力,因而减薄了台身的厚度。这类桥台的计算内容主要包括:

①将桥台视为上下端铰支,承受竖向荷载和横向荷载作用的竖梁(简支梁),验算墙身圬工的偏心受压强度和抗剪强度。

②将台身和翼墙(包括基础)视作在弹性地基上的短梁,验算桥台在该平面内的弯曲强度。

③验算地基土的承载力。

1. 桥台作为竖梁时的强度计算

桥台台身强度验算主要是验算水平土压力作用下的台身强度。当桥跨上除结构自重外无汽车荷载,台背填土破坏棱体上布置汽车荷载,台身受力为最不利,因而控制设计。其计算图式如图3-26所示。

1)台后主动土压力计算(按朗金理论计算)

台背填土和汽车荷载引起的单位宽度土压力(图3-26)。

$$E = E_\mathrm{T} + E_c = \frac{1}{2}\gamma H_2^2 \tan^2\left(45° - \frac{\varphi}{2}\right) + \gamma H_2 h \tan^2\left(45° - \frac{\varphi}{2}\right) \quad (3\text{-}30)$$

式中：E_T——填土本身引起的土压力；

　　　E_c——汽车荷载引起的土压力；

　　　γ——台后填土重度；

　　　φ——土的内摩擦角；

　　　h——等代土层厚度；

$$h = \frac{\sum G}{B l_0 \gamma} \qquad (3-31)$$

$$l_0 = H_2 \tan\left(45° - \frac{\varphi}{2}\right) \qquad (3-32)$$

　　$\sum G$——布置在 $B \times l_0$ 面积内的汽车荷载总重；

　　　B——桥台计算宽度；

　　　l_0——台后填土的破坏棱体长度。

2）台身内力计算

（1）计算图式

台身按上下铰接的简支梁计算，如图 3-26 所示。对于有台背桥台，因上部结构桥台台背间的缝隙已用砂浆填实，保证有牢靠的支撑作用，因此，台身作为简支梁计算。

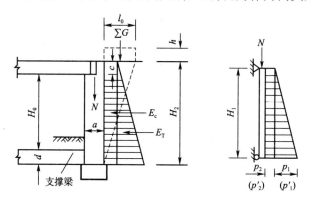

图 3-26　土压力分布及计算图示

其计算跨径一般情况下为：

$$H_1 = H_0 + \frac{1}{2}d + \frac{1}{2}c \qquad (3-33)$$

式中：H_0——桥跨结构与支撑梁间的净距；

　　　d——支撑梁的高度；

　　　c——桥台背墙的高度。

对于无台背的桥台：

$$H_1 = H_0 + \frac{1}{2}d \qquad (3-34)$$

当验算桥台抗剪时：

$$H_1 = H_0 \qquad (3-35)$$

（2）内力计算

在计算截面弯矩 M 时，轴力 N 的影响忽略不计，是放在强度验算中考虑。其跨中截面弯矩为：

$$M = \frac{1}{8}p_2H_1^2 + \frac{1}{16}p_1H_1^2 \tag{3-36}$$

台帽顶部截面的剪力为：

$$Q = \frac{1}{2}p'_2H_0 + \frac{1}{6}p'_1H_0 \tag{3-37}$$

支撑梁顶面处剪力为：

$$Q = \frac{1}{2}p'_2H_0 + \frac{1}{3}p'_1H_0 \tag{3-38}$$

上述式中：p_1、p_2——受弯计算跨径 H_1 处的土压力强度；

p'_1、p'_2——受剪计算跨径 H_0 处的土压力强度。

(3) 截面强度验算

按《圬工规范》中有关公式进行跨中截面的抗压强度和支点截面的抗剪强度验算。其中计算截面的垂直力为：

$$N = N_1 + N_2 + N_3 \tag{3-39}$$

式中：N_1——上部结构重力引起的支点反力；

N_2——台帽重力；

N_3——计算截面以上部分的台身重力。

2. 桥台在横桥向竖直平面内的弯曲验算

轻型桥台在竖向荷载作用下，在本身平面内发生弯曲变形，其弯曲程度与地基的变形系数 α 有关。当桥台长度 $L>4/\alpha$ 时，把桥台当作支承在弹性地基上的无限长梁计算；当 $L<1.2/\alpha$ 时，把桥台当作支承在弹性地基上的刚性梁计算；当 $1.2/\alpha<L<4/\alpha$ 时，把桥台当作支承在弹性地基上的短梁计算。通常情况下，轻型桥台的长度都在 $1.2/\alpha$ 和 $4/\alpha$ 之间，即属于弹性地基上的短梁。弹性地基短梁计算方法介绍如下。

设梁上作用有对称的均布荷载，则梁的最大弯矩产生在中点，其计算公式为：

$$M = \frac{p}{\alpha^2} \cdot \frac{B_{B_1}C_{L/2} - C_{B_1}B_{L/2}}{A_{L/2}B_{L/2} + 4C_{L/2}D_{L/2}} \tag{3-40}$$

式中：α——变形系数，$\alpha = \sqrt[4]{K_0b/(4EI)}$；

A——函数值，$A = \mathrm{ch}\alpha x \cos\alpha x$；

B——函数值，$B = (\mathrm{ch}\alpha x \sin\alpha x + \mathrm{sh}\alpha x \cos\alpha x)/2$；

C——函数值，$C = (\mathrm{sh}\alpha x \sin\alpha x)/2$；

D——函数值，$D = (\mathrm{ch}\alpha x \sin\alpha x - \mathrm{sh}\alpha x \cos\alpha x)/4$；

p——作用在桥台上的均布荷载(含桥跨结构重力荷载和汽车换算荷载)；

K_0——地基土弹性抗力系数，一般由试验确定；无试验资料时，可按表 3-21 查用；

b——地基梁宽度，即桥台基础宽度；

E——地基梁(桥台)弹性模量；

I——纵桥向竖剖面的惯性矩，假定整个地基梁的 I 值不变；

B_1——函数脚本，表示 $x = B_1$、α、x 的函数值；

$L/2$——函数脚本，表示 $x = L/2$、α、x 的函数值。

非岩石类土的弹性抗力系数   表 3-21

序号	土的分类	K_0 (kN/m³)
1	流塑黏性土 $I_L \geq 1$，淤泥	100 000 ~ 200 000
2	软塑黏性土 $0.5 \leq I_L < 1$，粉砂	200 000 ~ 450 000
3	硬塑黏性土 $0 \leq I_L < 0.5$，细砂、中砂	450 000 ~ 650 000
4	坚硬、半坚硬黏性土 $I_L < 0$，粗砂	650 000 ~ 1 000 000
5	砾砂、角砾砂、圆粒砂、碎石、卵石	1 000 000 ~ 1 300 000
6	密实粗砂夹卵石、密实漂卵石	1 300 000 ~ 2 000 000

3. 地基承载力验算

桥台的基底应力为桥台重力引起的应力与桥跨结构汽车荷载引起的应力之和。桥台重力引起的基底应力 σ_1 计算系假定桥台因重力不发生弯曲，如图 3-27 所示。

桥跨结构和汽车荷载引起的基底最大应力（中点）σ_2 可按下式计算：

$$\sigma_2 = \frac{p}{b}\left[1 - \frac{A_{L/2}B_{B_1} + 4C_{B_1}D_{L/2}}{A_{L/2}B_{L/2} + 4C_{L/2}D_{L/2}}\right]$$

(3-41)

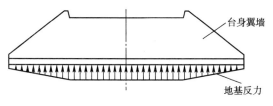

图 3-27 桥台重力引起的基底应力分布

式中：b——基础宽度；

其余符号意义同前。

桥台基底总应力：

$$\sigma = \sigma_1 + \sigma_2 \leq [\sigma] \tag{3-42}$$

式中：σ_1——桥台重力引起的基底应力；

$[\sigma]$——地基土容许承载力。

【例 3-3】 埋置式桥台刚性扩大基础设计计算示例

1. 设计资料

上部构造为钢筋混凝土简支梁桥，四梁式三孔桥面连续。标准跨径：$l_b = 20$m；计算跨径：$l = 19.50$m；梁长 19.96m。桥面净空：净 7m + 2×0.75m 人行道。桥面铺装为 C30 混凝土 2cm（重度取 24kN/m³）+ 4cm 沥青混凝土（重度取 23kN/m³）；桥面横坡为双向，$i_c = 1.5\%$。

设计荷载：公路—Ⅱ级；人群荷载：3kN/m³。

桥台处不考虑水的冲刷作用，桥台位置处地面高程 9.0m。

地基土物理力学指标如表 3-22 所示。

土工试验成果表   表 3-22

取土位置高程 (m)	天然状态下的物理性指标					土粒相对密度 d_s	塑性指标				抗剪试验		压缩系数 α_{1-2} (MPa⁻¹)	重度 γ (kN/m³)
	含水率 w(%)	密度 ρ (g/cm³)	空隙比 e	饱和度 s_r(%)			液限 w_L(%)	塑限 w_p(%)	塑性指数 I_p	液限指数 I_L	内摩擦角 φ(°)	黏聚力 c (MPa)		
9.0~5.0	31.4	1.87	0.5	94.1		2.75	56.5	29.5	27.0	0.1	10.00	86.0	0.12	19
<5.0	30.3	1.82	0.89	92.5		2.74	39.4	18.1	12.3	0.3	19.00	26.0	0.20	18

2.桥台和基础构造尺寸的拟定

(1)基础为两层,每层的厚度为 0.5m,台前襟边和台阶的宽度为相同值 0.4m,台后襟边和台阶的宽度为相同值 0.2m(图 3-28)。基础采用 C25 素混凝土,重度为 24kN/m³。混凝土的刚性角为:$\alpha_{max} = 40°$。基础的扩散角为:$\alpha = \arctan\dfrac{0.8}{1.0} = 38.66° < \alpha_{max} = 40°$,因此,扩大基础满足刚性角的要求。

(2)桥台的构造采用埋置式 U 形桥,台身采用 C25 片石混凝土浇筑,重度 $\gamma_1 = 23\text{kN/m}^3$。桥台帽、桥头搭板均采用 C25 混凝土,重度 $\gamma_2 = 25\text{kN/m}^3$。台后和溜坡填土重度 $\gamma_3 = 17\text{kN/m}^3$。填土的内摩擦角为 $\varphi = 35°$,黏聚力 $c = 0$。

(3)桥台尺寸布置图见图 3-28

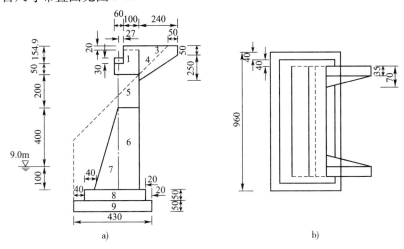

图 3-28 桥台尺寸布置图(尺寸单位:cm)
a)立面图;b)平面图

3.荷载计算

(1)上部构造重力和桥台台身、基础重力及其上土重力的计算,其值列与表 3-23。

桥台结构重力及基础上土重标准值计算表   表 3-23

编号	计 算 式	竖向力 (kN)	对基底中心轴偏心距 e (m)	弯矩 (kN·m)
1	$1.0 \times 1.549 \times 8 \times 25$	309.8	1.25	387.25
2	$1.6 \times 0.5 \times 8 \times 25$	160	0.95	152
3	$0.5 \times 2.4 \times 0.35 \times 2 \times 25$	21	2.95	61.95
4	$1/2 \times 2.5 \times 2.4 \times 1/2 \times (0.35 + 0.7) \times 2 \times 25$	78.75	2.55	200.81
5	$1.5 \times 2.0 \times 8 \times 25$	600	1.0	600
6	$1.5 \times 5 \times 8 \times 23$	1380	1.0	1380
7	$1/2 \times 1.6 \times 5 \times 8 \times 23$	736	-0.283	-208.53
8	$0.5 \times 3.7 \times 8.8 \times 24$	390.72	0.1	39.07
9	$0.5 \times 4.3 \times 9.6 \times 24$	495.36	0	0
10	$[1/2 \times (5.38 + 6.98) \times 2.4 - 1/2 \times 1.6 \times 5] \times 8 \times 17$	1 473.15	-1.125	-1 657.76
11	$1/2 \times (5.38 + 7.98) \times 0.8 \times 3.9 \times 2 \times 17$	708.614	-0.074	-52.43

续上表

编号	计算式	竖向力 (kN)	对基底中心轴偏心距 e (m)	弯矩 (kN·m)
12	$0.5 \times 0.4 \times 4.3 \times 2 \times 17$	29.24	0	0
13	$0.5 \times 0.4 \times 8.8 \times 17$	29.92	−1.95	−58.34
14	$0.3 \times 0.6 \times 0.2 \times 2 \times 25$(抗震挡块)	1.8	0.45	0.81
15	$0.2 \times 1.0 \times 0.35 \times 2 \times 25$	3.5	1.25	4.375
16	上部结构重力	933.58	0.48	448.12
	$\sum P = 7\,351.43\text{kN}$		$\sum M = 1\,297.33\text{kN·m}$	

注:表中弯矩以顺时针方向为正,逆时针方向为负;水平力以向右为正。以下同。

(2)土压力的计算。土压力按台背竖直计算,$\alpha = 0$;填土的内摩擦角为 $\varphi = 35°$,台后(圬工)与填土间外摩擦角 $\delta = \frac{1}{2}\varphi = 17.5°$;台后填土为水平,$\beta = 0$。

①台后填土表面没有可变作用时的土压力计算。

台后填土自重引起的主动土压力计算式为:

$$E_\alpha = \frac{1}{2}\gamma_4 H^2 B \mu_\alpha$$

式中:$\gamma_4 = 17\text{kN/m}^3$;

B——桥台的宽度,取为8m;

H——基底至填土表面的距离,取为10.249m;

μ_α——主动土压力系数,按下式计算:

$$\mu_\alpha = \frac{\cos^2(\varphi - \alpha)}{\cos^2\alpha \cos^2(\alpha + \delta)\left[1 + \sqrt{\frac{\sin(\varphi + \beta)\sin(\varphi - \beta)}{\cos(\alpha + \delta)\cos(\alpha - \beta)}}\right]^2}$$

$$= \frac{\cos^2 35°}{\cos 17.5°\left[1 + \sqrt{\frac{\sin 52.5° \sin 35°}{\cos 17.5°}}\right]^2} = 0.247$$

$$E_\alpha = \frac{1}{2} \times 17.00 \times 10.249^2 \times 8 \times 0.247 = 1\,764.29\text{kN}$$

a. 水平向的分力:

$$E_{\alpha x} = E_\alpha \cos(\alpha + \delta) = 1\,764.29 \times \cos 17.5° = 1\,682.63\text{kN}$$

作用点距离基底形心的距离:

$$e_y = \frac{1}{3} \times 10.249 = 3.416\text{m}$$

水平力产生的弯矩:

$$M_{cy} = E_{\alpha x} \times e_y = -1\,682.63 \times 3.416 = -5\,747.86\text{kN·m}$$

b. 竖向的分力:

$$E_{\alpha y} = E_\alpha \sin(\alpha + \delta) = 1\,764.29 \times \sin 17.5° = 530.53\text{kN}$$

作用点距离基底形心的距离:

$$e_x = 2.15 - 0.4 = 1.75\text{m}$$

水平力产生的弯矩：
$$M_{cy} = E_{\alpha y} \times e_x = 530.53 \times 1.75 = 928.43 \text{kN} \cdot \text{m}$$

②台后填土表面有汽车荷载时的土压力计算。

由于汽车的荷载换算的等代均布土层厚度为：
$$h = \frac{\sum G}{b l_0 \gamma}$$

台背竖直时，$l_0 = H\tan\theta$，$H = 10.249$，$\omega = \varphi + \delta + \alpha = 52.5°$。

$$\tan\theta = \tan\omega + \sqrt{(\tan\varphi + \tan\omega)(\tan\omega - \tan\alpha)}$$
$$= -1.303 + \sqrt{(1.428 + 1.303)\tan 52.5°} = 0.583$$
$$l_0 = H\tan\theta = 10.249 \times 0.583 = 5.98 \text{m}$$

在破坏棱体的长度范围内只能布下一辆重车，因是双车道，所以：
$$\sum G = 2 \times 280 = 560 \text{kN}$$
$$h = \frac{\sum G}{b l_0 \gamma} = \frac{560}{8 \times 5.98 \times 17} = 0.689 \text{m}$$

则台背在填土自重力连同车辆荷载的作用下所引起的土压力计算公式为：
$$E_\alpha = \frac{1}{2}\gamma H(2h + H)\beta\mu_\alpha$$
$$= \frac{1}{2} \times 17 \times 10.249 \times (2 \times 0.689 + 10.249) \times 8 \times 0.247$$
$$= 2001.5 \text{kN}$$

a. 水平向的分力：
$$E_{\alpha x} = E_\alpha \cos(\alpha + \delta) = 2001.5 \times \cos 17.5° = 1908.86 \text{kN}$$

作用点距离基底形心的距离：
$$e_y = \frac{10.249}{3} \times \frac{10.249 + 3 \times 0.689}{10.249 + 2 \times 0.689} = 3.62 \text{m}$$

水平力产生的弯矩：
$$M_{ey} = E_{\alpha x} \times e_y = -1908.86 \times 3.62 = -6910.07 \text{kN} \cdot \text{m}$$

b. 竖向的分力：
$$E_{\alpha y} = E_\alpha \sin(\alpha + \delta) = 2001.5 \times \sin 17.5° = 601.86 \text{kN}$$

作用点距离基底形心的距离：
$$e_x = 2.15 - 0.4 = 1.75 \text{m}$$

水平力产生的弯矩：
$$M_{ey} = E_{\alpha y} \times e_x = 601.86 \times 1.75 = 1053.26 \text{kN} \cdot \text{m}$$

③台前溜坡填土自重对桥台前侧面上的主动土压力。

以基础的前边缘垂线作为假想的台背，土表面的倾斜度以溜坡的坡度1:1.5 计，求得：$\beta = -33.69°$。

则基础的前边缘至坡面的垂直距离为：
$$H' = 10.249 - \frac{3.9 + 1.9}{1.5} = 6.38 \text{m}$$

主动土压力系数：

$$\mu_\alpha = \frac{\cos^2(\varphi-\alpha)}{\cos^2\alpha\cos^2(\alpha+\delta)\left[1+\sqrt{\dfrac{\sin(\varphi+\beta)\sin(\varphi-\beta)}{\cos(\alpha+\delta)\cos(\alpha-\beta)}}\right]^2}$$
$$=0.18$$

所以土压力：
$$E'_\alpha = \frac{1}{2}\gamma_4 H'^2 \beta\mu_\alpha = \frac{1}{2}\times 17\times 6.38^2\times 8\times 0.18 = 498.22\text{kN}$$

a. 水平向的分力：
$$E'_{\alpha x} = E'_\alpha \cos(\alpha+\beta) = 498.22\times\cos 35° = 408.12\text{kN}$$

作用点距离基底形心的距离：
$$e'_y = \frac{1}{3}\times 6.38 = 2.13\text{m}$$

水平力产生的弯矩：
$$M'_{ex} = E'_{\alpha x}\times e'_y = 408.12\times 2.13 = 869.3\text{kN}\cdot\text{m}$$

b. 竖向的分力：
$$E'_{\alpha y} = E'_\alpha \sin(\alpha+\beta) = 498.22\times\sin 35° = 285.76\text{kN}$$

作用点距离基底形心的距离：
$$e'_x = -2.15\text{m}$$

水平力产生的弯矩：
$$M'_{ey} = E'_{\alpha y}\times e'_x = 285.76\times(-2.15) = -614.40\text{kN}\cdot\text{m}$$

(3) 支座活载反力计算。

① 桥上有汽车和人群作用，台后无荷载。

a. 汽车和人群荷载反力。桥垮上的汽车荷载布置采用车道荷载与反力影响线面积乘积求得(图3-29)。

汽车支座反力：
$$R_1 = \left[214.2 + \frac{1}{2}\times 7.875\times 19.5\times 1\right]\times 2 = 581.96\text{kN}$$

人群荷载产生的支座反力：
$$R'_1 = \frac{1}{2}\times(20\times 0.5\times 3\times 2) = 60\text{kN}$$

支座反力作用作用点离基底形心轴的距离：
$$e_{R1} = 2.15 - 1.67 = 0.48\text{m}$$

支座反力对基底形心轴产生的弯矩：
$$M_{R1} = (581.96+60)\times 0.48 = 308.14\text{kN}\cdot\text{m}$$

b. 汽车制动力。制动力为车道荷载标准值在加载长度上总重力的10%计算，但不小于90kN。根据桥墩计算结果(如前所述)，按照墩台刚度分配至桥台的制动力为17.695kN。

② 桥上，台后均有汽车荷载，车辆在台后。

a. 汽车和人群荷载反力。汽车车辆荷载布置如图3-30所示。

由于支座作用点在基底形心轴的右侧，为了在活载作用下得到最大的逆时针向的力矩，应使桥跨上活载产生的顺时针力矩最小。

则汽车支座反力：

$$R_1 = \left[7.875 \times \frac{1}{2} \times 19.5 \times 1\right] \times 2 = 153.56 \text{kN}$$

人群支座反力：
$$R'_1 = 60 \text{kN}$$

对基底形心轴产生的弯矩：
$$M_{R1} = (153.56 + 60) \times 0.48 = 102.51 \text{kN} \cdot \text{m}$$

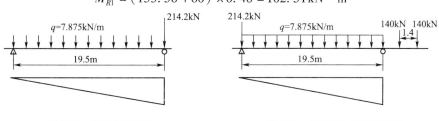

图 3-29　桥垮荷载布置　　　　　图 3-30　桥垮和台后荷载布置

b. 汽车制动力。根据桥墩计算结果，按照墩台刚度分配至桥台的制动力为 17.695 kN。

③桥上无汽车荷载，台后有汽车荷载。此时将车辆荷载换算为均布土层，求算台后土压力，详见前述土压力计算部分。

(4) 支座摩阻力。橡胶支座摩擦系数取 $f = 0.2$，则支座摩阻力为：
$$F = P_h \times f = 933.58 \times 0.2 = 186.7 \text{kN}$$

对基地形心轴产生的弯矩为：
$$M_F = 186.7 \times 8.5 = 1\,587 \text{kN} \cdot \text{m}$$

4. 作用效应组合总汇

在作用效应组合汇总表中(表 3-24)，考虑荷载布置工况为四种：
(1) 桥上有活载，台后无活载；
(2) 桥上、台后均有汽车荷载；
(3) 桥上无荷载，台后有汽车；
(4) 无上部结构。

由于刚性扩大基础在设计时考虑了刚性角的要求，可不进行基础本身强度的验算。根据《地基与基础规范》的规定，考虑以下组合。

(1) 基本组合(用于稳定性验算)：1.0×永久作用 + 1.0×汽车 + 1.0×(人群 + 汽车土压力 + 支座摩阻力)。

(2) 长期效应组合(用于基础沉降计算)：永久作用标准值 + 0.4×汽车效应 + 0.4×人群效应。

(3) 短期效应组合(用于地基竖向承载力验算)：永久作用 + 1.0×汽车效应 + 1.0×其他可变作用效应。

作用效应组合汇总表　　　　　表 3-24

荷载类型及荷载工况	荷载组合方式	水平力(kN)	竖直力(kN)	弯矩(kN·m)
永久作用			7 351.43	1 297.33
台后自重土压力		-1 682.63	530.53	-5 747.86 + 928.43

续上表

荷载类型及荷载工况	荷载组合方式	水平力(kN)	竖直力(kN)	弯矩(kN·m)
(汽车+土重力)土压力		-1 908.86	601.86	-6 910.07+1 053.26
台前土压力		408.12	285.76	869.30-614.40
支座摩擦力		186.7		1587
汽车+人群	(1)		581.96(汽车)+60(人)	(581.96+60)×0.48=308.14
	(2)		153.56+60	(153.56+60)×0.48=102.51
	(3)			
	(4)	0	0	0
(1)桥上有活载,台后无活载	基本组合	-1 682.63+408.12-186.7=-1 461.21	7 531.43+530.53+285.76+641.96=8 989.68	1 297.33+869.30-614.4+928.43-5 747.86+308.14-1587=-4 546.06
	长期组合	-1 682.63+408.12=-1 274.51	7 531.43+530.53+285.76+0.4×641.96=8 604.504	1 297.33+869.33-614.4+928.43-5 747.86+0.4×308.14=-3 143.944
	短期组合	-1 682.63+408.12-186.7=-1 461.21	7 531.43+530.53+285.76+581.96+60=8 989.68	1 297.33+869.30-614.4+928.43-5 747.86+581.96×048+60×0.48-1 587=-4 546.06
(2)桥上、台后均有汽车荷载	基本组合	-1 908.86+408.12-186.7=-1 687.44	7 531.43+601.86+285.76+213.56=8 632.61	1 297.33+869.30-614.4-6 910.07+1 053.26+102.51-1587=-5 789.07
	长期组合	-1 908.86+408.12=-1 500.74	7 531.43+601.86+285.76+0.4×213.56=8 504.47	1 297.33+869.30-614.4-6 910.07+1 053.26+0.4×102.51=-4 263.58
	短期组合	-1 908.86+408.12-186.7=-1 687.44	7 531.43+601.86+285.76+153.56+60=8 632.61	1 297.33+869.30-614.4-6 910.07+1 053.26+153.56×0.48+60×0.48-1 587=-5 789.07
(3)桥上有汽车,台后无汽车	基本组合	-1 908.86+408.12=-1 500.74	7 531.43+0+601.86+285.76=8 419.05	1 297.33+0+869.30-614.4-6 910.07+1 053.26=-5 404.58
	长期组合	-1 682.63+408.12=-1 274.51	7 531.43+0+530.53+285.76=8347.72	1 297.33+0+869.30-614.4-5 747.86+928.43=-3 267.2
	短期组合	-1 500.74	8 419.05	1 297.33+0+869.30-614.4-6 910.07+1 053.26=-5 404.58
(4)		-1 274.51	7 531.43+530.53+285.76=8 347.72	1 297.33+0+869.30-614.4+928.43-5 747.86=-4 367.20

注:1. 地基承载力验算以短期效应组合数值验算,以(1)种荷载布置(竖向力8 989.68kN,弯矩-4 546.06kN·m)和第(2)种荷载布置(竖向力8 632.61kN,弯矩-5 789.07kN·m)计算,选取最不利者。

2. 基础稳定性验算已基本组合数值验算。

3. 基础沉降验算考虑长期效应组合。

5. 地基承载力验算

(1)台前、台后填土对地基产生的附加应力计算

根据桥台情况,桥台填土高为 $h_1 = 8.249\text{m}$。基础的深度为2.0m时,在计算基础后边缘附加应力时,取 $\alpha_1 = 0.40$;基础前边沿取 $\alpha_1 = 0.069$ 时,则后边缘处:$\sigma'_1 = 0.46 \times 17 \times 8.429 = 64.51\text{kPa}$;前边缘:$\sigma''_1 = 0.069 \times 17 \times 8.429 = 9.68\text{kPa}$。另外,台前溜坡锥体对基础前边缘底面引起的附加应力,填土高近似为基础边缘垂线与坡面交点距离($h_2 = 4.38\text{m}$),取系数为 $\alpha_2 = 0.254$,则:

$$\sigma''_2 = 0.25 \times 17 \times 4.38 = 18.62\text{kPa}$$

所以,基础前边缘:

$$\sigma_2 = \sigma''_1 + \sigma''_2 = 9.68 + 18.62 = 28.3\text{kPa}$$

(2)基底压力计算

①建成后使用时

工况(1):

$$\sigma_{\min}^{\max} = \frac{\sum P}{A} \pm \frac{\sum M}{W} = \frac{8\,989.68}{4.3 \times 9.6} \pm \frac{4\,546.06}{4.3^2 \times 9.6 \times \frac{1}{6}} = 217.77 \pm 153.67 = \begin{cases} 371.44 \\ 64.11 \end{cases}\text{kN}$$

工况(2):

$$\sigma_{\min}^{\max} = \frac{\sum P}{A} \pm \frac{\sum M}{W} = \frac{8\,632.61}{4.3 \times 9.6} \pm \frac{5\,789.07}{4.3^2 \times 9.6 \times \frac{1}{6}} = 209.12 \pm 195.68 = \begin{cases} 404.8 \\ 13.44 \end{cases}\text{kN}$$

以工况(2)控制验算,考虑附加应力的影响,计算如下。

台前:

$$\sigma_{\max} = 404.8 + 28.3 = 433.1\text{kPa}$$

台后:

$$\sigma_{\min} = 13.44 + 64.51 = 77.95\text{kPa}$$

②施工时:

$$\sigma_{\min}^{\max} = \frac{\sum P}{A} \pm \frac{\sum M}{W} = \frac{8\,347.72}{4.3 \times 9.6} \pm \frac{4\,367.2}{4.3^2 \times 9.6 \times \frac{1}{6}} = 202.22 \pm 147.62 = \begin{cases} 349.84 \\ 54.6 \end{cases}\text{kN}$$

考虑附加应力的影响,计算如下。

台前:

$$\sigma_{\max} = 349.84 + 28.3 = 378.14\text{kPa}$$

台后:

$$\sigma_{\min} = 54.6 + 64.51 = 119.11\text{kPa}$$

(3)地基承载力验算

①根据土工试验资料,持力层为一般黏性土,按《地基与基础规范》:当 $e = 0.5$,$I_L = 0.1$ 时,查表$[f_{a0}] = 440\text{kPa}$,又因基础埋深为原地面以下2.0m,故地基承载力不予修正。

$$[f_a] = [f_{a0}] = 440\text{kPa} > \sigma_{\max} = 433.1\text{kPa}$$

②下卧层为一般黏性土,根据土工资料试验,当 $e = 0.82$,$I_L = 0.3$ 时,所以查表$[f_{a0}] = 272\text{kPa}$,小于地基承载力,故应加以验算。

基地底土层Ⅱ顶面高层为+5.0m处的距离为2.0m,当$\frac{a}{b}=\frac{9.6}{4.3}=2.23$,$\frac{z}{b}=\frac{2}{4.3}=0.465$时,查表得附加应力系数$\alpha=0.83$。

计算下卧层顶面层处的压应力σ_{h+z},当$\frac{z}{b}<1$时,求出$\bar{\sigma}$:

$$\bar{\sigma}=\frac{\sigma_{max}+\sigma_{min}}{2}=\frac{(433.1+77.95)}{2}=256.55\text{kPa}$$

而 $\sigma_{h+z}=19\times(2+2)+0.83(255.53-19\times2)=256.55\text{kPa}$

下卧层顶面处的容许承载力的计算,取$K_1=0$,$K_2=2.5$,$[f_{a0}]=272\text{kPa}$,则:
$[f_a]_{h+z}=272+2.5\times19\times(4-3)=319.5\text{kPa}>\sigma_{h+z}=256.55\text{kPa}$

满足要求。

6. 基底的偏心距验算

(1)仅受永久作用,应满足$e_0\leq 0.75\rho$。

$$\rho=\frac{W}{A}=\frac{1}{6}b=\frac{1}{6}\times 4.3=0.72\text{m}$$

$$\sum M=1297.33+928.43-5747.86-614.4=-3267.2\text{kN}\cdot\text{m}$$

$$\sum P=7351.43+530.53+285.76=8167.72\text{kN}$$

$$e_0=\frac{\sum M}{\sum P}=0.4<0.72\times 0.75=0.54\text{m}$$

(2)使用过程中,考虑工况(2),应满足$e_0\leq\rho_0$。

$$e_0=\frac{\sum M}{\sum P}=\frac{5789.07}{8632.61}=0.67\text{m}<0.72\text{m}$$

满足要求。

7. 基础稳定性验算

(1)倾覆稳定性验算。以工况(2)最为不利。

基本组合:
$$y=\frac{1}{2}b=\frac{4.3}{2}2.15\text{m}$$

$$e_0=\frac{5789.07}{8632.61}=0.67\text{m}$$

$$K_0=\frac{2.15}{0.67}=3.20>1.5$$

满足要求。

(2)滑动稳定性验算。

地基土为硬塑黏土,$\mu=0.3$

以工况(3)基本组合为最不利,根据《地基与基础规范》第4.4.2条的规定:

$$K_c\frac{0.3\times 8419.05+408.12}{1908.86}>1.3$$

满足要求。

8. 沉降计算

(1)持力层以下土层为软弱的下卧层,对基础的沉降影响较大,故应计算沉降。采用单向应力分层总和法计算。

(2)受压层深度的确定。在土层Ⅱ底部的自重应力为:

$$\sigma_{czII} = \gamma_1 h_1 + \gamma_2 h_2 = 19 \times 4 + 18 \times 6 = 184 \text{kPa}$$

基底的附加应力以工况(1)为最不利,长期效应组合下:

$$p_0 = \frac{8\,604.504}{906 \times 4.3} - 2 \times 17 + \frac{64.51 + 28.3}{2} = 220.85 \text{kPa}$$

(3)将持力层分成两层,各为 2m;下卧层分成三层,每层 2m,则每一层薄层底面出自重应力分别为:

第一层 $\quad \frac{a}{b} = 2.23, \frac{z_1}{b} = \frac{2.0}{4.3} = 0.465$,查表得: $\alpha = 0.82$

$$\sigma_{z1} = 220.85 \times 0.82 = 181.1 \text{kPa}$$

第二层 $\quad \frac{a}{b} = 2.23, \frac{z_2}{b} = \frac{4.0}{4.3} = 0.93$,查表得: $\alpha = 0.53$

$$\sigma_{z2} = 220.85 \times 0.53 = 117.05 \text{kPa}$$

第三层 $\quad \frac{a}{b} = 2.23, \frac{z_3}{b} = \frac{6.0}{4.3} = 1.4$,查表得: $\alpha = 0.33$

$$\sigma_{z3} = 220.85 \times 0.33 = 72.88 \text{kPa}$$

第四层 $\quad \frac{a}{b} = 2.23, \frac{z_4}{b} = \frac{8.0}{4.3} = 1.86$,查表得: $\alpha = 0.23$

$$\sigma_{z4} = 220.85 \times 0.23 = 50.80 \text{kPa}$$

第五层 $\quad \frac{a}{b} = 2.23, \frac{z_5}{b} = \frac{10.0}{4.3} = 2.33$,查表得: $\alpha = 0.14$

$$\sigma_{z5} = 220.85 \times 0.14 = 30.92 \text{kPa}$$

自重应力的 20% 为 $184 \times 20\% = 36.8 \text{kPa} > \sigma_{z5} = 30.92 \text{kPa}$,所以算至该高程处已经满足要求,基本符合。

(4)每一层的附加应力计算:

$$\sigma_1 = \frac{220.85 + 181.1}{2} = 200.98 \text{kPa}$$

$$\sigma_2 = \frac{181.1 + 117.05}{2} = 149.08 \text{kPa}$$

$$\sigma_3 = \frac{117.05 + 72.88}{2} = 94.96 \text{kPa}$$

$$\sigma_4 = \frac{72.88 + 50.80}{2} = 61.84 \text{kPa}$$

$$\sigma_5 = \frac{50.80 + 30.92}{2} = 40.86 \text{kPa}$$

(5)每一次的沉降量计算

$$S_1 = \frac{\alpha_{1-2}\sigma_1}{1+e_1} h_1 = \frac{0.12 \times 10^{-3} \times 200.98}{1+0.5} \times 2\,000 = 32.16 \text{mm}$$

$$S_2 = \frac{\alpha_{1-2}\sigma_2}{1+e_1} h_2 = \frac{0.12 \times 10^{-3} \times 149.08}{1+0.5} \times 2\,000 = 23.85 \text{mm}$$

$$S_3 = \frac{\alpha_{1-2}\sigma_3}{1+e_2} h_3 = \frac{0.2 \times 10^{-3} \times 94.96}{1+0.89} \times 2\,000 = 20.10 \text{mm}$$

$$S_4 = \frac{\alpha_{1-2}\sigma_4}{1+e_2}h_4 = \frac{0.2 \times 10^{-3} \times 61.84}{1+0.89} \times 2\,000 = 13.09\,\text{mm}$$

$$S_5 = \frac{\alpha_{1-2}\sigma_5}{1+e_2}h_5 = \frac{0.2 \times 10^{-3} \times 40.86}{1+0.89} \times 2\,000 = 8.65\,\text{mm}$$

基础中心点以下的总沉降量为:

$$S = \sum_{i=1}^{5} S_i = (32.16 + 23.85 + 20.10 + 13.09 + 8.65) = 97.85\,\text{mm} = 9.785\,\text{cm}$$

按《地基与基础规范》,墩台容许均匀总沉降量为 $2.0\sqrt{L}\,\text{cm}$,当 $L < 25\,\text{cm}$ 时,取 $L = 25\,\text{cm}$,则容许的总沉降量$[\Delta] = 2.0\sqrt{25} = 10\,\text{cm} > 9.785\,\text{cm}$。

参照《地基与基础规范》沉降计算系数 $\psi_s < 1.0$,故可以满足要求。

第三节 桩基础设计与计算

学习内容: 桩基础设计的基本要求,桩基础的承载原理,作用于桩基础的荷载计算,桩长计算和桩的承载能力验算。

学习目标: 要求学生认知桩基础的承载原理,认知桩基础设计的基本要求,掌握桩长计算和桩的承载能力验算方法,能根据设计资料绘制桩基础结构设计图。

桩基础设计时,应结合地区经验,考虑桩、土、承台的共同作用。设计中其上部结构传至承台的荷载效应组合与浅基础相同,且应满足以下基本条件:

(1)单桩承受的竖向荷载不宜超过单桩竖向承载力特征值;
(2)桩基础的沉降不得超过建筑物的沉降允许值;
(3)对位于坡地岸边的桩基础应进行其稳定性验算。

桩基础设计应满足安全适用、经济合理以及施工方便快速等方面的要求。

一、单桩承载力

单桩承载力是指单桩在竖向荷载作用下,地基土和桩本身的强度和稳定性均能得到保证,变形也在容许范围内,以保证结构物的正常使用所能承受的最大荷载。一般情况下,桩受到竖向力、横向荷载及弯矩作用,因此须分别研究和确定单桩的竖向承载力和横向荷载。

1. 竖向荷载下桩的受力特点

桩的竖向承载力是桩与土共同作用的结果,随桩的几何尺寸与外形、桩侧土与桩端土的性质、成桩工艺等而变化。要正确评价单桩的竖向承载力,必须了解单桩在竖向荷载作用下的工作性能,掌握确定单桩竖向承载力的各种具体方法。

1) 竖向荷载作用下基桩的工作性能

桩在竖向荷载 P 作用下,桩顶将发生竖向位移 δ_0(即沉降 S),它为桩身弹性压缩量 δ_c 与桩底以下土层的压缩量 δ_1 之和。置于土中的桩与其侧面土是紧密接触的,当桩相对于土向下位移时,就产生土对桩向上作用的桩侧摩阻力。桩顶荷载在沿桩身向下传递的过程中,必须不断地克服这种摩阻力,桩身轴力 N_z 就随深度逐渐减小,传至桩底的轴力即桩底反力 N_L,等于桩顶荷载减去全部桩侧摩阻力。桩顶荷载是桩通过桩侧摩阻力和桩端阻力传递给桩底的,因此可以认为,土对桩的支承力是由桩侧摩阻力和桩底阻力两部分组成,桩的极限荷载(或称极限承载力)就等于桩侧极限摩阻力和桩底极限阻力之和。其分布及轴向荷载传递过程见图3-31。

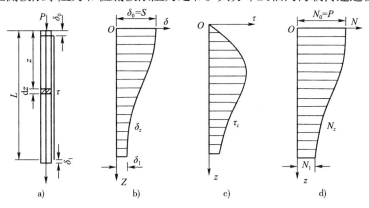

图 3-31 桩土体系的荷载传递
a)竖向受压的单桩；b)截面位移曲线；c)摩阻力分布曲线；d)轴力分布曲线

2) 单桩在竖向受压荷载作用下的破坏模式

单桩在竖向受压荷载作用下的破坏模式与其受力性能密切相关，单桩所能承受的竖向荷载取决于桩周及桩端土对桩的支承能力和桩本身的材料强度，且桩的破坏模式不同，其承载力控制指标也不同。一般来说，单桩在竖向受压荷载作用下的破坏模式大致可分为如下三种(图3-32)。

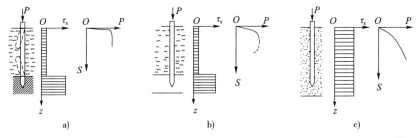

图 3-32 桩破坏的典型模式

(1) 屈曲破坏：当桩底支承在很坚硬的土层上、桩侧土为软土层且抗剪强度很低时，见图3-32a)，桩在竖向受压荷载作用下，如同一根压杆似地出现纵向挠曲破坏。在荷载—沉降(P-S)曲线上呈现出明确的转折点，此时桩的承载力取决于桩身的材料强度。

(2) 整体剪切破坏：当具有足够强度的桩穿过抗剪强度较低的土层而达到强度较高的土层时，见图3-32b)，桩在竖向受压荷载作用下，桩底土体能形成滑动面出现整体剪切破坏，这是因为桩底持力层以上的软弱土层不能阻止滑动土楔的形成。在P-S曲线上可求得明确的破坏荷载。桩的竖向承载力主要取决于桩底土的支承力，桩侧摩阻力也起一部分作用。

(3) 刺入破坏：当具有足够强度的桩入土深度较大或桩周土层抗剪强度较均匀时，见图3-32c)，桩在竖向受压荷载作用下，将会出现刺入式破坏。根据荷载大小和土质不同，试验中得到的P-S曲线上没有明显的转折点。桩所受荷载主要由桩侧摩阻力承担。

2. 单桩竖向容许承载力的确定

按土层对桩的支承力确定的单桩竖向承载力，在工程设计中，单桩竖向容许承载力，系指单桩在竖向荷载作用下，地基土和桩本身的强度和稳定性均能得到保证，变形也在容许承受最大荷载下的容许范围之内。

单桩竖向容许承载力的确定方法较多，考虑地基土具有多变性、复杂性和地域性等特点,往往需选用几种方法作综合考虑和分析,以合理确定单桩竖向容许承载力。

1)按设计规范经验公式确定单桩竖向容许承载力

我国现行的各种设计规范都规定了以经验公式计算单桩竖向承载力的方法。规范根据全国各地大量的静载试验资料,经过理论分析和统计整理,给出了不同类型的桩,按土的类别、密实度、稠度、埋置深度等条件下有关桩侧摩阻力及桩端阻力的经验系数和数据,列出了公式。下面仅以《地基与基础规范》所用经验公式为例,说明此种方法(以下各经验公式除特殊说明外均适用于钢筋混凝土桩、混凝土桩及预应力混凝土桩)。

(1)摩擦桩

摩擦桩单桩竖向容许承载力采用下列基本形式:

单桩竖向容许承载力

$$[P] = \frac{桩侧极限摩阻力(P_{su}) + 桩底极限阻力(P_{pu})}{安全系数 K}$$

沉入桩与钻(挖)孔灌注桩,由于施工方法不同,根据试验资料所得桩侧摩阻力和桩底阻力数据不同,所给出的计算式和有关数据也不同。在此只讨论桥梁工程中广泛采用的钻(挖)孔灌注桩容许承载力的计算。

钻(挖)孔灌注桩容许承载力按下式计算:

$$[R_a] = \frac{1}{2}u\sum_{i=1}^{n}q_{ik}l_i + A_p q_r \tag{3-43}$$

$$q_r = m_0\lambda[[f_{a0}] + k_2\gamma_2(h-3)]$$

式中:$[R_a]$——单桩轴向受压承载力容许值(kN),桩身自重与置换土重(当自重计入浮力时,置换土重也计入浮力)的差值作为荷载考虑;

u——桩身周长(m);

A_p——桩端截面面积(m^2),对于扩底桩,取扩底截面面积;

n——土的层数;

l_i——承台底面或局部冲刷线以下各土层的厚度(m),扩孔部分不计;

q_{ik}——与 l_i 对应的各土层与桩侧的摩阻力标准值(kPa),宜采用单桩摩阻力试验确定,当无试验条件时按表3-25选用;

q_r——桩端处土的承载力容许值(kPa),当持力层为砂土、碎石土时,若计算值超过下列值,宜按下列值采用:粉砂 1 000kPa;细砂 1 150kPa;中砂、粗砂、砾砂 1 450kPa;碎石土 2 750kPa;

$[f_{a0}]$——桩端处土的承载力基本容许值(kPa);

h——桩端的埋置深度(m),对于有冲刷的桩基,埋深由一般冲刷线起算;对无冲刷的桩基,埋深由天然地面线或实际开挖后的地面线起算;h 的计算值不大于40m,当大于40m时,按40m计算;

k_2——容许承载力随深度的修正系数;

γ_2——桩端以上各土层的加权平均重度(kN/m^3),若持力层在水位以下且不透水时,不论桩端以上土层的透水性如何,一律取饱和重度;当持力层透水时则水中部分土层取浮重度;

λ——修正系数,按表3-26选用;

m_0——清底系数,按表3-27选用。

钻孔桩桩侧土的摩阻力标准值 q_{ik} 表3-25

土 类		q_{ik}(kPa)
中密炉渣、粉煤灰		40~60
黏性土	流塑 $I_L>1$	20~30
	软塑 $0.75<I_L\leq1$	30~50
	可塑、硬塑 $0<I_L\leq0.75$	50~80
	坚硬 $I_L\leq0$	80~120
粉土	中密	30~55
	密实	55~80
粉砂、细砂	中密	35~55
	密实	55~70
中砂	中密	45~60
	密实	60~80
粗砂、砾砂	中密	60~90
	密实	90~140
圆砾、角砾	中密	120~150
	密实	150~180
碎石、卵石	中密	160~220
	密实	220~400
漂石、块石		400~600

注：挖孔桩的摩阻力标准值可参照本表采用。

λ 值 表3-26

l/d 桩端土情况	4~20	20~25	>25
透水性土	0.70	0.70~0.85	0.85
不透水性土	0.65	0.65~0.72	0.72

清底系数 m_0 值 表3-27

t/d	0.3~0.1
m_0	0.7~1.0

注：1. t、d 为桩端沉渣厚度和桩的直径；

2. $d\leq1.5$m 时，$t\leq300$mm；$d>1.5$m 时，$t\leq500$mm，且 $0.1<t/d<0.3$。

（2）端承桩

支承在基岩上或嵌入岩层中的单桩，其竖向容许承载力，取决于桩底处岩石的强度和嵌入岩层的深度，可按下式计算：

$$[R_a]=c_1A_pf_{rk}+u\sum_{i=1}^m c_{2i}h_if_{rki}+\frac{1}{2}\zeta_s u\sum_{i=1}^n l_i q_{ik} \tag{3-44}$$

式中：$[R_a]$——单桩轴向受压承载力容许值(kN)，桩身自重与置换土重（当自重计入浮力时，置换土重也计入浮力）的差值作为荷载考虑；

c_1——根据清孔情况、岩石破碎程度等因素而定的端阻发挥系数,按表 3-28 采用;

A_p——桩端截面面积(m^2),对于扩底桩,取扩底截面面积;

f_{rk}——桩端岩石饱和单轴抗压强度标准值(kPa),黏土质岩取天然湿度单轴抗压强度标准值,当 f_{rk} 小于 2MPa 时按摩擦桩计算;f_{rki} 为第 i 层的 f_{rk} 值。

c_{2i}——根据清孔情况、岩石破碎程度等因素而定的第 i 层岩层的侧阻发挥系数,按表 3-28 采用;

u——各土层或各岩层部分的桩身周长(m);

h_i——桩嵌入各岩层部分的厚度(m),不包括强风化层和全风化层;

m——岩层的层数,不包括强风化层和全风化层;

ζ_s——覆盖层土的侧阻力发挥系数,根据桩端 f_{rk} 确定,当 $2MPa \leqslant f_{rk} < 15MPa$ 时,$\zeta_s = 0.8$,当 $15MPa \leqslant f_{rk} < 30MPa$ 时,$\zeta_s = 0.5$,当 $f_{rk} > 30MPa$ 时,$\zeta_s = 0.2$;

l_i——各土层的厚度(m);

q_{ik}——桩侧第 i 层土的侧阻力标准值(kPa),宜采用单桩摩阻力试验值,当无试验条件时,对于钻(挖)孔桩按表 3-25 选用;

n——土层的层数,强风化和全风化岩层按土层考虑。

系数 c_1、c_2 值 表 3-28

岩石层情况	c_1	c_2
完整、较完整	0.6	0.05
较破碎	0.5	0.04
破碎、极破碎	0.4	0.03

注:1. 当嵌岩深度小于或等于 0.5m 时,c_1 乘以 0.75 的折减系数,$c_2 = 0$;
2. 对于钻孔桩,系数 c_1、c_2 值应降低 20% 采用;桩端沉渣厚度 t 应满足以下要求:$d \leqslant 1.5m$ 时,$t \leqslant 50mm$;$d > 1.5m$ 时,$t \leqslant 100mm$;
3. 对于中风化层作为持力层的情况,c_1、c_2 均应乘以 0.75 的折减系数。

按式(3-43)、式(3-44)计算的单桩竖向承载力容许值 $[R_a]$,应根据桩的受荷阶段及受荷情况乘以表 3-29 规定的抗力系数。

单桩竖向承载力的抗力系数 表 3-29

受荷阶段	作用效应组合		抗力系数
使用阶段	短期效应组合	永久作用与可变作用组合	1.25
		结构自重、预加力、土重、土侧压力和汽车、人群组合	1.00
	作用效应偶然组合(不含地震作用)		1.25
施工阶段	施工荷载效应组合		1.25

2)按材料强度确定桩的竖向承载力

一般来说,桩的竖向承载力往往由土对桩的支承能力控制。但当桩穿过极软弱土层,支承(或嵌固)于岩层或坚硬的土层上时,单桩竖向承载力往往由桩身材料强度控制。在竖向荷载作用下,单桩受力情况是一根全部或部分埋入土中的轴向受压杆件,若还有弯矩或横向力作用,则单桩是一个偏心受压杆件。因此,细长杆在荷载达到一定数值时会发生纵向挠曲而失稳。根据《钢混及预混设计规范》，对于钢筋混凝土桩，基桩的竖向承载力可归结为桩身轴向强度验算。

3）垂直静载试验法

垂直静载试验法即在桩顶逐级施加轴向荷载，直至桩达到破坏状态为止，并在试验过程中测量每级荷载下不同时间的桩顶沉降，根据沉降与荷载及时间的关系，分析确定单桩竖向容许承载力。

试桩可在已打好的工程桩中选定，也可专门设置与工程桩相同的试验桩。考虑试验场地的差异及试验的离散性，试桩数目应不小于基桩总数的2%，且不应少于2根；试桩的施工方法以及试桩的材料和尺寸、入土深度均应与设计桩相同。就地灌注桩的静载试验应在混凝土强度达到能承受预定破坏荷载后开始。斜桩作静载试验时，荷载方向应与斜桩轴线相同。

3. 桩的负摩阻力

一般情况下，桩受竖向荷载作用后，桩相对于桩侧土体作向下位移，土对桩产生向上作用的摩阻力，称正摩阻力，见图3-33a）。但当桩周土体因某种原因发生下沉，其沉降变形大于桩身的沉降变形时，在桩侧表面的全部或一部分面积上将出现向下作用的摩阻力，称其为负摩阻力，见图3-33b）。

负摩阻力的产生将使桩侧土的部分重力传递给桩，因此，负摩阻力不但不能成为桩承载力的一部分，反而变成施加在桩上的外荷载，对入土深度相同的桩来说，若有负摩阻力发生，则桩的外荷载增大，桩的承载力相对降低，桩基沉降加大，在确定桩的承载力和桩基设计中应予以注意。对于桥梁工程，特别要注意桥头路堤高填土的桥台桩基础的负摩阻力问题。因路堤高填土是一个很大的地面荷载且位于桥台的一侧，路基下地基土的压缩变形对桩产生负摩阻力，即有可能使桥台桩基础产生不均匀沉降。

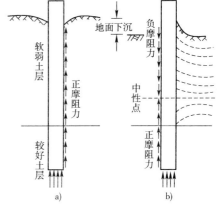

图 3-33 桩的正、负摩阻力

桩的负摩阻力能否产生，主要是看桩与桩周土的相对位移发展情况。桩的负摩阻力产生的条件有以下几个方面：

（1）在桩附近地面大量堆载，引起地面沉降；

（2）土层中抽取地下水或其他原因，地下水位下降，使土层产生自重固结下沉；

（3）桩穿过欠压密土层（如填土）进入硬持力层，土层产生自重固结下沉；

（4）桩数很多的密集群桩打桩时，使桩周土中产生很大的超孔隙水压力，打桩停止后桩周土的再固结作用引起下沉；

（5）在黄土、冻土中的桩，因黄土湿陷、冻土融化产生地面下沉。

由上述可见，当桩穿过软弱高压缩性土层而支承在坚硬持力层上时，最易发生桩的负摩阻力问题。判断桩基是否产生负摩阻力的主要标准是看桩周土的位移是否大于桩的位移。

【例3-4】 某桥台基础采用钻孔灌注桩基础，设计桩径1.20m，采用冲抓锥成孔，桩穿过土层的情况如图3-34所示，桩长 $L=20\text{m}$，试按土的阻力求单桩轴向承载力。

解： 由公式

$$[R_a] = \frac{1}{2} u \sum_{i=1}^{n} q_{i\,k} l_i + m_0 \lambda A_p \{[f_{a0}] + k_2 \gamma_2 (h-3)\}$$

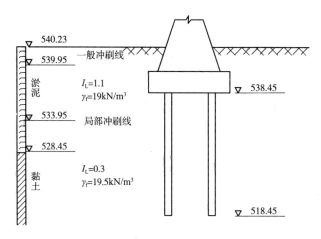

图 3-34 例题 3-4

冲抓锥成孔直径($1.2+0.1=1.3m$),故 $u=\pi\times1.3m=4.08m$,桩的截面面积(直径 $1.2m$):

$$A_p=\frac{\pi\times1.2^2}{4}=1.13m^2$$

桩穿过各土层厚:

$$l_1=10m,l_2=10m$$

桩侧土的极限摩擦阻力查表 3-25,淤泥 $I_L=1.1>1$ 处于流塑状态,取 $q_{1k}=28kPa$,黏土 $I_L=0.3$ 属于硬塑状态,取 $q_{2k}=73kPa$。

$[f_{a0}]$ 按 $I_L=0.3,e=0.75$ 的黏土可查表得$[f_{a0}]=305kPa,k_2=2.5$,桩尖埋置深度应从一般冲刷线算起,先假定桩尖埋深为 20m。清底系数按一般要求,限制 $t/d=0.4$,查表 3-27 经内插得 $m_0=0.55$,λ 值由 $h/d=16.7$,桩底土不透水,查表 5-26 得 $\lambda=0.65$,于是:

$$[R_a]=\frac{1}{2}\times4.08\times(10\times28+10\times73)+0.65\times0.55\times1.13\times$$

$$\left[305+2.5\times\frac{10\times19+10\times19.5}{10+10}\times(21.5-3.0)\right]$$

$$=2543.276kN$$

【例 3-5】 上题中,若桩长未知,已知单根桩桩顶所受的最大竖向力为 $P=2619.36kN$,其他条件相同,试按土的阻力求桩长。

解: 由公式反算桩长,该桩埋入最大冲刷线以下深度为 h_1,一般冲刷线以下深度为 h,则:

$$N=[R_a]=\frac{1}{2}u\sum_{i=1}^{n}q_{ik}l_i+m_0\lambda A_p\{[f_{a0}]+k_2\gamma_2(h-3)\}$$

式中:N——一根桩受到的全部竖直荷载(kN);

其余符号同前。

最大冲刷线以下(入土深度)桩重的一半作外荷计算。

冲抓锥成孔直径 1.3m,故 $U=\pi\times1.3m=4.08m$

桩的截面面积(直径 1.2m)$A_p=\frac{\pi\times1.2^2}{4}=1.13m^2$

桩每延米自重(直径 1.2m)$q=\frac{\pi\times1.2^2}{4}\times25=28.26kN/m$

桩侧土的极限摩擦阻力查表 3-25,淤泥 $I_L = 1.1 > 1$ 处于流塑状态,取 $q_{1k} = 28\text{kPa}$,黏土 $I_L = 0.3$ 属于硬塑状态,取 $q_{2k} = 73\text{kPa}$。

$[f_{a0}]$ 按 $I_L = 0.3, e = 0.75$ 的黏土可查表得 $[f_{a0}] = 305\text{kPa}, k_2 = 2.5$,桩尖埋置深度应从一般冲刷线算起,先假定桩尖埋深为 21m。清底系数按一般要求,限制 $t/d = 0.4$,查表 3-27 经内插得 $m_0 = 0.55$,λ 值由 $l/d = 1.75$,桩底土不透水,查表 3-26 得 $\lambda = 0.65$,于是:

$$P + l_0 q + \frac{1}{2} h_1 q = \frac{1}{2} u \sum_{i=1}^{n} q_{ik} l_i + m_0 \lambda A_p \{[f_{a0}] + k_2 \gamma_2 (h-3)\}$$

式中:l_0——局部冲刷线以上桩的长度(m)。

故上式即为:

$2619.36 + 28.26 \times 4.5 + \frac{1}{2} \times 28.26 h_1 = \frac{1}{2} \times 4.08 \times \{10 \times 28 + [h_1 - 5.5] \times 73\} +$

$0.65 \times 0.55 \times 1.13 \times \left[305 + 2.5 \times \frac{10 \times 19 + (h_1 - 5.5) \times 19.5}{10 + h_1 - 5.5} \times (3 + h_1)\right]$

解得 $h_1 = 18.50\text{m}$。取 $h_1 = 18.50\text{m}$,故桩长 $L = 23\text{m}$,与假设相近;否则,重新进行桩长计算。

二、基桩内力和位移计算

桩在横向荷载作用下桩身的内力和位移计算,国内外学者提出了许多方法。目前较为普遍的是桩侧土采用文克尔假定,通过求解挠曲微分方程,再结合力的平衡条件,求出桩各部位的内力和位移,该方法称为弹性地基梁法。

以文克尔假定为基础的弹性地基梁法其基本概念明确,方法简单,所得结果一般安全,在国内外工程界得到广泛应用。我国公路、铁路在桩基础的设计中常用的 m 法就属于此种方法。

1. 基本概念

1)土的弹性抗力及其分布规律

桩基础在荷载(包括竖向荷载、横向荷载和力矩)作用下产生位移及转角,使桩挤压桩侧土体,桩侧土必然对桩产生横向土抗力 σ_{zx},它起抵抗外力和稳定桩基础的作用,土的这种作用力称为土的弹性抗力。σ_{zx} 即指深度为 z 处的横向(x 轴向)土抗力,其大小取决于土体性质、桩身刚度、桩的入土深度、桩的截面形状、桩距及荷载等因素,可以用下式表示:

$$\sigma_{zx} = C x_z \tag{3-45}$$

式中:σ_{zx}——横向土抗力(kN/m^2);

C——地基系数(kN/m^2);

x_z——深度 z 处桩的横向位移(m)。

地基系数 C 表示单位面积土在弹性限度内产生单位变形时所需施加的力。大量的试验表明,地基系数 C 值不仅与土的类别及其性质有关,而且也随着深度而变化。由于实测的客观条件和分析方法不尽相同等原因,所采用的 C 值随深度的分布规律也各有不同。常采用的地基系数分布规律有如图 3-35 所示的几种形式,因此也就产生了与之相应的基桩内力和位移的计算方法。现将桩的几种有代表性的弹性地基梁计算方法概括在表 3-30 中。

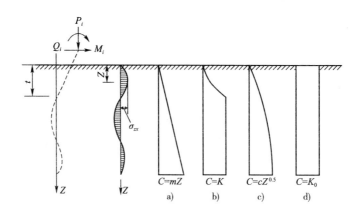

图 3-35 地基系数变化规律

桩的几种典型的弹性地基梁法　　　表 3-30

计算方法	图号	地基系数随深度分布	地基系数 C 表达式	说　明
m 法	图 2-35a)	与深度成正比	$C = mZ$	m 为地基土比例系数
K 法	图 2-35b)	桩身第一挠曲零点以上抛物线变化，以下不随深度变化	$C = K$	K 为常数
C 值法	图 2-35c)	与深度呈抛物线变化	$C = cZ^{0.5}$	c 为地基土比例系数
张有龄法	图 2-35d)	沿深度均匀分布	$C = K_0$	K_0 为常数

上述四种方法各自假定的地基系数随深度分布规律不同，其计算结果是有差异的。试验资料分析表明，宜根据土质特性来选择恰当的计算方法。

2）单桩、单排桩与多排桩

计算基桩内力，应先根据作用在承台底面的外力 N、H、M 计算出在每根桩顶的荷载 p_i、Q_i、M_i 值，然后才能计算各桩在荷载作用下各截面的内力和位移。桩基础按其作用力 H 与基桩的布置方式之间的关系可归纳为单桩、单排桩及多排桩两类来计算各桩的受力，所谓单桩、单排桩是指与水平外力 H 作用面相垂直的平面上，仅有一根或一排桩的桩基础，如图 3-36 所示。对于单桩来说，上部荷载全由它承担。对于单排桩，如图 3-37 所示，桥墩作纵向验算时，若作用于承台底面中心的荷载为 N、H、M_y，当 N 在单排桩方向无偏心时，可以假定它是平均分布在各桩上的，即：

$$P_i = \frac{N}{n}; \quad Q_i = \frac{H}{n}; \quad M_i = \frac{M_y}{n} \tag{3-46}$$

式中：n——桩的根数。

当竖向力 N 在单排桩方向有偏心距 e 时，如图 3-37b) 所示，即 $M_x = N \cdot e$，因此每根桩上的竖向作用力可按偏心受压计算，即：

$$P_i = \frac{N}{n} \pm \frac{M_x y_i}{\sum y_i^2} \tag{3-47}$$

多排桩 [图 3-36c)] 是指在水平外力作用平面内有一根以上的桩基础，不能直接应用上述公式计算各桩顶上的作用力，须考虑桩土共同工作，结合结构力学方法另行计算。

3）桩的计算宽度

由试验研究分析得出，桩在横向荷载作用下，除了桩身范围内桩侧土受挤压外，在桩身宽度以外一定范围内的土体都受到一定程度的影响，且对不同截面形状的桩，土受到的影响范围大小也不同。为了将空间受力简化为平面受力,并综合考虑桩的截面形状及多排桩桩间的相互遮蔽作用。计算桩的内力与位移时不直接采用桩的设计宽度(直径),而是换算成实际工作条件下相当于矩形截面桩的计算宽度 b_1。

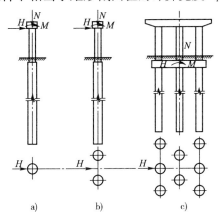

图 3-36 单桩、单排桩及多排桩

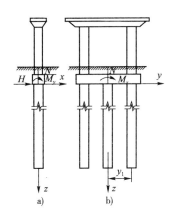

图 3-37 单排桩的计算

桩的计算宽度可按下式计算:

当 $d \geq 1.0$m 时 $\qquad b_1 = kk_f(d+1)$ (3-48)

当 $d < 1.0$m 时 $\qquad b_1 = kk_f(1.5d + 0.5)$ (3-49)

(1)对单排桩或 $L_1 \geq 0.6h_1$ 的多排桩:

$$k = 1.0$$

(2)对 $L_1 < 0.6h_1$ 的多排桩:

$$k = b_2 + \frac{1-b_2}{0.6} \cdot \frac{L_1}{h_1}$$

式中:b_1——桩的计算宽度(m),$b_1 \leq 2d$;

d——桩径或垂直于水平外力作用方向桩的宽度(m);

k_f——桩形状换算系数,视水平力作用面(垂直于水平力作用方向)而定,圆形或圆端截面 $k_f = 0.9$;矩形截面 $k_f = 1.0$;对圆端形与矩形组合截面 $k_f = \left(1 - 0.1\dfrac{a}{d}\right)$(图3-38);

k——平行于水平力作用方向的桩间相互影响系数;

L_1——平行于水平力作用方向的桩间净距(图3-39);梅花形布桩时,若相邻两排桩中心距 c 小于 $(d+1)$ 时,可按水平力作用面各桩间的投影距离计算(图3-40);

h_1——地面或局部冲刷线以下桩的计算埋入深度,可取 $h_1 = 3(d+1)$,但不得大于地面或局部冲刷线以下桩入土深度 h(图3-39);

b_2——平行于水平力作用方向的一排桩的桩数 n 有关系数,当 $n=1$ 时,$b_2 = 1.0$;$n=2$ 时,$b_2 = 0.6$;$n=3$ 时,$b_2 = 0.5$;$n \geq 4$ 时,$b_2 = 0.45$。

在桩平面布置中,若平行于水平力作用方向的各排桩数量不等,且相邻(任何方向)桩间中心距等于或大于 $(d+1)$,则所验算各桩可取同一个桩间影响系数 k,其值按桩数量最多的一排选取。此外,若垂直于水平力作用方向上有 n 根桩时,计算宽度取 nb_1,但须满足 $nb_1 \leq B+1$(B 为 n 根桩垂直于水平力作用方向的外边缘距离,以米计,见图3-41)。

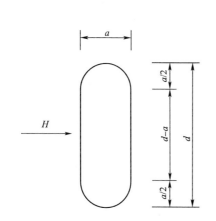

图 3-38　计算圆端形与矩形组合截面 k_f 值示意图

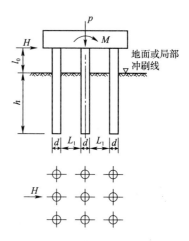

图 3-39　计算 k 值时桩基示意图

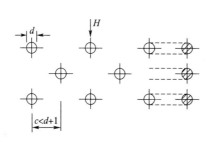

图 3-40　梅花形示意图

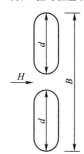

图 3-41　单桩宽度计算示意图

4) 刚性桩与弹性桩

为计算方便见,按照桩与土的相对刚度,将桩分为刚性桩和弹性桩。当桩的入土深度 $h > \dfrac{2.5}{\alpha}$ 时,则桩的相对刚度较小,必须考虑桩的实际刚度,按弹性桩来计算。其中 α 称为桩的变形系数,$\alpha = \sqrt[5]{\dfrac{mb_1}{EI}}$。一般情况下,桥梁桩基础的桩多属于弹性桩。当桩的入土深度 $h \leqslant \dfrac{2.5}{\alpha}$ 时,则桩的相对刚度较大,计算时认为属于刚性桩。

2. m 法计算桩的内力和位移

1) 计算参数

桩基中桩的变形系数可按下式计算:

$$\alpha = \sqrt[5]{\dfrac{mb_1}{EI}} \tag{3-50}$$

$$EI = 0.8 E_c I \tag{3-51}$$

式中:α——桩的变形系数;

EI——桩的抗弯刚度,对以受弯为主的钢筋混凝土桩,根据《公路钢筋混凝土及预应力混凝土桥涵设计规范》(JTG D62—2004)规定采用;

E_c——桩的混凝土抗压弹性模量;

I——桩的毛面积惯性矩;

b_1——桩的计算宽度;

m——非岩石地基抗力系数的比例系数。

地基土水平抗力系数的比例系数 m 应通过试验确定;缺乏试验资料时,可根据地基土分类、状态按表3-31查用。

非岩石类土的比例系数 m 值 表3-31

土 的 名 称	$m(\text{kN/m}^4)$	土 的 名 称	$m(\text{kN/m}^4)$
流塑性黏土 $I_L>1.0$,软塑黏性土 $1.0 \geqslant I_L > 0.75$,淤泥	3 000~5 000	坚硬、半坚硬黏性土 $I_L \leqslant 0$,粗砂,密实粉土	20 000~30 000
可塑黏性土 $0.75 \geqslant I_L > 0.25$,粉砂,稍密粉土	5 000~10 000	砾砂,角砾,圆砾,碎石,卵石	30 000~80 000
硬塑黏性土 $0.25 \geqslant I_L \geqslant 0$,细砂,中砂,中密粉土	10 000~20 000	密实卵石夹粗砂,密实漂、卵石	80 000~120 000

注:(1)本表用于基础在地面处位移最大值不应超过6mm的情况,当位移较大时,应适当降低;
（2）当基础侧面设有斜坡或台阶,且其坡度(横:竖)或台阶总宽与深度之比大于1:20时,表中 m 值应减小50%取用。

在应用上表时应注意以下事项:

（1）由于桩的水平荷载与位移关系是非线性的,即 m 值随荷载与位移增大而有所减小,因此,m 值的确定要与桩的实际荷载相适应。一般结构在地面处最大位移不应超过6mm。位移较大时,应适当降低表列 m 值。

（2）当基桩侧面由几种土层组成时,从地面或局部冲刷线起,应求得主要影响深度 $h_m=2(d+1)$ 范围内的平均 m 值作为整个深度内的 m 值(图3-42)(对于刚性桩,h_m 采用整个深度 h)。

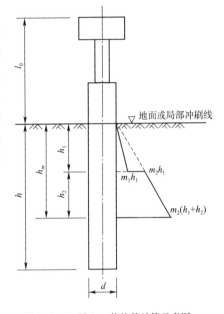

图3-42 两层土 m 值换算计算示意图

当 h_m 深度内存在两层不同土时:
$$m = \gamma m_1 + (1-\gamma)m_2 \quad (3-52)$$
$$\gamma = \begin{cases} 5(h_1/h_m)^2 & (h_1/h_m \leqslant 0.2) \\ 1-1.25(1-h_1/h_m)^2 & (h_1/h_m > 0.2) \end{cases}$$

（3）承台侧面地基土水平抗力系数 C_n
$$C_n = m h_n \quad (3-53)$$

式中:m——承台埋深范围内地基土的水平抗力系数(MN/m^4);
h_n——承台埋深(m)。

（4）地基土竖向抗力系数 C_0、C_b 和地基土竖向抗力系数的比例系数 m_0

①桩底面地基土竖向抗力系数 C_0
$$C_0 = m_0 h \quad (3-54)$$

式中:m_0——桩底面地基土竖向抗力系数的比例系数(MN/m^4),近似取 $m_0 = m$;
h——桩的入土深度(m),当 h 小于10m时,按10m计算。

②承台底地基土竖向抗力系数 C_b
$$C_b = m_0 h_n \quad (3-55)$$

式中:h_n——承台埋深(m),当 h_n 小于1m时,按1m计算。

岩石地基竖向抗力系数 C_0，不随岩层埋深而增长，其值按表3-32采用。

岩石地基竖向抗力系数 C_0 表3-32

单轴极限抗压强度标准值 R_c(MPa)	C_0(MN/m³)
1	300
≥25	15 000

2）符号规定

在计算中，取图3-43所示的坐标系统，对力和位移的符号作如下规定：横向位移顺 x 轴正方向为正值；转角逆时针方向为正值；弯矩当左侧纤维受拉时为正值；横向力顺 x 轴方向为正值。

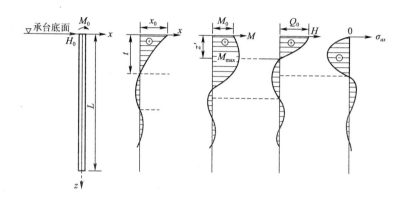

图3-43 桩身受力图示

3）桩的挠曲微分方程

桩顶若与地面平齐（$Z=0$），且已知桩顶作用水平荷载 Q_0 及弯矩 M_0，此时桩将发生弹性挠曲，桩侧土将产生横向抗力 σ_{zx}，如图3-43所示。

基桩的挠曲线方程为：

$$\frac{d^4x_z}{dZ^4} + \frac{mb_1}{EI}Zx_z = 0 \qquad (3-56)$$

或

$$\frac{d^4x_z}{dZ^4} + a^5 Zx_z = 0 \qquad (3-57)$$

式中：α——桩的变形系数或称桩的特征值（1/m），$a = \sqrt[5]{\dfrac{mb_1}{EI}}$；

E、I——桩的弹性模量及截面惯矩；

b_1——桩的计算宽度；

x_z——桩在深度 z 处的横向位移（即桩的挠度）。

4）无量纲法（桩身在地面以下任一深度处的内力和位移的简捷计算方法）

（1）$\alpha h > 2.5$ 时，单排桩柱式桥墩承受桩柱顶荷载时的作用效应及位移

①地面或局部冲刷线处桩的作用效应

$$M_0 = M + H(h_2 + h_1) \qquad (3-58)$$

$$H_0 = H \qquad (3-59)$$

②地面或局部冲刷线处桩变位

a. 柱顶自由，桩底支承在非岩石类土或基岩面上的单排桩式桥墩（图3-44）。

$$x_0 = H_0 \delta_{HH}^{(0)} + M_0 \delta_{HM}^{(0)} \tag{3-60}$$

$$\phi_0 = -(H_0 \delta_{MH}^{(0)} + M_0 \delta_{MM}^{(0)}) \tag{3-61}$$

$$\delta_{HH}^{(0)} = \frac{1}{\alpha^3 EI} \times \frac{(B_3 D_4 - B_4 D_3) + k_h (B_2 D_4 - B_4 D_2)}{(A_3 B_4 - A_4 B_3) + k_h (A_2 B_4 - A_4 B_2)} \tag{3-62}$$

$$\delta_{MH}^{(0)} = \frac{1}{\alpha^2 EI} \times \frac{(A_3 D_4 - A_4 D_3) + k_h (A_2 D_4 - A_4 D_2)}{(A_3 B_4 - A_4 B_3) + k_h (A_2 B_4 - A_4 B_2)} \tag{3-63}$$

$$\delta_{HM}^{(0)} = \delta_{MH}^{(0)} = \frac{1}{\alpha^2 EI} \times \frac{(B_3 C_4 - B_4 C_3) + k_h (B_2 C_4 - B_4 C_2)}{(A_3 B_4 - A_4 B_3) + k_h (A_2 B_4 - A_4 B_2)} \tag{3-64}$$

$$\delta_{MM}^{(0)} = \frac{1}{\alpha EI} \times \frac{(A_3 C_4 - A_4 C_3) + k_h (A_2 C_4 - A_4 C_2)}{(A_3 B_4 - A_4 B_3) + k_h (A_2 B_4 - A_4 B_2)} \tag{3-65}$$

b. 柱顶自由,桩底嵌固在基岩中的单排桩式桥墩(图3-45)。

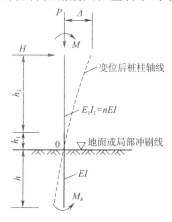

图 3-44 柱顶自由,桩底支承在非岩石类土或基岩面上的单排桩式桥墩

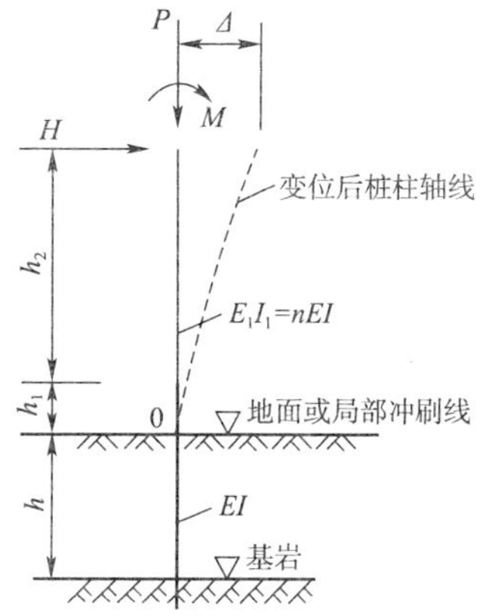

图 3-45 柱顶自由,桩底嵌固在基岩中的单排桩式桥墩

$$x_0 = H_0 \delta_{HH}^{(0)} + M_0 \delta_{HM}^{(0)} \tag{3-66}$$

$$\phi_0 = -(H_0 \delta_{MH}^{(0)} + M_0 \delta_{MM}^{(0)}) \tag{3-67}$$

$$\delta_{HH}^{(0)} = \frac{1}{\alpha^3 EI} \times \frac{B_2 D_1 - B_1 D_2}{A_2 B_1 - A_1 B_2} \tag{3-68}$$

$$\delta_{MH}^{(0)} = \frac{1}{\alpha^2 EI} \times \frac{A_2 D_1 - A_1 D_2}{A_2 B_1 - A_1 B_2} \tag{3-69}$$

$$\delta_{HM}^{(0)} = \delta_{MH}^{(0)} = \frac{1}{\alpha^2 EI} \times \frac{B_2 C_1 - B_1 C_2}{A_2 B_1 - A_1 B_2} \tag{3-70}$$

$$\delta_{MM}^{(0)} = \frac{1}{\alpha EI} \times \frac{A_2 C_1 - A_1 C_2}{A_2 B_1 - A_1 B_2} \tag{3-71}$$

③ 地面或局部冲刷线以下深度 z 处桩各截面内力

$$M_z = \alpha^2 EI \left(x_0 A_3 + \frac{\phi_0}{\alpha} B_3 + \frac{M_0}{\alpha^2 EI} C_3 + \frac{H_0}{\alpha^3 EI} D_3 \right) \tag{3-72}$$

$$Q_z = \alpha^3 EI \left(x_0 A_4 + \frac{\phi_0}{\alpha} B_4 + \frac{M_0}{\alpha^2 EI} C_4 + \frac{H_0}{\alpha^3 EI} D_4 \right) \tag{3-73}$$

(2) $\alpha h > 2.5$ 时,单排桩柱式桥台桩柱侧面受土压力作用时的作用效应及位移

① 地面或局部冲刷线处桩的作用效应

$$M_0 = M + H(h_2 + h_1) + \frac{1}{6}h_2[(2q_1 + q_2)h_2 + 3(q_1 + q_2)h_1] + \frac{1}{6}(2q_3 + q_4)h_1^2 \quad (3\text{-}74)$$

$$H_0 = H + \frac{1}{2}(q_1 + q_2)h_2 + \frac{1}{2}(q_3 + q_4)h_1 \quad (3\text{-}75)$$

q_1、q_2、q_3 和 q_4：作用于桩上的土压力强度（kN/m），可根据《通用规范》规定确定土压力作用及其在桩上的计算宽度。若地面或局部冲刷线以上桩为等截面，h_2 取全高，$h_1 = 0$。

②地面或局部冲刷线处桩变位

a. 桩柱身受梯形荷载，桩柱顶为自由，桩底支承在非岩石类土或基岩面上的单排桩式桥台（图 3-46）。

$$x_0 = H_0 \delta_{HH}^{(0)} + M_0 \delta_{HM}^{(0)} \quad (3\text{-}76)$$

$$\phi_0 = -(H_0 \delta_{MH}^{(0)} + M_0 \delta_{MM}^{(0)}) \quad (3\text{-}77)$$

$$\delta_{HH}^{(0)} = \frac{1}{\alpha^3 EI} \times \frac{(B_3 D_4 - B_4 D_3) + k_h (B_2 D_4 - B_4 D_2)}{(A_3 B_4 - A_4 B_3) + k_h (A_2 B_4 - A_4 B_2)} \quad (3\text{-}78)$$

$$\delta_{MH}^{(0)} = \frac{1}{\alpha^2 EI} \times \frac{(A_3 D_4 - A_4 D_3) + k_h (A_2 D_4 - A_4 D_2)}{(A_3 B_4 - A_4 B_3) + k_h (A_2 B_4 - A_4 B_2)} \quad (3\text{-}79)$$

$$\delta_{HM}^{(0)} = \delta_{MH}^{(0)} = \frac{1}{\alpha^2 EI} \times \frac{(B_3 C_4 - B_4 C_3) + k_h (B_2 C_4 - B_4 C_2)}{(A_3 B_4 - A_4 B_3) + k_h (A_2 B_4 - A_4 B_2)} \quad (3\text{-}80)$$

$$\delta_{MM}^{(0)} = \frac{1}{\alpha EI} \times \frac{(A_3 C_4 - A_4 C_3) + k_h (A_2 C_4 - A_4 C_2)}{(A_3 B_4 - A_4 B_3) + k_h (A_2 B_4 - A_4 B_2)} \quad (3\text{-}81)$$

b. 桩柱身受梯形荷载，桩柱顶为自由，桩底嵌固在基岩中的单排桩式桥台（图 3-47）。

$$x_0 = H_0 \delta_{HH}^{(0)} + M_0 \delta_{HM}^{(0)} \quad (3\text{-}82)$$

$$\phi_0 = -(H_0 \delta_{MH}^{(0)} + M_0 \delta_{MM}^{(0)}) \quad (3\text{-}83)$$

$$\delta_{HH}^{(0)} = \frac{1}{\alpha^3 EI} \times \frac{B_2 D_1 - B_1 D_2}{A_2 B_1 - A_1 B_2} \quad (3\text{-}84)$$

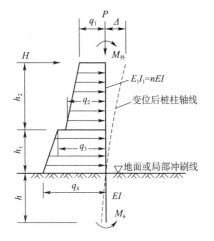 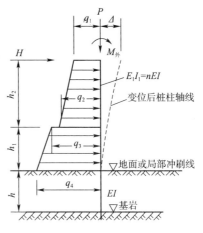

图 3-46　桩柱顶为自由，桩底支承在非岩石类土或基岩面上的单排桩式桥台　　图 3-47　桩柱顶为自由，桩底嵌固在基岩中的单排桩式桥台

$$\delta_{MH}^{(0)} = \frac{1}{\alpha^2 EI} \times \frac{A_2 D_1 - A_1 D_2}{A_2 B_1 - A_1 B_2} \tag{3-85}$$

$$\delta_{HM}^{(0)} = \delta_{MH}^{(0)} = \frac{1}{\alpha^2 EI} \times \frac{B_2 C_1 - B_1 C_2}{A_2 B_1 - A_1 B_2} \tag{3-86}$$

$$\delta_{MM}^{(0)} = \frac{1}{\alpha EI} \times \frac{A_2 C_1 - A_1 C_2}{A_2 B_1 - A_1 B_2} \tag{3-87}$$

③地面或局部冲刷线以下深度 z 处桩各截面内力

$$M_z = \alpha^2 EI\left(x_0 A_3 + \frac{\phi_0}{\alpha} B_3 + \frac{M_0}{\alpha^2 EI} C_3 + \frac{H_0}{\alpha^3 EI} D_3\right) \tag{3-88}$$

$$Q_z = \alpha^3 EI\left(x_0 A_4 + \frac{\phi_0}{\alpha} B_4 + \frac{M_0}{\alpha^2 EI} C_4 + \frac{H_0}{\alpha^3 EI} D_4\right) \tag{3-89}$$

上式中，$k_h = \frac{C_0}{\alpha E} \times \frac{I_0}{I}$ 为因桩端转动，桩端底面土体产生的抗力对 $\delta_{HH}^{(0)}$、$\delta_{HM}^{(0)} = \delta_{MH}^{(0)}$ 和 $\delta_{MM}^{(0)}$ 的影响系数。当桩底置于非岩石类土且 $\alpha h \geq 2.5$ 时，或置于基岩上且 $\alpha h \geq 3.5$ 时，取 $k_h = 0$。

式中，C_0 按式(3-54)确定。I、I_0 分别为地面或局部冲刷线以下桩截面和桩端面积惯性矩。

式(3-60)~式(3-89)即为桩在地面下位移及内力的无量纲法计算公式 A_i、B_i、C_i、D_i ($i = 1、2、3、4$) 值，在计算 $\delta_{HH}^{(0)}$、$\delta_{HM}^{(0)}$、$\delta_{MH}^{(0)}$ 和 $\delta_{MM}^{(0)}$ 时，根据 $\bar{h} = \alpha h$ 由表3-33查取；在计算 M_z 和 Q_z 时，根据 $\bar{h} = \alpha z$ 由表3-33查取；当 $\bar{h} > 4$ 时，按 $\bar{h} = 4$ 计算。

由式(3-60)~式(3-89)可简捷地求得桩身各截面的水平位移、转角、弯矩以及剪力，由此便可验算桩身强度，决定配筋量，验算其墩台位移等。

5) 桩身最大弯矩位置 $Z_{M\,\max}$ 和最大弯矩 $M_{\max}$ 的确定

桩身各截面处弯矩 M_z 的计算，主要是检验桩的截面强度和配筋计算。为此，要找出弯矩最大截面所在位置 $Z_{M\,\max}$ 相应的最大弯矩值 $M_{\max}$，一般可将各深度 Z 处的 M_z 值求出后绘制 $Z - M_z$ 图，即可从图中求得。

6) 桩顶位移的计算

图 3-44 所示的为置于非岩石地基中的桩，已知桩露出地面长 $l_0 = h_1 + h_2$，若桩顶为自由端，其上作用有 H 及 M，顶端的位移可应用叠加原理计算。设桩顶的水平位移为 Δ，它由下列各项组成：桩在地面处的水平位移 x_0、地面处转角 ϕ_0 所引起的桩顶的水平位移 $\phi_0 l_0$、桩露出地面段作为悬臂梁桩顶在水平力 H 以及在 M 作用下产生的水平位移 Δ_0，即：

$$\Delta = x_0 - \phi_0(h_2 + h_1) + \Delta_0 \tag{3-90}$$

式中：$\Delta_0 = \frac{H}{E_1 I_1}\left[\frac{1}{3}(nh_1^3 + h_2^3) + nh_1 h_2(h_1 + h_2)\right] + \frac{M}{2E_1 I_1}\left[h_2^2 + nh_1(2h_2 + h_1)\right]$ （桥墩）

$$\Delta_0 = \frac{M}{2E_1 I_1}(nh_1^2 + 2nh_1 h_2 + h_2^2) + \frac{H}{3E_1 I_1}(nh_1^3 + 3nh_1^2 h_2 + 3nh_1 h_2^2 + h_2^3) +$$

$$\frac{1}{120 E_1 I_1}\left[(11h_2^4 + 40 nh_2^3 h_1 + 20 nh_2 h_1^3 + 50 nh_2^2 h_1^2)q_1 + 4(h_2^4 + 10 nh_2^2 h_1^2 + 5 nh_2^3 h_1 + 5 nh_2 h_1^3)q_2 + (11 nh_1^4 + 15 nh_2 h_1^3)q_3 + (4 nh_1^4 + 5 nh_2 h_1^3)q_4\right]$$ （桥台）

n 为桩式桥墩上段抗弯刚度 $E_1 I_1$ 与下段抗弯刚度 EI 的比值，$EI = 0.8 E_c I$，$E_1 I_1 = 0.8 E_c I_1$；E_c 为桩身混凝土抗压弹性模量，I_1 为桩上段毛截面惯性矩。

计算桩身作用效应无量纲系数用表

表 3-33

$\bar{h}=\alpha z$	A_1	B_1	C_1	D_1	A_2	B_2	C_2	D_2	A_3	B_3	C_3	D_3	A_4	B_4	C_4	D_4
0	1.000 00	0.000 00	0.000 00	0.000 00	0.000 00	1.000 00	0.000 00	0.000 00	0.000 00	0.000 00	1.000 00	0.000 00	0.000 00	0.000 00	0.000 00	1.000 00
0.1	1.000 00	0.100 00	0.005 00	0.000 17	0.000 00	1.000 00	0.100 00	0.005 00	−0.000 17	−0.000 01	1.000 00	0.100 00	−0.005 00	−0.000 33	−0.000 01	1.000 00
0.2	1.000 00	0.200 00	0.020 00	0.001 33	−0.000 07	0.999 96	0.200 00	0.020 00	−0.001 33	−0.000 13	0.999 99	0.200 00	−0.020 00	−0.002 67	−0.000 20	0.999 99
0.3	0.999 98	0.300 00	0.045 00	0.004 50	−0.000 34	0.999 83	0.300 00	0.045 00	−0.004 50	−0.000 67	0.999 94	0.300 00	−0.045 00	−0.009 00	−0.001 01	0.999 92
0.4	0.999 91	0.399 99	0.080 00	0.010 67	−0.001 07	0.999 48	0.399 98	0.080 00	−0.010 67	−0.002 13	0.999 74	0.399 98	−0.080 00	−0.021 33	−0.003 20	0.999 66
0.5	0.999 74	0.499 96	0.125 00	0.020 83	−0.002 60	0.998 70	0.499 94	0.124 99	−0.020 83	−0.005 21	0.999 22	0.499 91	−0.124 99	−0.041 67	−0.007 81	0.998 96
0.6	0.999 35	0.599 87	0.179 98	0.036 00	−0.005 40	0.997 20	0.599 81	0.179 98	−0.036 00	−0.010 80	0.998 06	0.599 74	−0.179 97	−0.071 99	−0.016 20	0.997 41
0.7	0.998 60	0.699 67	0.244 95	0.057 16	−0.010 00	0.994 54	0.699 51	0.244 94	−0.057 16	−0.020 01	0.995 80	0.699 35	−0.244 90	−0.114 33	−0.030 01	0.994 40
0.8	0.997 27	0.799 27	0.319 88	0.085 32	−0.017 07	0.990 16	0.798 91	0.319 83	−0.085 32	−0.034 12	0.991 81	0.798 54	−0.319 75	−0.170 60	−0.051 20	0.989 08
0.9	0.995 08	0.898 52	0.404 72	0.121 46	−0.027 33	0.983 33	0.897 79	0.404 62	−0.121 44	−0.054 66	0.985 24	0.897 05	−0.404 43	−0.242 84	−0.081 98	0.980 32
1.0	0.991 67	0.997 22	0.499 41	0.166 57	−0.041 67	0.973 33	0.995 83	0.499 21	−0.166 52	−0.083 29	0.975 01	0.994 45	−0.498 81	−0.332 98	−0.124 93	0.966 67
1.1	0.986 58	1.095 08	0.603 84	0.221 63	−0.060 96	0.958 55	1.092 62	0.603 46	−0.221 52	−0.121 92	0.959 75	1.090 16	−0.602 68	−0.442 92	−0.182 85	0.946 34
1.2	0.979 27	1.191 71	0.717 87	0.287 58	−0.086 32	0.938 17	1.187 56	0.717 16	−0.287 37	−0.172 60	0.937 83	1.183 42	−0.715 73	−0.574 50	−0.258 86	0.917 12
1.3	0.969 08	1.286 60	0.841 27	0.365 36	−0.118 83	0.910 47	1.279 90	0.840 02	−0.364 96	−0.237 60	0.907 27	1.273 20	−0.837 53	−0.729 50	−0.356 31	0.876 38
1.4	0.955 23	1.379 10	0.973 73	0.455 88	−0.159 73	0.873 65	1.368 65	0.971 63	−0.455 15	−0.319 33	0.865 73	1.358 21	−0.967 46	−0.907 54	−0.478 83	0.821 02
1.5	0.936 81	1.468 39	1.114 84	0.559 97	−0.210 30	0.825 65	1.452 59	1.111 45	−0.558 70	−0.420 39	0.810 54	1.436 80	−1.104 68	−1.116 09	−0.630 27	0.747 45
1.6	0.912 80	1.553 46	1.264 03	0.678 42	−0.271 94	0.764 13	1.530 20	1.258 72	−0.676 29	−0.543 48	0.738 59	1.506 95	−1.248 08	−1.350 42	−0.814 66	0.651 56
1.7	0.882 01	1.633 07	1.420 61	0.811 93	−0.346 04	0.686 45	1.599 63	1.412 47	−0.808 48	−0.691 44	0.646 37	1.566 21	−1.396 23	−1.613 40	−1.036 16	0.528 71
1.8	0.843 13	1.705 75	1.583 62	0.961 09	−0.434 12	0.589 67	1.658 67	1.571 50	−0.955 64	−0.867 15	0.529 97	1.611 62	−1.547 28	−1.905 77	−1.299 09	0.373 68
1.9	0.794 67	1.769 72	1.750 90	1.126 37	−0.537 68	0.470 61	1.704 68	1.734 22	−1.117 96	−1.073 57	0.385 03	1.639 69	−1.698 89	−2.227 45	−1.607 70	0.180 71
2.0	0.735 02	1.822 94	1.924 02	1.308 01	−0.658 22	0.151 27	1.734 57	1.898 72	−1.295 35	−1.313 61	0.206 76	1.646 28	−1.848 18	−2.577 98	−1.966 20	−0.056 52
2.2	0.574 91	1.887 09	2.272 17	1.720 42	−0.956 16	0.151 27	1.731 10	2.222 99	−1.693 34	−1.905 67	−0.270 87	1.575 38	−2.124 81	−3.359 52	−2.848 58	−0.691 58
2.4	0.346 91	1.874 50	2.608 82	2.195 35	−1.338 89	−0.302 73	1.612 86	2.518 74	−2.141 17	−2.663 29	−0.948 85	1.352 01	−2.339 01	−4.228 11	−3.973 23	−1.591 51
2.6	0.33 146	1.754 73	2.906 70	2.723 65	−1.814 79	−0.926 02	1.334 85	2.749 72	−2.621 26	−3.599 87	−1.877 34	0.916 79	−2.436 95	−5.140 23	−5.355 41	−2.821 06
2.8	−0.385 48	1.490 37	3.128 43	3.287 69	−2.387 56	−1.175 483	0.841 77	2.866 53	−3.103 41	−4.717 48	−3.107 91	0.197 29	−2.345 58	−6.022 99	−6.990 07	−4.444 91
3.0	−0.928 09	1.036 79	3.224 71	3.858 38	−3.053 19	−2.824 10	0.063 37	2.804 06	−3.540 58	−5.999 79	−4.687 88	−0.891 26	−1.969 28	−6.764 60	−8.840 29	−6.519 72
3.5	−2.927 99	−1.271 72	2.463 04	4.979 82	−4.980 62	−6.708 06	−3.586 47	1.270 18	−3.919 21	−9.543 67	−10.340 40	−5.854 02	1.074 08	−6.788 95	−13.692 40	−13.826 10
4.0	−5.853 33	−5.940 97	−0.926 77	4.547 80	−6.533 16	−12.158 10	−10.608 40	−3.766 47	−1.614 28	−11.730 66	−17.918 60	−15.075 50	9.243 68	−0.357 62	−15.610 50	−23.140 40

注：z 为自地面或最大冲刷线以下的深度。

【例3-6】 单排桩基础算例
1. 设计资料
1)地质与水文资料(图3-48)

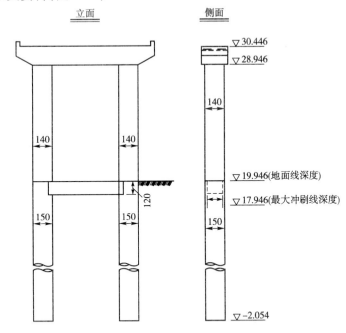

图3-48 单排桩(尺寸单位:cm)

墩帽顶(支座垫石)高程:30.446m;
墩柱顶高程:28.946m;桩顶(常水位):19.946m;
墩柱直径:1.4m;桩直径:1.5m;
地基土:中密粗砂,$m = 20\,000\text{kN/m}^4$;
桩身与土的极限摩阻力:$q_{ik} = 65\text{kPa}$;
地基土的内摩擦角:$\varphi = 45°$,内聚力 $c = 0$;
地基容许承载力:$[f_{a0}] = 255\text{kPa}$;
土重度:$\gamma' = 11.8\text{kN/m}^3$;
桩身混凝土强度等级:C25;其受压弹性模量 $E_c = 2.8 \times 10^4\text{MPa}$。

2)荷载情况
桥墩为单排双柱式,桥面宽净9m + 2×1.5m + 2×0.25m;
公路—Ⅱ级,人群荷载3kN/m²。
上部为30m预应力钢筋混凝土梁,每一根桩承受荷载为:
两跨恒载反力 $N_1 = 1\,539.5\text{kN}$;
盖梁自重反力 $N_2 = 360\text{kN}$;
系梁自重反力 $N_3 = 122.4\text{kN}$;
一根墩柱(直径1.4m)自重反力 $N_4 = 346.4\text{kN}$;
桩(直径1.5m)每延米重 $q = \dfrac{\pi \times 1.5^2}{4} \times (25 - 10) = 26.51\text{kN}$(扣除浮力)。

每延米桩(直径1.5m)重与置换土重的差值:

$$q' = \frac{\pi \times 1.5^2}{4} \times (15 - 11.8) = 5.65 \text{kN}(扣除浮力)$$

两跨活载反力:$N_5 = 751.6 \times (1 + 0.1125) = 836.2$ kN(考虑汽车荷载冲击力);

一跨活载反力:$N_6 = 502 \times (1 + 0.1125) = 558.5$ kN(车辆荷载反力已按偏心受压原理考虑横向偏心的分配影响);

在顺桥向引起的弯矩:$M = 156.2 \times (1 + 0.1125) = 175.7$ kN·m;

制动力:$H = 45$ kN;

桩基础采用旋转钻孔灌注桩,基岩较深,决定采用摩擦桩。

2. 桩长计算

由于地基土层单一,用确定单桩容许承载力的经验公式初步反算桩长,该桩埋入最大冲刷线以下深度为 h,则:

$$[R_a] = \frac{1}{2} u \sum l_i q_{ik} + \lambda m_0 A \{[f_{a0}] + k_2 \gamma_2 (h - 3)\}$$

式中:R_a——根桩底面所受到的全部竖直荷载(kN);

$$\begin{aligned} R_a &= N_1 + N_2 + N_3 + N_4 + N_5 + L_0 q + q'h \\ &= 1\,539.5 + 360 + 122.4 + 346.4 + 836.2 + 2 \times 26.51 + 5.65h \\ &= 3\,257.5 + 5.65h \end{aligned}$$

u——桩的周长(m),按成孔直径计算,采用旋转钻孔:按钻头直径增大 50mm;

$$u = \pi \times 1.55 = 4.87 \text{m}$$

$q_{ik} = 65$ kPa;

λ——考虑桩入土深度影响的修正系数,取为 0.7;

m_0——考虑孔底沉淀层厚度影响的清孔系数,取为 0.8;

$A = \dfrac{\pi \times 1.5^2}{4} = 1.767(\text{m}^2)$;

$[f_{a0}] = 255$ kPa;

$k_2 = 1.5$;

$\gamma_2 = 11.8$ kN/m³(已扣除浮力);

h——局部冲刷线以下的深度(m)。

$3\,257.5 + 5.65h = \dfrac{1}{2} \times (4.87 \times h \times 60) + 0.7 \times 0.8 \times 1.767 \times [255 + 1.5 \times 11.8 \times (h - 3)]$

解得:$h = 19.4$ m。

现取 $h = 20$ m,即地面以下桩长为 22m。显然,由上式反算,可知桩的轴向承载力满足要求。

3. 桩的内力计算

1)桩的计算宽度 b_1

$$b_1 = k K_f (d + 1) = 1.0 \times 0.9 \times (1.5 + 1) = 2.25 \text{m}$$

2)计算桩的变形系数 α

$$\alpha = \sqrt[5]{\frac{mb_1}{EI}} = \sqrt[5]{\frac{20\,000 \times 2.25}{0.8 \times 2.8 \times 10^7 \times 0.2485}} = 0.382 \text{m}^{-1}$$

其中:$I = \dfrac{\pi D^4}{64} = \dfrac{\pi \times 1.5^4}{64} = 0.2485 \text{m}^4$;受弯构件:$EI = 0.8 E_h I$。

桩在最大冲刷线以下深度 $h=20\mathrm{m}$；其计算长度则为：$\bar{h}=\alpha h=0.382\times 20=7.64\geqslant 2.5$，按弹性桩计算。

3）墩柱桩顶上外力 N_i、Q_i、M_i 及最大冲刷处桩上外力 N_0、Q_0、M_0 的计算

墩帽顶的外力（按一跨活载计算）：

$$N_i = 1\,539.5 + 558.5 = 2\,098\mathrm{kN}$$

$$Q_i = 45\mathrm{kN}$$

$$M_i = 175.7\mathrm{kN\cdot m}$$

换算到最大冲刷处：

$$N_0 = 2\,098 + 360 + 122.4 + 346.4 + 2\times 26.51 = 2\,959.8\mathrm{kN}$$

$$H_0 = Q_0 = 45\mathrm{kN}$$

$$M_0 = 175.7 + 45\times(30.446 - 17.946) = 738.2\mathrm{kN\cdot m}$$

4）最大冲刷线处桩变位 x_0、ϕ_0 计算

已知：$\alpha = 0.382$；$EI = 0.8E_cI = 0.8\times 2.8\times 10^7\times 0.248\,5 = 5\,566.5\times 10^3\mathrm{kN\cdot m^2}$。

当桩置于非岩石类土且 $\alpha h\geqslant 2.5$ 时，取 $K_h=0$，则：

$\bar{h}=\alpha h=0.382\times 20=7.64\geqslant 4$，按 $\bar{h}=4$ 计算，查表得：

$A_2 = -6.533\,16$；$B_2 = -12.158\,10$；$D_2 = -3.766\,47$；$A_3 = -1.614\,28$；$B_3 = -11.730\,66$；$C_3 = -17.918\,6$；$D_3 = -15.075\,5$；$A_4 = 9.243\,68$；$B_4 = -0.357\,62$；$C_4 = -15.610\,5$；$D_4 = -23.140\,4$。

（1）$H_0 = 1$ 作用时

$$\delta_{HH}^{(0)} = \frac{1}{\alpha^3 EI}\times\frac{(B_3D_4-B_4D_3)+k_h(B_2D_4-B_4D_2)}{(A_3B_4-A_4B_3)+k_h(A_2B_4-A_4B_2)}$$

$$= \frac{1}{0.382^3\times 5\,566.5\times 10^3}\times\frac{[(-11.730\,66)\times(-23.140\,4)-(-0.357\,62)\times(-15.075\,5)]+0}{[(-1.614\,28)\times(-0.357\,62)-9.243\,68\times(-11.730\,66)]+0}$$

$$= 7.866\times 10^{-6}\mathrm{m}$$

$$\delta_{MH}^{(0)} = \frac{1}{\alpha^2 EI}\times\frac{(A_3D_4-A_4D_3)+k_h(A_2D_4-A_4D_2)}{(A_3B_4-A_4B_3)+k_h(A_2B_4-A_4B_2)}$$

$$= \frac{1}{0.382^2\times 5\,566.5\times 10^3}\times\frac{[(-1.614\,28)\times(-23.140\,4)-9.243\,68\times(-15.075\,5)]+0}{[(-1.614\,28)\times(-0.357\,62)-9.243\,68\times(-11.730\,66)]+0}$$

$$= 1.996\times 10^{-6}\mathrm{rad}$$

（2）$M_0 = 1$ 作用时

$$\delta_{HM}^{(0)} = \delta_{MH}^{(0)} = \frac{1}{\alpha^2 EI}\times\frac{(B_3C_4-B_4C_3)+k_h(B_2C_4-B_4C_2)}{(A_3B_4-A_4B_3)+k_h(A_2B_4-A_4B_2)}$$

$$= \frac{1}{0.382^2\times 5\,566.5\times 10^3}\times\frac{[(-11.730\,66)\times(-15.610\,5)-(-0.357\,62)\times(-17.918\,6)]+0}{[(-1.614\,28)\times(-0.357\,62)-9.243\,68\times(-11.730\,66)]+0}$$

$$= 1.996\times 10^{-6}\mathrm{m}$$

$$\delta_{MM}^{(0)} = \frac{1}{\alpha EI}\times\frac{(A_3C_4-A_4C_3)+k_h(A_2C_4-A_4C_2)}{(A_3B_4-A_4B_3)+k_h(A_2B_4-A_4B_2)}$$

$$= \frac{1}{0.382\times 5\,566.5\times 10^3}\times\frac{[(-1.614\,28)\times(-15.610\,5)-9.243\,68\times(-17.918\,6)]+0}{[(-1.614\,28)\times(-0.357\,62)-9.243\,68\times(-11.730\,66)]+0}$$

$$= 0.823\times 10^{-6}\mathrm{rad}$$

(3) x_0、ϕ_0 计算

$$x_0 = H_0 \delta_{HH}^{(0)} + M_0 \delta_{HM}^{(0)}$$
$$= 45 \times 7.866 \times 10^{-6} + 738.2 \times 1.996 \times 10^{-6}$$
$$= 1.827 \times 10^{-3}\text{m} = 1.827\text{mm} \leqslant 6\text{mm}(\text{符合 m 法要求})$$

$$\phi_0 = -(H_0 \delta_{MH}^{(0)} + M_0 \delta_{MM}^{(0)})$$
$$= -(45 \times 1.996 \times 10^{-6} + 738.2 \times 0.823 \times 10^{-6})$$
$$= -6.97 \times 10^{-4}\text{rad}$$

5) 最大冲刷线以下深度 z 处桩截面上的弯矩，M_z 及剪力 Q_z 的计算：

$$M_z = \alpha^2 EI\left(x_0 A_3 + \frac{\varphi_0}{\alpha}B_3 + \frac{M_0}{\alpha^2 EI}C_3 + \frac{H_0}{\alpha^3 EI}D_3\right)$$

式中，无量纲系数 A_3、B_3、C_3 及 D_3 由表3-33查得，M_z 值计算见表3-34，其结果以图3-49所示。

$$Q_z = \alpha^3 EI\left(x_0 A_4 + \frac{\varphi_0}{\alpha}B_4 + \frac{M_0}{\alpha^2 EI}C_4 + \frac{H_0}{\alpha^3 EI}D_4\right)$$

式中，无量纲系数 A_4、B_4、C_4 及 D_4 由表3-33查得，Q_z 值计算见表3-35，其结果如图3-50所示。

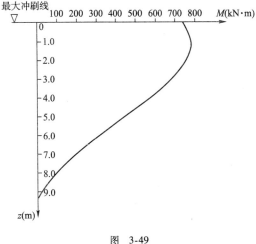

图 3-49

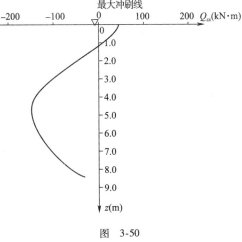

图 3-50

6) 桩柱顶水平位移

$$h_1 + h_2 = 9.0 + 2.0 = 11.0$$

$$n = \frac{I_1 E_1}{EI} = \left(\frac{1.4}{1.5}\right)^4 = 0.759$$

$$\Delta_0 = \frac{H}{E_1 I_1}\left[\frac{1}{3}(nh_1^3 + h_2^3) + nh_1 h_2(h_1 + h_2)\right] + \frac{M}{2E_1 I_1}\left[h_2^2 + nh_1(2h_2 + h_1)\right]$$

$$= \frac{45}{0.8 \times 2.8 \times 10^7 \times 0.1886} \times \left[\frac{1}{3} \times (0.759 \times 9^3 + 2^3) + 0.759 \times 9 \times 2 \times (9+2)\right] +$$

$$\frac{738.2}{2 \times 0.8 \times 2.8 \times 10^7 \times 0.1886} \times [2^2 + 0.759 \times 9 \times (2 \times 2 + 9)]$$

$$= 11.7 \times 10^{-3}\text{m}$$

$$\Delta = x_0 - \varphi_0(h_2 + h_1) + \Delta_0$$
$$= 1.827 + 6.97 \times 10^{-1} \times (9 + 2) + 11.7 \times 10^{-3}$$
$$= 21.19 \times 10^{-3}\text{m} = 21.19\text{mm} \leqslant [\Delta] = 5\sqrt{30} = 27.4\text{mm}$$

M_z 值计算表

表 3-34

z	$\bar{z}=\alpha z$	A_3	B_3	C_3	D_3	$\alpha^2 EI$	χ_0(mm)	ϕ_0(rad)	H_0(kN)	M_0(kN·m)	M_z(kN·m)
0.00	0.00	0.000 00	0.000 00	1.000 00	0.000 00	812 290.0	1.827	-0.000 697	45.00	738.20	738.2
0.52	0.20	-0.000 13	-0.000 13	0.999 99	0.200 00	812 290.0	1.827	-0.000 697	45.00	738.20	761.8
1.05	0.40	-0.010 67	-0.002 13	0.999 74	0.399 98	812 290.0	1.827	-0.000 697	45.00	738.20	787.2
1.57	0.60	-0.036 00	-0.010 80	0.998 06	0.599 74	812 290.0	1.827	-0.000 697	45.00	738.20	770.0
2.09	0.80	-0.085 32	-0.034 12	0.991 81	0.798 54	812 290.0	1.827	-0.000 697	45.00	738.20	750.2
2.62	1.00	-0.166 52	-0.083 29	0.975 01	0.994 45	812 290.0	1.827	-0.000 697	45.00	738.20	713.2
3.14	1.20	-0.287 37	-0.172 60	0.937 83	1.183 42	812 290.0	1.827	-0.000 697	45.00	738.20	661.1
3.66	1.40	-0.455 15	-0.319 33	0.865 73	1.358 21	812 290.0	1.827	-0.000 697	45.00	738.20	596.9
4.19	1.60	-0.676 29	-0.543 48	0.738 59	1.506 95	812 290.0	1.827	-0.000 697	45.00	738.20	524.6
4.71	1.80	-0.955 64	-0.867 15	0.529 97	1.611 62	812 290.0	1.827	-0.000 697	45.00	738.20	448.1
5.24	2.00	-1.295 35	-1.313 61	0.206 76	1.646 28	812 290.0	1.827	-0.000 697	45.00	738.20	371.1
5.76	2.20	-1.693 34	-1.905 67	-0.270 87	1.575 38	812 290.0	1.827	-0.000 697	45.00	738.20	297.0
6.28	2.40	-2.141 17	-2.663 29	-0.948 85	1.352 01	812 290.0	1.827	-0.000 697	45.00	738.20	228.5
6.81	2.60	-2.621 26	-3.599 87	-1.877 34	0.916 79	812 290.0	1.827	-0.000 697	45.00	738.20	167.5
7.33	2.80	-3.103 41	-4.717 48	-3.107 91	0.197 29	812 290.0	1.827	-0.000 697	45.00	738.20	115.2
7.85	3.00	-3.540 58	-5.999 79	-4.687 88	-0.891 26	812 290.0	1.827	-0.000 697	45.00	738.20	72.4
9.16	3.50	-3.919 21	-9.543 67	-10.340 40	-5.854 02	812 290.0	1.827	-0.000 697	45.00	738.20	5.6

Q_z 值计算表

表3-35

z	$\bar{z}=\alpha z$	A_4	B_4	C_4	D_4	$\alpha^3 EI$	x_0(mm)	ϕ_0(rad)	H_0(kN)	M_0(kN·m)	Q_z(kN·m)
0.00	0.00	0.000 00	0.000 00	0.000 00	1.000 00	310 290.0	1.827	-0.000 697	45.00	738.20	45.0
0.52	0.20	-0.020 00	-0.002 67	-0.000 20	0.999 99	310 290.0	1.827	-0.000 697	45.00	738.20	35.1
1.05	0.40	-0.080 00	-0.021 33	-0.003 20	0.999 66	310 290.0	1.827	-0.000 697	45.00	738.20	10.8
1.57	0.60	-0.179 97	-0.071 99	-0.016 20	0.997 41	310 290.0	1.827	-0.000 697	45.00	738.20	-21.0
2.09	0.80	-0.319 75	-0.170 60	-0.051 20	0.989 08	310 290.0	1.827	-0.000 697	45.00	738.20	-54.6
2.62	1.00	-0.498 81	-0.332 98	-0.124 93	0.966 67	310 290.0	1.827	-0.000 697	45.00	738.20	-86.0
3.14	1.20	-0.715 73	-0.574 50	-0.258 86	0.917 12	310 290.0	1.827	-0.000 697	45.00	738.20	-112.2
3.66	1.40	-0.967 46	-0.907 54	-0.478 83	0.821 02	310 290.0	1.827	-0.000 697	45.00	738.20	-132.7
4.19	1.60	-1.248 08	-1.350 42	-0.814 66	0.651 56	310 290.0	1.827	-0.000 697	45.00	738.20	-143.4
4.71	1.80	-1.547 28	-1.905 77	-1.299 09	0.373 68	310 290.0	1.827	-0.000 697	45.00	738.20	-147.7
5.24	2.00	-1.848 18	-2.577 98	-1.966 20	-0.056 52	310 290.0	1.827	-0.000 697	45.00	738.20	-145.2
5.76	2.20	-2.124 81	-3.359 52	-2.848 58	-0.691 58	310 290.0	1.827	-0.000 697	45.00	738.20	-136.9
6.28	2.40	-2.339 01	-4.228 11	-3.973 23	-1.591 51	310 290.0	1.827	-0.000 697	45.00	738.20	-124.2
6.81	2.60	-2.436 95	-5.140 23	-5.355 41	-2.821 06	310 290.0	1.827	-0.000 697	45.00	738.20	-108.4
7.33	2.80	-2.345 58	-6.022 99	-6.990 07	-4.444 91	310 290.0	1.827	-0.000 697	45.00	738.20	-90.9
7.85	3.00	-1.969 28	-6.764 60	-8.840 29	-6.519 72	310 290.0	1.827	-0.000 697	45.00	738.20	-72.8
9.16	3.50	1.074 08	-6.788 95	-13.692 40	-13.826 10	310 290.0	1.827	-0.000 697	45.00	738.20	-30.8

符合要求。

7)桩的配筋及截面抗压承载力复核

(1)截面配筋设计

验算最大弯矩截面强度($z=1.05\text{m}$):

$$Q_0 = 45\text{kN}$$
$$M_0 = 787.2\text{kN}\cdot\text{m}$$

未考虑荷载安全系数影响,仍用原位置及数值,配筋验算仅供参考。

$N_0 = 1.2\times(1\,539.5+360+122.4+346.4+3.01\times26.51)+558.5\times1.4 = 3\,719.6\text{kN}$

桩的直径为 1.5m,桩的计算长度为:

$$l_p = 0.7\times\left(28.946-19.946+\frac{4.0}{0.382}\right) = 13.630\text{m}$$

结构重要性系数 $\gamma_0=1$;拟采用混凝土 C25,$f_{cd}=11.5\text{MPa}$;HRB335 钢筋,$f'_{sd}=280\text{MPa}$,混凝土保护层厚度取 60mm,拟选用 $\phi22$(外径 24mm)钢筋,则:

$$\gamma_s = \frac{1\,500}{2}-\left(60+\frac{24}{2}\right) = 678\text{mm},\ g = \frac{\gamma_s}{\gamma} = \frac{678}{750} = 0.904$$

桩的长细比:

$$l_p/D = 13\,630/1\,500 = 9.09 > 4.4$$

应考虑偏心距增大系数 η。

$$\eta = \left[1+\frac{1}{1\,400\,\dfrac{e_0}{h_0}}(l_p/h)^2\xi_1\xi_2\right]$$

$$e_0 = \frac{M_0}{N_0} = \frac{787.2}{3\,719.6} = 0.212\text{m}$$

$$h_0 = 0.678+0.75 = 1.428\text{m}$$

$$\xi_1 = 0.2+\frac{2.7\times0.212}{1.428} = 0.601 < 1$$

$$\xi_2 = 1.15-0.01\frac{l_p}{h} = 1.15-\frac{0.01\times13.630}{1.5} = 1.06 > 1$$

取 $\xi_2=1$,则:

$$\eta = \left[1+\frac{1}{1\,400\times\dfrac{0.212}{1.428}}\left(\frac{13.630}{1.5}\right)^2\times0.601\times1\right] = 1.239$$

计算偏心距:

$$e_0' = \eta e_0 = 0.212\times1.239 = 0.263\text{m} = 263\text{mm}$$

(2)采用查表法计算(参考《钢混及预混设计规范》附表)

假设 $\xi=0.25$,查表得系数:$A=0.447\,3$,$B=0.341\,1$,$C=-1.234\,8$,$D=1.601\,2$,代入公式计算配筋率:

$$\rho = \frac{f_{cd}}{f'_{sd}}\times\frac{Br-A\eta e_0}{C\eta e_0-Dgr} = 11.5\times\frac{0.341\,1\times750-0.447\,3\times263}{-1.234\,8\times263-1.601\,2\times0.904\times750}$$
$$= -0.040\,(\text{说明按构造要求配筋})$$

求轴向力设计值为:

$$N_{du} = A\gamma^2 f_{cd} + C \cdot \rho \gamma^2 f'_{sd}$$
$$= 0.447\,3 \times 750^2 \times 11.5 + (-1.234\,8) \times (-0.003\,8) \times 750^2 \times 280$$
$$= 3\,683.4 \text{kN}$$

与设计值 3 719.6kN 相差等于 2%,所以桩基只按构造要求配筋,根据规范要求,选配 20ϕ22,钢筋截面面积 $A_s = 7\,602\text{mm}^2$。

思考与练习题

1. 作用在桥墩上的永久作用和可变作用分别有哪些?
2. 要使梁桥桥墩各截面上产生最大竖向反力,在桥梁纵向作用荷载如何布置?
3. 要使梁桥桥墩各截面在桥梁纵向可能产生最大偏心距和最大弯矩时,在桥梁纵向作用荷载如何布置?
4. 要使梁桥桥墩各截面在垂直于行车方向产生最大偏心弯矩时,作用荷载在横桥向如何布置?
5. 按垂直于行车方向使桥墩各截面产生最大偏心弯矩的情况进行布载,其目的何在?
6. 在拱桥桥墩设计中,使桥墩各截面可能产生最大偏心距和最大弯矩时,作用荷载在横桥向如何布置?
7. 简述重力式桥墩计算或验算的步骤。
8. 墩身截面承载力验算如何选取验算截面?
9. 在地基承载力验算中,试分别说明以下三个计算公式的使用条件。

(1) $P = \dfrac{N}{A} \leqslant [f_a]$

(2) $P_{max} = \dfrac{N}{A} + \dfrac{M}{W} \leqslant \gamma_R [f_a]$

(3) $P_{max} = \dfrac{N}{A} + \dfrac{M_x}{W_x} + \dfrac{M_y}{W_y} \leqslant \gamma_R [f_a]$

10. 简述基底偏心距验算的目的。
11. 试说明墩台稳定性验算以下两个公式中各符号的含义。

(1) $k_0 = \dfrac{s}{e_0}$ $e_0 = \dfrac{\sum P_i e_i + \sum H_i h_i}{\sum P_i}$

(2) $k_c = \dfrac{\mu \sum P_i + \sum H_{iP}}{\sum H_{ia}}$

12. 简述当盖梁与柱的线刚度(EI/l)之比大于 5 时,选取盖梁计算图式的原则。
13. 简述在盖梁计算中,应注意的两个方面的问题。
14. 重力式桥台与重力式桥墩在设计计算方面有哪些不同点?
15. 梁桥重力式桥台的作用布置(纵桥向)有哪些形式?
16. 简述单桩在竖向受压荷载作用下的三种破坏模式特征。
17. 试说明钻(挖)孔灌注桩容许承载力计算公式中各符号的含义。

$$[R_a] = \dfrac{1}{2} u \sum_{i=1}^{n} q_{ik} l_i + A_p q_r \qquad q_r = m_0 \lambda [[f_{a0}] + k_2 \gamma_2 (h-3)]$$

18. 简述产生桩的负摩阻力的条件。

第四章 墩台施工放样

第一节 墩台定位测量

学习内容:桥位中线测量;桥梁三角网的布置;桥梁墩台定位与轴线测量等。

学习目标:要求学生认知桥梁平面布置、总体布置的原则和技术要求;认知墩台定位测量的程序和工作内容;会使用测量仪器进行墩台定位测量放样工作。

一、桥梁施工测量概述

桥梁施工测量的主要任务是精确地测定墩台中心位置,桥轴线测量以及对构造物各细部构造的定位和放样。对大型桥梁来讲,首先必须建立平面控制网、高程系统及测量桥位中线(桥轴线)的长度,以确保桥梁走向、跨径、高程等符合规范和设计要求。

中线测量包括对桥梁两端设置控制桩的复测;丈量桥轴线长度;补充水准点测量等。补充水准点要对控制桥梁结构的高程,有效地为建立施工水准网提供方便。

为使测量工作顺利进行,测量人员必须重视测量工作,要有熟练的操作技能、良好的协作精神及严格遵守测量规范的习惯。测量前必须做好必要的技术和组织准备工作;要熟悉设计文件、图纸和有关测设资料;要与监理单位办理好现场固定桩的交接工作;还应做好测量人员的分工、仪器的校验、施工步骤的制订等项准备工作。

二、桥位中线测量

桥位中线及其长度是用来确定墩台位置的依据,测量桥位中线的目的,是控制中线的长度和方向,从而确保墩台位置的正确,因此保证桥轴线测量的必要精度是十分重要的。

为了确保桥轴线长度的精度,有时需要建立独立的三角网与国家的控制点进行联测。为了与线路的坐标取得统一,也需要与线路上的国家平面控制点进行联测。有关测量质量要求参见《公路桥涵施工技术规范》(JTG/T F50—2011)。

1. 预估桥轴线长度的精度

在测量桥轴线长度之前,应预先估算桥轴线长度所需要的精度,以便合理地拟定测量方案和规定各项测量的限差。

桥轴线的精度要求取决于桥长、跨径及其假设的精度,因此估算时应考虑这些因素。

现以某地连续钢桁梁桥为例,该桥共有九孔,分为三联,每孔分为10节,每节上下弦杆的长度为16m。联与联间支座中心距为2m,所以桥总长 $D = 9 \times 10 \times 16m + 2 \times 2m = 1\ 444m$。两桥台支座及联与联间的支座安装限差均为 $\pm 5mm$。根据钢梁验收相关规范的规定,钢梁各杆件长度的误差不超过其设计长度的 $1/5\ 000$,因此每节的极限误差为 $16\ 000/5\ 000 = \pm 3.2mm$,

而每联的极限误差可按下式计算：

$$\Delta\delta = \pm\sqrt{\delta_1^2 + Nn\left(\frac{s}{5\ 000}\right)^2 + \delta_2^2} \tag{4-1}$$

式中：δ_1、δ_2——支座安装限差；

N——每联的孔数；

n——每孔上(下)弦杆数量；

s——上(下)弦杆长度。

将上述数据代入式(4-1)，即可算出每联的极限误差：

$$\Delta\delta = \pm\sqrt{5^2 + 3\times10\times\left(\frac{16\ 000}{5\ 000}\right)^2 + 5^2} = \pm18.9\text{mm}$$

则全桥钢梁架设的极限误差为：

$$\Delta D = \pm\sqrt{3}\Delta\delta = \pm\sqrt{3}\times18.9 = \pm33\text{mm}$$

全桥钢梁架设的相对中误差为：

$$\frac{m_D}{D} = \frac{33}{2\times1\ 444\ 000} = \frac{1}{87\ 515}$$

若测量桥轴线长度的误差小于1/87 515，说明测量结果的精度是可以的。

2. 桥轴线长度的测量方法

测量桥轴线长度的方法，通常采用光电测距法(目前使用电子全站仪测量更为方便)、直接丈量法、三角网法等。对于直线桥梁可以直接采用此三种方法进行测量；对于曲线桥梁，应结合曲线桥梁轴线在曲线上的位置而定，现分别叙述如下。

1) 光电测距法

近年来光电测距仪已得到广泛应用，因其精度高、操作快、计算简便，在通视方面不受地形限制，成为测定桥轴线比较好的一种仪器。

光电测距时应在气象比较稳定，大气透明度好，附近没有光电信号干扰的情况下进行，且应在不同的时间进行往返观测。观测时间的选择，应注意不要使反光镜面正对太阳的方向。

当照准方向时，待显示读数变化稳定后，测3、4次，取平均值，此平均值即为斜距。为了得到平距，还应读取垂直角，经倾斜改正后，即为单方向的水平距离观测值(如果用的是电子全站仪，可直接得到平距)。如果往返观测值之差在容许范围之内，则取往返观测值的平均值作为该边的距离观测值。

2) 直接丈量法

沿桥轴线方向，地势平坦，可以通视，则可采取直接丈量法测量桥轴线长度。这种方法所用设备简单，精度也可靠，是一般中小桥施工测量中常用的方法。

为了保证施工期间的长度丈量精度和量具精度的一致性，在量距之前应对所有的钢尺进行严格的检定，取得尺长改正数Δ_1。

用钢尺量距的方法如下：

(1) 沿桥轴线AB方向用经纬仪定线，钉出一系列木桩如图4-1所示，桩的标志中心偏离直线最大不得超过±1cm。为了便于丈量，桩间距应比钢尺的全长略为短一些(约2cm)。

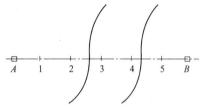

图4-1 桥轴线方向定向图

(2) 用水准仪测出相邻桩顶间的高差，为了校核应测两次,读到毫米(mm),两次高差之差应不超过 2mm。

(3)丈量时应对钢尺施以标准拉力,每一尺段可连续测量三次,每次读数时均应变换钢尺的前后位置,以防差错。读数取至 0.1mm,三次测量结果的较差不得超过 1~2mm。在测量距离的同时应记下当时的温度,以便进行温度改正。

(4)计算桥轴线长度。每一尺段的丈量结果应进行尺长改正 Δ_1,温度改正 Δ_t,以及倾斜改正 Δ_h,即:

$$l_i = l'_i + \Delta_1 + \Delta_t + \Delta_h \tag{4-2}$$

式中:l_i——各尺段经过各项改正后的长度;

l'_i——各尺段未经过各项改正的实量长度;

Δ_1——尺长改正数,$\Delta_1 = L_0 - L$,L_0 为检定时的标准长度,L 为名义长度;

Δ_t——温度改正数,$\Delta_t = l'_i \alpha(t - 20℃)$,$\alpha$ 为钢尺线膨胀系数,t 为测量时温度;

Δ_h——倾斜改正值,$\Delta_h = - h^2/2l'_i$,h 为相邻桩顶高差。

则桥轴线一次测量的总长为:

$$L_i = l_1 + l_2 + \cdots + l_n \tag{4-3}$$

取各次丈量结果的平均值,即为桥轴线的长度。

(5)评定丈量的精度。

每个观测值的中误差 $\quad m' = \sqrt{\dfrac{[VV]}{(n-1)}}$

算术平均值的中误差 $\quad m = \dfrac{m'}{\sqrt{n}} = \sqrt{\dfrac{[VV]}{n(n-1)}}$

式中:$[VV]$——各次丈量值与算术平均之差的平方和;

n——丈量次数。

量测段全长的中误差

$$M = \pm \sqrt{m_1^2 + m_2^2 + \cdots + m_n^2} \tag{4-4}$$

量测段的精度

$$M_L = \dfrac{M}{L} \tag{4-5}$$

式中:M——量测段全长的中误差;

L——量测段全长的算术平均值。

3)三角网法

采用直接丈量法有困难时,或不能保证必要的精度时,可采用间接丈量法测定桥轴线,如图 4-2 所示。即把桥轴线 AB 作为三角网的一个边长,测量基线长度 AC、AD,用三角测量的原理测量并解算,即可得出桥轴线的长度 AB。

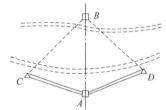

图 4-2 桥涵三角网图

三、桥梁三角网的布置

1. 布设桥梁三角网的目的

布设桥梁三角网的目的是为了求出桥轴线长度及交会处墩台的位置,因此,布网时应注意以下几点:

(1)三角点之间视野应开阔,通视要良好;

(2)三角点不应位于可能被淹没及土壤松软地区;

(3)三角网图形要简单,三角点基础应具有足够的强度;

(4)桥轴线应为三角网的一条边,并与基线的一端相连,以确保桥轴线的精度;

(5)桥梁三角网的边长与跨越障碍物的宽度有关,如跨河桥梁则与河宽有关,一般在 0.5~1.5 倍障碍物宽度范围内变动;由于桥梁三角网边长一般较短,故三边网的精度不及三角网和边角网的精度;测角网能控制横向误差,测边网能控制纵向误差,故把两者的优点结合起来,布设成带有基线的边角网为最好。

(6)为了校核起见,应至少布设两条基线,基线长度应为桥轴线长度的 0.7~0.8 倍。

考虑上述几点要求,控制网的常用图形有图 4-3 所示的几种。

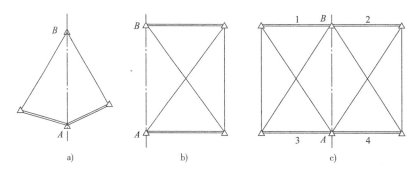

图 4-3 桥梁三角控制网各种图形

图 4-3a)较为简单,适用于一般桥梁施工放样。图 4-3b)是在桥轴线两侧各布设一个大地四边形,适用于大桥的施工放样。考虑近岸处桥墩的交汇,也可在图 4-3c)中增设 1、2、3、4 各插点。

2. 桥梁三角网必要精度的确定

根据桥轴线的不同精度要求,控制网的测角和测边精度也有所差异。

丈量及测量角度技术要求,视三角网等级而定,如表 4-1~表 4-3 所示。

三角网的基线丈量,现在多数用高精度的光电测距仪或电子全站仪测量。

桥梁三角网一般可测两条基线,其他边长则根据基线及角度推算。在平差时只改正角度,不改正基线,即认为基线误差与角度误差相比较可忽略不计。为了保证桥轴线有可靠的精度,基线精度比桥轴线的高出 2~3 倍。而边角网的情况则不同,它不只是测两条基线,而是测量所有的边长,故平差时不但改正角度,也要改正边长。

水平角方向观测法的技术要求 表 4-1

等级	仪器型号	光学测微器两次重合读数之差(″)	半测回归零差(″)	一测回中 2 倍照准差较差(″)	同一方向值各测回较差(″)
四等及以上	DJ_1	1	6	9	6
	DJ_2	3	8	13	9
一级及以下	DJ_2	—	12	18	12
	DJ_6	—	18	—	24

注:当观测方向的垂直角超过 ±3° 的范围时,该方向一测回中 2 倍照准差较差,可按同一观测时段内相邻测回同方向进行比较。

测距的主要技术要求 表 4-2

平面控制网等级	测距仪精度等级	观测次数		总测回数	一测回读数较差（mm）	单程各测加较差（mm）	往返较差
		往	返				
二、三等	Ⅰ	1	1	6	≤5	≤7	$\leq\sqrt{2}(a+bD)$
	Ⅱ			8	≤10	≤15	
四等	Ⅰ	1	1	4～6	≤5	≤7	
	Ⅱ			4～8	≤10	≤15	
一级	Ⅱ	1	—	2	≤10	≤15	
	Ⅲ			4	≤20	≤30	
二级	Ⅱ	1	—	1～2	≤10	≤15	
	Ⅲ			2	≤20	≤30	

注：1. 测回指照准目标 1 次，读数 2～4 次的过程；
  2. 根据具体情况，测边可采取不同时间段观测代替往返观测；
  3. a 为标称精度中的固定误差(mm)；
   b 为标称精度中的比例误差系数(mm/km)；
   D 为测距长度(km)。

测量精度等级 表 4-3

测距仪精度等级	每千米测距中误差 m_D(mm)	
Ⅰ 级	$m_D \leq 5$	$m_D = \pm(a+bD)$
Ⅱ 级	$5 < m_D \leq 10$	
Ⅲ 级	$10 < m_D \leq 20$	

注：表中符号意义同表 4-2 注。

外业工作结束以后，应对观测的成果进行验算，基线的相对中误差应满足相应等级控制网的要求，角度误差可按三角形闭合差计算。按照控制网的等级，三角形闭合差的限差如表 4-4 所示。

三角测量中误差 表 4-4

等级	平均边长（km）	测角中误差（″）	起始边边长相对中误差	最弱边边长相对中误差	测回数			三角形最大闭合差（″）
					DJ₁	DJ₂	DJ₆	
二等	3.0	±1.0	≤1/250 000	≤1/120 000	12	—	—	±3.5
三等	2.0	±1.8	≤1/150 000	≤1/70 000	6	9	—	±7.0
四等	1.0	±2.5	≤1/100 000	≤1/40 000	4	6	—	±9.0
一级小三角	0.5	±5.0	≤1/40 000	≤1/20 000	—	3	4	±15.0
二级小三角	0.3	±10.0	≤1/20 000	≤1/10 000	—	1	3	±30.0

外业成果验算好以后，就转到内业平差极坐标的计算。由于桥梁控制通常是独立网，要求网本身相对位置的精度较高，所以有时虽与附近的城市网联测，但并不强制附合到城市网上，而只是取得坐标的相互关系而已，故桥梁控制网本身的平差还是作独立网来处理。桥梁控制网的平差方法可采用条件观测平差或间接观测平差。

四、桥梁墩台定位与轴线测量

在桥梁施工测量中，最主要的工作是准确地定出桥梁墩、台的中心位置和它的纵横轴线,这些工作称为墩台定位。直线桥梁墩台定位所依据的原始资料为桥轴线控制桩的里程和墩、台中心的设计里程,根据里程算出它们之间的距离,按照这些距离即可定出墩、台中心的位置。曲线桥所依据的原始资料,除了控制桩及墩、台中心的里程外,尚有桥梁偏角、偏距及墩距或结合曲线要素计算出的墩、台中心的坐标值。

水中桥墩的基础施工定位时,由于水中桥墩基础的目标处于不稳定状态,在其上无法使测量仪器稳定,一般采用方向交会法;如果墩位在干枯或浅水河床上,可用直接定位法;在已稳固的墩台基础上定位,可以采用方向交会法、距离交会法、极坐标法或直角坐标法。

1. 直线桥梁的墩台定位

位于直线段上的桥梁,其墩、台中心一般都位于桥轴线的方向上,如图 4-4 所示。根据桥轴线控制桩 A、B 及各墩、台中心的里程,即可求得其间的距离。墩位的测设,根据条件可采用直接丈量法、光电测距法或交会法。

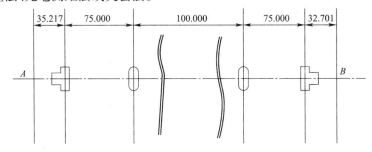

图 4-4 直线桥梁位置图(尺寸单位:m)

1)直接丈量法

当桥墩位于地势平坦、可以通视、人可以方便通过的地方,用钢尺可以丈量时,可采用这种方法。丈量前,钢尺检定、丈量方法与测定桥轴线相同。不同的只是此处是测设已知长度,在测设前应将尺长改正数、温度改正数及倾斜改正数考虑在内,将已知长度转化为钢尺丈量长度。

为了保证丈量精度,施测时的钢尺拉力应与检定时的钢尺拉力相同。

2)光电测距法

只要墩台中心处能安置反光镜,且经纬仪和反光镜之间能通视,则用此法是迅速方便的。

但测设时应根据当时测出的气压、温度和测设距离,通过气象改正,得出测设的显示斜距。在测设出斜距并根据垂直角折算为平距后,与应有的(即设计的)平距进行比较,看两者是否相等。根据其差值前后移动反光镜,直至两者相符,则反光镜处即为要测设的墩位。

3)方向交会法

如图 4-5 所示,AB 为桥轴线,C、D 为桥梁平面控制网中的控制点,P_i 为第 i 个桥墩设计的中心位置(待测设的点)。A、C、D 三点上各安置一台经纬仪,A 点上的经纬仪瞄准 B 点,定出桥轴线方向;C、D 两点上的经纬仪均先瞄准 A 点,并分别测设根据 Pi 点的设计坐标和控制点坐标计算的 α、β 角,以正倒镜分中法定出交会方向线。

理论上从 C、A、D 指示的三条方向线是交于一点的,该交点就是要测设的桥墩中心位置。但实际上由于测量误差的存在,三条方向线一般不是交于一点,而是构成误差三角形 $\triangle P_1P_2P_3$。如果误差三角形在桥轴线上的边长(P_1P_3)在容许范围之内(对于墩底放样为 2.5cm,对于墩顶放样为 1.5cm),则取 C、D 两点指示的方向线的交点 P_2 在桥轴线上的投影

P_i 作为桥墩放样的中心位置。

在桥墩施工中,随着桥墩的逐渐筑高,中心的放样工作需要重复进行,且要求迅速和准确。为此,在第一次求得正确的桥墩中心位置 P_i 以后,将 CP_i 和 DP_i 方向线延长到对岸,设立固定的瞄准标 C' 和 D',如图 4-6 所示。以后每次作方向交会放样时,从 C、D 点直接瞄准 C'、D' 点,即可恢复点的交会方向。

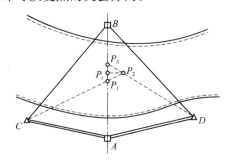
图 4-5 三方向交会法的误差三角形

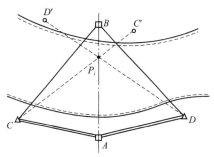
图 4-6 方向交会法的固定瞄准标志

4)极坐标及直角坐标法

在使用经纬仪加测距仪(或使用全站仪),并在被测设点位上可以安置棱镜的条件下,若用坐标法放出桥墩中心位置,则更为精确和方便。

对于极坐标法,原则上可以将仪器置于任何控制点上,按计算的放样数据——角度和距离测设点位。

对于全站仪,则还可以根据测站点、后视点及待放点的直角坐标,自动计算出待放点相对于测站点的极坐标数据,再以此测设点位。

但若是测设桥墩中心位置,最好是将仪器安置于桥轴线点 A 或 B 上,瞄准另一轴线点作为定向,然后指挥棱镜安置在该方向上测设 AP_i 或 BP_i 的距离,即可定出桥墩中心位置 P_i 点。

2. 曲线桥的墩台定位

在整个路线上,处于各种平面曲线上的桥梁并不少见,曲线桥由于桥梁设计方法不同而更复杂些。曲线桥的上部结构一般有连续弯梁和简支直梁等形式,但下部一般都是利用墩、台中心构成折线交点而形成弯桥,如图 4-7 所示。

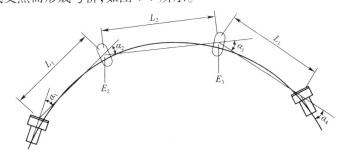

图 4-7 曲线桥的布置

一般路线设计中常用的有圆曲线和缓和曲线,它们的要素有较为固定的计算公式。

在设计文件已给定墩、台定位有关数据时,只需重新复核无误即可按其进行放样定位。但数据通常并不能满足施工的需要,应按路线测设资料、曲线有关要素,由计算公式求出各墩台中心为交点的直线,再用偏角进行定位。

对于坐标值的计算,一般在直角坐标系中进行较为普遍、简便。可以先建立以墩台中心为原点,切线及法线方向为坐标轴的局部坐标系,在局部坐标系中确立待放点局部坐标值;再利用墩台中心的路线坐标值将局部坐标值转换至路线坐标中。

墩、台定位的方法,根据不同的条件可采用偏角法、长弦偏角法、利用坐标的交会法和坐标法等。曲线桥的放样工作,主要是对放样数据的计算,基本步骤的差异并不大,在此不再详述。

3. 墩台纵横轴线的测设

墩台中心测设定位以后,尚需测设墩台的纵横轴线,作为墩台细部放样的依据。

在直线桥上,墩台的横轴线与桥的纵轴线重合,而且各墩台一致,所以可利用桥轴线两端控制桩来标志横轴线的方向,而不再另行测设标志桩。

在测设桥墩台纵轴线时,应将经纬仪安置在墩台中心点上,然后盘左、盘右以桥轴线方向作为后视,然后旋转90°(或270°),取其平均位置作为纵轴线方向,如图4-8所示。因为施工过程中经常要在墩台上恢复纵横轴线的位置,所以应于桥轴线两侧各布设两个固定的护桩。

在水中的桥墩,因不能架设仪器,也不能钉设护桩,则暂不测设轴线,等筑岛、围堰或沉井露出水面以后,再利用它们钉设护桩,准确地测设出墩台中心及纵横轴线。

在等跨曲线桥上,墩台的纵轴线位于梁的中心线顶点处的分角线上,而横轴线与纵轴垂直,如图4-9所示。因此,测设时,应置仪器于墩台中心点上,以相邻墩中心方向为后视,测设$(180°-\alpha)/2$角即得纵轴线方向,自纵轴线方向转90°角即测得横轴线方向。或是将全站仪置于墩台中心,输入中心坐标、后视点坐标,放样点输入中心的曲线切线(法线)方向上任意点的坐标,则可以得到纵(横)轴线方向。无论是在纵轴线还是在横轴线方向上,均要测设四个固定的护桩。

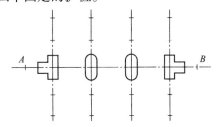

图4-8 直线桥梁纵横轴线图

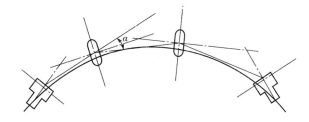

图4-9 等跨曲线桥纵横轴线图

当墩台定好位及其纵横轴线测设已毕,就为细部施工放样做好了准备。

部分控制标准如下。

(1)三角测量技术要求见表4-4。

(2)平面控制测量等级见表4-5。

平面控制测量等级　　　　表4-5

等　　级	桥位控制测量	等　　级	桥位控制测量
二等三角	>5 000m的特大桥	一级小三角	500～1 000m的特大桥
三等三角	2 000～5 000m的特大桥	二级小三角	<500m的大、中桥
四等三角	1 000～2 000m的特大桥		

(3)桥轴线相对中误差见表4-6。

桥轴线相对中误差 表4-6

测量等级	桥轴线相对中误差	测量等级	桥轴线相对中误差
二等	1/150 000	一级	1/40 000
三等	1/100 000	二级	1/10 000
四等	1/60 000		

第二节 墩台基础中线、边线和高程测量

学习内容:施工高程测量;基础与墩台的施工放样测量等。

学习目标:要求学生认知墩台基础布置的原则和技术要求;掌握墩台基础结构的中线、边线、高程的测量方法。

一、桥梁施工的高程测量

在桥梁施工阶段,除了建立平面控制,尚需建立高程控制。一般在河流两岸分别布设若干个水准基点,作为施工阶段高程放样以及桥梁营运阶段沉陷观测的依据。因此,在布设水准基点时,点的密度及高程控制的精度,均应考虑这两方面的要求。布设水准点可由国家水准点引入,经复测后使用。

为了施工方便起见,应在基点的基础上设立若干施工水准点。基点是永久性的,它既要满足施工要求,又要满足变形观测时永久使用要求。施工水准点只用于施工阶段,要尽量靠近施工地点。

无论是基点还是施工水准点,均要选在地基稳固、使用方便、且不易破坏的地方。根据地形条件,使用期限和精度要求,可分别埋设混凝土标石、钢管标石、管柱标石或钻孔标石。

桥梁的施工水准网需要以较高的精度施测,因为它直接影响桥梁各部高程放样的相对精度。桥涵施工规范要求3 000m以上的特大桥一般为二等,1 000~3 000m的特大桥为三等,1 000m以下的桥梁为四等。

跨河水准测量路线,应选在桥址附近且河面最窄处。为了避免折光影响,水准视线不宜跨过沙滩及施工区密集的地方。观测时间及气候条件,应选在物镜成像最稳定的时刻。为了提高精度,跨河桥梁的水面宽超过300m时,应采用双线过河,且应组成闭合环。

水准测量的等级及精度要求,见表4-7。

高差偶然中误差 M_Δ 按下式计算:

$$M_\Delta = \pm \sqrt{\frac{1}{4n}\left[\frac{\Delta\Delta}{L}\right]}$$

式中:Δ——测段往返测高差不符值(mm);

n——往返测的水准路线测段数;

L——水准测段长度(km)。

其他水准测量精度要求,可参考《公路桥涵施工技术规范》(JTG/T F50—2011)中有关条款。

水准仪及水准尺一般是根据水准测量等级来选定的(表4-7)。

有了平面及高程控制,就可以进行墩台定位及各种细部放样。

水准测量技术要求 表4-7

等级	每公里高差中数中误差(mm)		水准仪的型号	水准尺	观测次数		往返较差、附合或环线闭合差(mm)
	偶然中误差	全中误差			与已知点联测	附合或环线	
二等	±1	±2	DS_1	铟瓦	往返各一次	往返各一次	$±4\sqrt{L}$
三等	±3	±6	DS_1	铟瓦	往返各一次	往一次	$±12\sqrt{L}$
			DS_3	双面		往返各一次	
四等	±5	±10	DS_3	双面	往返各一次	往一次	$±20\sqrt{L}$
五等	±8	±16	DS_3	单面	往返各一次	往一次	$±30\sqrt{L}$

注：L为往返测段、附合或环线的水准路线长度(km)。

二、基础与墩台的施工放样测量

1. 明挖基础的施工放样

在地基较好、基础不深的情况下，常常采用明挖基础。

在基础开挖前，应首先根据基底尺寸、开挖深度、放坡情况等计算出原地面的开挖边线，然后根据墩台中心及其纵横轴线即可放出基坑的边线。当基坑开挖到设计高程以后，应进行基底平整或基底处理，再在基底上放出墩台中心及其纵横轴线，作为安装模板、灌注混凝土基础及墩身的依据。

注意基坑底部尺寸应根据实际情况较设计尺寸每边增加50～100cm的富余量，以便于支撑、排水与立模板。

基础或承台模板中心偏离墩台中心不得大于±20mm，墩身模板中心偏离不得大于±10mm；墩台模板限差为±20mm，模板上同一高程的限差为±10mm，具体见《公路桥涵施工技术规范》(JTG/T F50—2011)。

2. 桩基础的施工放样

在墩基础的中心及纵横轴线已经测设完成的情况下，可以纵横轴线为坐标轴，根据设计提供的桩与墩中心的相对位置，用支距法放出各桩的中心位置，其限差为±20mm，如图4-10所示。放出的桩位经复核后方可进行施工。对于单排桩，桩数较少，也可根据已知资料，以极坐标放样。水中桩位或沉井位置的放样，可参照水中墩位的施工放样方法，在水中平台、围囹或围堰等构造中定测桩或沉井的位置，经复测后方可进行基础施工。

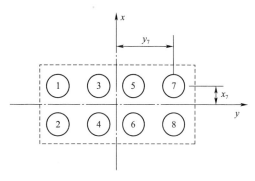

图4-10　纵横轴线坐标图

3. 桥梁墩台的细部放样

墩身和台身的细部放样，也是主要以它的纵横轴线为依据，在立摸板的外面需要预先画出它的中心线，然后在纵横轴线的护桩上架设经纬仪，照准该轴线方向上的另一护桩，根据这一方向校正模板的位置，直至模板中心线位于视线的方向上。

在施工过程中，经常要利用护桩恢复墩、台的纵横轴线，即在墩、台身一侧的护桩上架设经纬仪，照准另一侧的护桩。但墩身筑高以后，视线被阻，就无法进行，此时，可在墩身尚未阻挡视线以前，将轴线方向用油漆标记在已成的墩身上，以后恢复轴线时可在护桩上架设仪器,照准这个标志即可。

如果桥墩位于水中,无法标示出桥墩的纵横轴线时,可用光电测距仪或交会法恢复墩的中心位置。在用光电测距仪时,墩的横轴线方向是利用桥轴线的控制桩来确定的。在桥轴线一端的控制桩上安置仪器,照准另一端的控制桩,则视线方向即为桥轴线方向,也是墩的横轴线方向(直线桥)。在此视线方向上,于墩中心附近前后各找出一点 a_1 和 a_2 安置反光镜,测出它至控制桩的距离 d,于两点间用钢尺定出墩中心的位置,如图 4-11 所示。

利用交会法测设墩中心时,同前所述,应至少选三个以上的方向进行交会。误差三角形最大边在墩的下部不超过 25 mm,在墩的上部不超过 15mm,取三角形的重心作为墩中心的位置。

在墩、台帽模板安装到位后应再一次进行复测,确保墩、台帽位置符合设计要求。模板位置中心的偏差不得大于 10mm,并在模板上标出墩顶高程,以便控制灌注混凝土的高程。当混凝土灌注至墩帽顶部时,在墩的纵横轴线及墩的中心处,可埋设中心标志,在纵轴线两侧的上下游埋设两个水准点,并测定出中心标志的坐标和水准点的高程,作为大致安置支撑垫石的参考依据,如图 4-12 所示。对于支座垫石的位置及高程的确定,由于牵涉桥梁荷载的设计和传递,应慎重对待,必须重新对其进行测量、放样,以避免误差的积累。

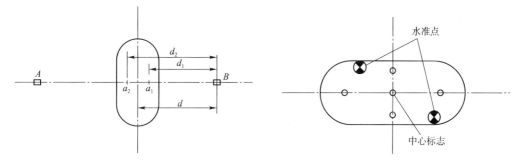

图 4-11　利用光电测距仪定出墩中心位置　　图 4-12　在墩顶埋设中心及水准点标志图

墩台各部分的高程,一般是通过设在墩、台身或围堰上的临时水准点来控制的,可直接由临时水准点用钢尺向上或向下量取距离来确定所需的高程,也可以采用水准仪,从已浇筑的临近墩台上设置的临时水准点测量来控制。但是在墩台顶的最后施工阶段,应该采用水准仪直接施测来控制高程。

 思考与练习题

1. 简述桥梁施工测量的主要任务。
2. 通常桥轴线长度的测量方法有哪几种?
3. 简述布设桥梁三角网时应注意的几个方面。
4. 在桥梁施工的高程测量中,布设水准基点还是施工水准点有哪些要求?
5. 简述曲线桥的墩台定位测量方法。
6. 在明挖基础的施工放样中有哪些技术要求?
7. 在桩基础的施工放样中有哪些技术要求?

第五章 基 础 施 工

第一节 扩大基础施工

学习内容：施工前的技术准备工作；基坑开挖；基底检验及处理；基础施工；安全与环保措施。

学习目标：要求学生认知明挖扩大基础施工的工序、工艺和质量控制措施与要求；认知基坑开挖、基坑排水的常见施工方法；认知明挖扩大基础施工的安全保障措施要求。

一、施工前的技术准备工作

熟悉和分析施工现场的地质、水文资料，根据结构物，确定基坑的大小和开挖深度，进行施工设计计算，确定施工方案，编制单项施工组织设计，向班组进行书面的一级技术交底和安全交底。

(1)基坑开挖前，必须对基坑围护范围及外周边以内地层中的地下障碍物进行勘探、调查，以便采取必要的措施。

(2)了解所处地段是否对基坑围护结构及开挖支撑施工的噪声和振动有限制，以决定是否采用锤击式打入或振动式打入进行围堰施工和支撑拆除。

(3)施工地段是否有场地可供钢筋加工制作、施工设备停放、施工车辆进出和土方材料堆放，如场地不能满足，则必须选择土方侧运和其他场地。

(4)落实施工方法、施工设备、施工技术，在安全、可靠、经济、合理的前提下，因地制宜确定设计方案，使设计施工方法适应当地的情况。

(5)施工放样：测定基坑纵、横中心线及高程水准点后，按边坡的放坡率放出上口开挖边线桩，并撒出开挖灰线。放样完毕后，驻地监理工程师进行复核、签认。

(6)开挖前对施工人员进行全面的技术、操作、安全二级交底，确保施工过程的工程质量和人身安全。

二、旱地基础的基坑开挖

1. 土质地基开挖(图5-1)

基坑开挖前，首先要准确放样，定出基础轴线、边线位置及高程，并用骑马桩将中心位置固定。在墩台或其他建筑物附近开挖基坑时，应采取适当的防护措施。弃土堆置地点不得妨碍开挖基坑及其

图5-1 土质地基开挖

他作业,不能影响坑壁稳定,同时应满足水土保持和环境保护的有关要求。

基坑大小应满足基础施工的要求,一般基底应比设计平面尺寸各边增宽 50~100cm,当基坑深度在 5m 以内,施工期较短,坑底在地下水位以上,土的湿度正常,土层构造均匀时,坑壁坡度可参考表 5-1 确定。

坑顶与动载间至少应留有 1m 宽的护道,若工程地质和水文地质不良或者动载过大,还要增宽护道或采取加固措施。

如果放坡开挖场地受限或工程量太大,可按具体情况采用挡板支撑、钢木结合支撑、混凝土护壁(喷射混凝土护壁,现浇混凝土护壁)、钢板桩围堰、锚杆支护及地下连续壁等防护措施。

坑 壁 坡 度　　　　　　　　　　表 5-1

坑壁土类	坑 壁 坡 度		
	坡顶无荷载	坡顶有静荷载	坡顶有动荷载
砂类土	1:1	1:1.25	1:1.5
卵石、砾类土	1:0.75	1:1	1:1.25
粉质土、黏质土	1:0.33	1:0.5	1:0.75
极软岩	1:0.25	1:0.33	1:0.67
软质岩	1:0	1:0.1	1:0.25
硬质岩	1:0	1:0	1:0

注:1. 坑壁有不同土层时,基坑坑壁坡度可分层选用,并酌设平台;
　　2. 坑壁土类按照现行《公路土工试验规程》(JTG E40—2007)划分;
　　3. 岩石单轴极限强度小于 5.5MPa、在 5.5~30MPa 之间、大于 30MPa 时,分别定为极软、软质、硬质岩;
　　4. 基坑深度大于 5m 时,应将坑壁坡度适当放缓或加设平台,如果土的湿度可能引起坑壁坍塌时,坡度应缓于该湿度下土的天然坡度。

开挖作业方式以机械作业为主,采用挖掘机作业辅以人工清槽。挖掘机可以在基坑内或基坑边缘作业,直接把弃土装车运走。挖基土尽可能远离基坑边缘,以免塌方和影响施工。对于小型基坑的弃土处理,可以直接在四周摊平或堆放,待结构物成形后再回填到基坑内。基坑开挖应连续施工,避免晾槽。一次开挖距基坑底面以上要预留 20~30cm,待验槽前人工一次清除至设计高程,以保证基坑顶面坚实,同时保证基底符合设计要求的嵌岩深度。坚决避免超挖;如超挖,应将松动部分清除,其处理方案应报监理、设计单位批准。

若施工时间较长,又可能遇到暴雨天气时,应在基坑外设临时截水沟或排水沟,防止雨水流入基坑内,使坑内土质发生变化。任何土质基坑挖至设计高程后,都不能长时间暴露、扰动或浸泡而削弱其承载能力。一般土质基坑挖至基底高程时,应保留 10~20cm 厚一层,在基础砌(浇)筑前人工突击挖除,迅速检验,随即进行基础施工。

在开挖土质基坑时,在采取排水措施的同时,还应根据具体的施工情况和地下水、地质条件选取相应的基坑支护方式,防止开挖时基坑塌陷而影响施工。常见的基坑支撑方式见表 5-2。

2. 岩石地基开挖

岩石地基开挖,坑壁坡度如表 5-1 所示。硬质岩可以垂直向下,一般设计开挖深度为风化层厚度。新鲜岩层、微风化或弱风化岩层即可做基础持力层。开挖一般采用人工开挖,必要时可进行松动爆破,但要严格控制爆破深度和用药量,防止过量爆破引起持力层松动破坏。根据岩层的风化程度、倾向、倾角及发育情况,采用适当方法进行坑壁防护。挖出渣石必须运至设计指定地点,不能对施工安全或周围群众生产、生活及周围生态环境造成危害。

常用支撑方式　　　　　　　　　表 5-2

支撑方式	简图	适用条件
断续的水平支撑（一挖到底再行支撑）	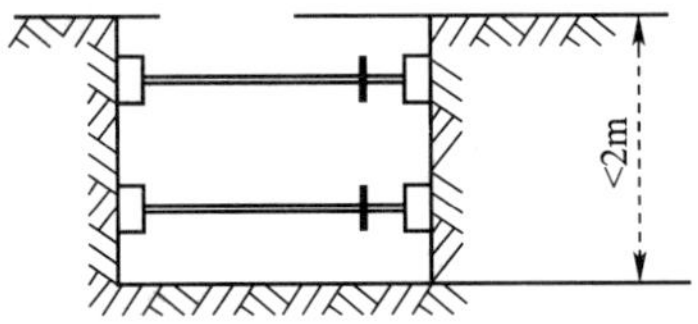 <2m	能保持直立的干土或天然湿度的黏土类土，地下水很少，坑深<2m
带间隔的水平支撑（井撑）	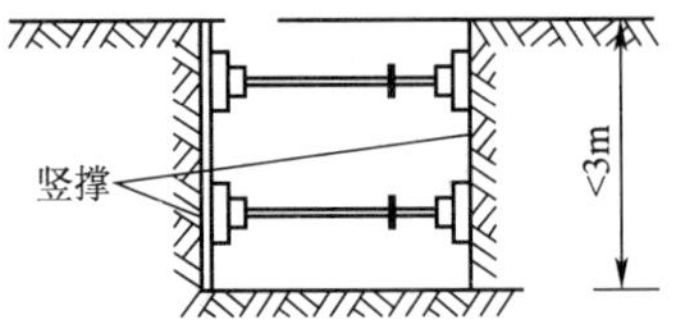 竖撑；<3m	能保持直立的干土或天然湿度的黏土类土，地下水很少，坑深<3m，并随着坑深的开挖相应设置支撑
连续的水平支撑（密撑）	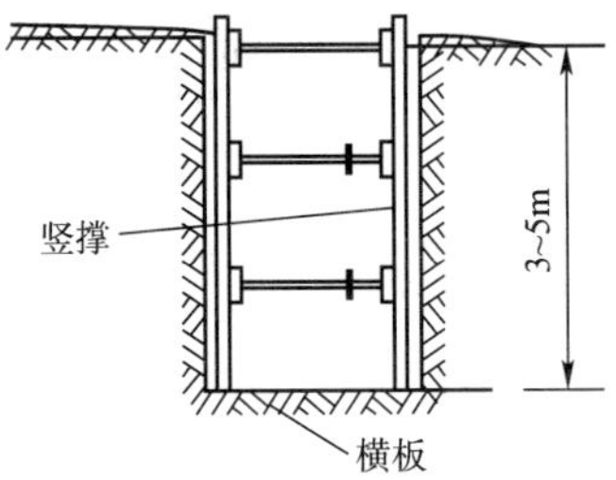 竖撑；3~5m；横板	在可能坍落的干土或天然湿度的黏土类土中，地下水较少，坑深一般为 3~5m
深基坑（沟）二层支撑（挖至一定深度后再向下挖掘时进行第二层撑固）	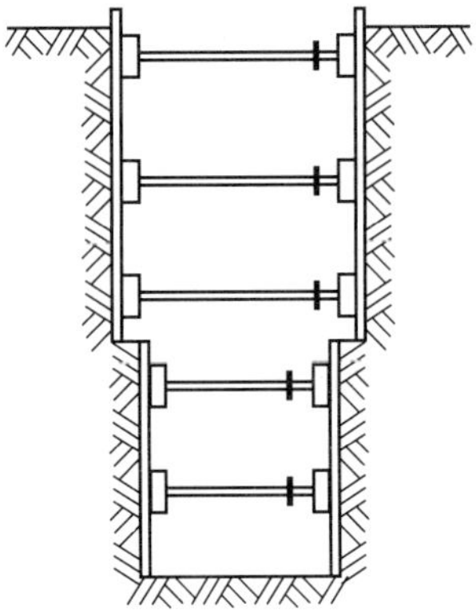	挖土深度较大，基坑（沟槽）下部又有含水层，下部坑宽应考虑工作面。为此，开挖前要留有富余尺寸（可按土质好坏和地下水影响确定）
基坑上部放坡达一定高度后直立坑壁支撑加固	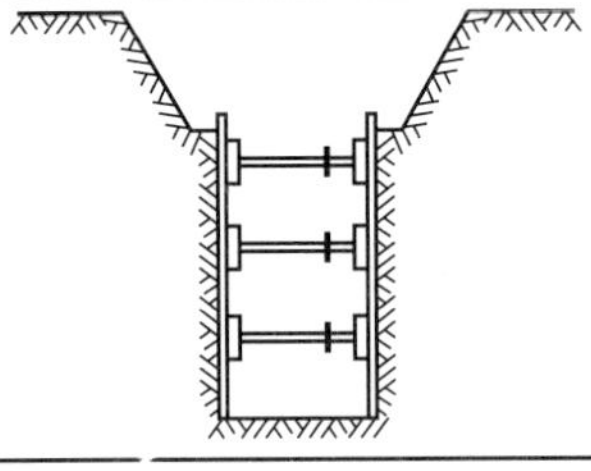	挖土较深，现场也较开阔，上部可放坡后再直立往下撑固

三、水中地基的基坑开挖

1. 围堰

桥涵水中基础施工，首先应采用围堰或临时改河措施排除水流影响，同时在开挖过程中要采取措施排除坑外渗水和地下水，施工难度比旱地作业量增大，施工成本也增加很多。这里主要介绍围堰施工方法。

围堰有土石围堰、土袋围堰、钢板桩围堰、钢筋混凝土桩围堰、竹（铅丝）笼围堰、套箱围堰等几种。一般要求围堰高度高出施工期间可能出现的最高水位(包括浪高)50～70cm,围堰外形应考虑河流断面被压缩后流速增大引起水流对围堰、河床的集中冲刷及影响通航、导流等因素。堰内面积应能满足基础施工的需要。围堰要力求防水严密、尽量减少渗漏,以减轻排水工作量。

1)土石围堰(图5-2)

适用于水深1.5m以内、流速不大于0.5m/s、河床渗水性较小的河流。堰顶宽1～2m,堰外边坡为1:2～1:3,堰内边坡一般为1:1～1:1.5,坡脚与基坑边缘距离根据河床土质及基坑深度而定,但不得小于1m。筑堰宜采用黏性土或砂类土,填出水面后应进行夯实。筑堰前应将堰底河床上的树根、石块、杂物等清除,自上游开始填筑至下游合龙。流速过大有冲刷危险时,在外坡面用草皮、柴排、片石或草袋等加以防护。

2)土袋围堰(图5-3)

适用于水深3.0m以内、流速不大于1.5m/s、河床土质渗水较小的情况。堰顶宽一般为1～2m,有黏土芯墙时为2～2.5m,堰外边坡为1:0.5～1:1,堰内边坡为1:0.2～1:0.5。坡脚至基坑边距离及堰底处理方法、填筑方向与土围堰相同。堆码在水中的土袋,其上、下层和内、外层应相互错缝,尽量堆码密实整齐。

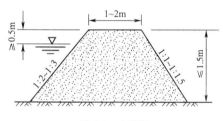 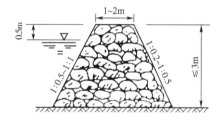

图5-2 土围堰　　　　　　　　　图5-3 土袋围堰

3)钢板桩围堰(图5-4)

适用于砂类土、黏性土、碎石土及风化岩石等河床的深水基础,钢板桩的机械性能和尺寸应符合要求。经过整修或焊接后,钢板桩应采用同类型钢板进行锁口并通过试验检查,钢板桩应以等强度焊缝接长。当设备许可时,宜在打桩前将2～3块钢板拼为一组,组拼后用夹具夹牢。拔除钢板桩前宜向堰内灌水,使堰内外水位相等。拔桩时从下游附近易于拔除的一根或一组钢板桩开始,并尽可能采用振动拔桩法。钢板桩强度大、防水性能好,打入土、砾、卵石层时穿透性能强,适合于水深10～30m的桥位围堰。

 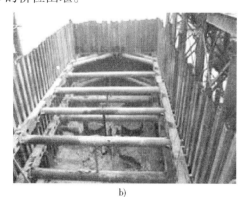

a)　　　　　　　　　　　　　　b)

图5-4 钢板桩围堰示意图

4) 钢筋混凝土板桩围堰

适用于黏性土、砂类土、碎石土河床,除用于基坑挡土防水以外,还可不拔除作为建筑结构物的一部分。通常板宽 50~60cm,厚 10~30cm。为使其合龙及企口接缝,插打板桩时,应从上游开始按顺序进行直至下游合龙。

5) 套箱围堰(图 5-5)

适用于埋置不深的水中基础,也可以修建桩基承台。无底套箱用木板、钢板或钢丝水泥制成,内部设钢木支撑。下沉套箱之前清除河床表面障碍物,若套箱设置在岩层上时,应整平岩面;如果基岩岩面倾斜,应将套箱底部做成与岩面相同的倾斜度以增加套箱的稳定性并减少渗漏。

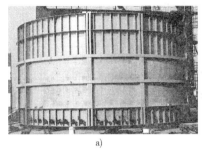

a)　　　　　　　　b)　　　　　　　　c)

图 5-5　套箱围堰

6) 木(竹)笼围堰(5-6)

其施工方法与上述围堰的施工方法近似。

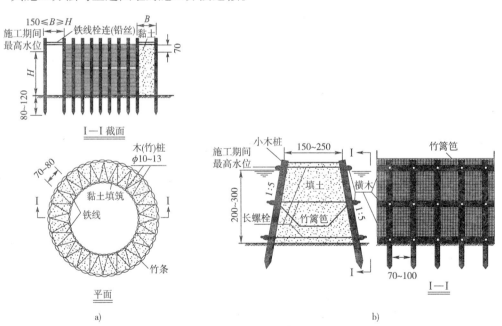

图 5-6　木(竹)笼围堰(尺寸单位:cm)

a) 木(竹)桩编竹条土围堰;b) 竹笼围堰

2. 基坑排水

基坑开挖前,依据设计图提供的勘探资料,先估算渗水量,选择施工方法和排水设备。抽水设备的排水能力应大于渗水量的 1.5~2.0 倍。排水方法有集水坑、集水沟(图 5-7)以及井点法排水(图 5-8)等。集水坑、集水沟适用于粉细砂土质以外的各种地层基坑,集水沟沟底应低于基坑底面,集水坑深度应大于吸水龙头的高度。如采用井点法降低地下水位,则在距基坑坡顶外的土层内通过计算设置若干针形管,通过水泵从中抽水引起地下水位的下降。由于各集水井在施工过程中不断抽水,使基坑范围地下水位下降,从而基坑保持干燥无水。井点降水法适用于粉细砂质基坑以及地下水位较高、有承压水、挖基较深、坑壁不易稳定和普通排水方法难以解决的土质基坑。井点降水法主要有轻型井点、喷射井点、电渗井点、大口井井点四种。井点类别的选择,宜按照土壤的渗透系数、要求降低水位深度以及工程特点而选择适宜的井点类型和所需设备,其适用范围如表5-3所示。井点降水在无砂的黏质土中不宜使用。

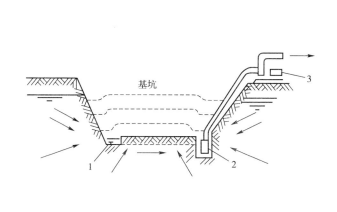

图5-7 基坑明排水示意图　　　　　　　图5-8 井点法排水(尺寸单位:m)
1-排水沟;2-集水井;3-水泵

各种井点法的适用范围　　　　　　　　　　　　　　　　　表5-3

井 点 类 别	土壤渗透系数(m/d)	降低水位深度(m)
一级轻型井点法	0.1～80	3～6
二级轻型井点法	0.1～80	6～9
喷射井点法	0.1～50	8～20
射流泵井点法	0.1<50	<10
电渗井点法	<0.1	5～6
管井井点法	20～200	3～5
深井泵法	10～80	>15

注:1. 降低土层中地下水位时,应将滤水管埋设于透水性较大的土层中;
　　2. 井点管的下端滤水长度应考虑渗水土层的厚度,但不得小于1m。

使用井点法排水时应注意下列事项:
(1)降低成层土中地下水位时,应尽可能将滤水管埋设在透水性较好的土层中。
(2)在水位降低的范围内设置水位观测孔,其数量视工程情况而定。
(3)应对整个井点孔位加强维护和检查,保证不间断地进行抽水。
(4)应考虑孔水位降低区域构筑物受其影响而可能产生的沉降,并应做好沉降观测,必要时采取防护措施。

3. 基坑挖基

水中挖基采取围堰、井点降水等抽排水措施后,开挖方法及要求与旱地基坑开挖相同。

对于排水挖基有困难或具有水中挖基的设备时,可采用下列水中挖基方法。

(1)水力吸泥机　适用于砂类土及砾卵石类土,不受水深限制,其出土效率可随水压、水量的增加而提高。

(2)空气吸泥机　适用于水深5m以上的砂类土或夹有少量碎卵石的基坑,浅水基坑不宜采用。在黏土层使用时,应与射水配合进行,以破坏黏土结构;吸泥应用时向基坑内注水,使基坑内水位高于河水位约1.0m,以防止流沙或涌泥。

(3)挖掘机水中挖基　适用于各种土质,但开挖时不要破坏基坑边坡的稳定,可采用反铲挖掘机配抓泥斗挖掘。

四、基底检验及处理

基坑开挖至设计高程后,按地质情况要采取相应的处理措施。地基处理的范围至少应宽出基础之外50cm,符合设计要求的细粒土、特殊土基底,修整合格后应按设计要求的地基承载力对基底进行钎探。基底处理完成后应尽快进行基础工程施工。

1. 素土垫层

先挖去基底的部分土层或全部土层(一般是挖掉软土),然后回填素土,分层夯实。素土垫层一般适用于处理湿陷性黄土和杂填土层地基。垫层厚度一般是根据垫层底部土层的承载力决定。应使垫层传给软弱土层的压力不超过软弱土层顶部承载力,处理的厚度一般不宜大于3m。要根据垫层应力扩散角来确定土垫层的宽度。

$$B' = B + 2h\tan\theta \tag{5-1}$$

式中：B'——垫层底部宽度(m);

B——基底宽度(m);

h——垫层厚度(m);

θ——应力扩散角,一般为22°~25°。

2. 砂垫层和砂石垫层地基

垫层宜采用颗粒级配良好、质地坚硬的中砂、粗砂、砾砂、卵石和碎石。一般按设计要求处理,石子最大粒径不宜大于5cm。砂石垫层应按级配拌和均匀,再铺填捣实。一层厚度一般为25cm,底面宜铺设在同一高程上,多层分段施工,每层接头错开0.5~1m,要充分捣实,有条件时可采用压路机往复碾压,以达到压实度要求为准。如基坑渗水应采取可靠措施排水。

3. 灰土垫层地基(仅适用于无地下水的干基坑)

用石灰和黏性土拌和均匀,体积配合比一般宜采用2:8或3:7(石灰:土),然后分层夯实而成。灰土的土料可尽量采用地基槽挖出的土。凡有机质含量不大的黏性土都可以作灰土的土料,表面耕植土不宜采用。土料应过筛,粒径不宜大于15mm。用作灰土的熟石灰应过筛,粒径不宜大于5mm,并不得夹有未消解的生石灰块和过多的水分。灰土施工时,应适当控制其含水率,以用手紧握土料成团,两指轻捏能碎为宜。如土料水分过多或不足时,可以晾干和洒水润湿。灰土应拌和均匀,颜色一致,拌好后应及时铺好夯实(图5-9)。灰土厚度虚铺为25cm,夯实或压实控制在18~20cm。灰土质量标准见有关规定。

4. 岩层基底处理

风化的岩层,应挖至满足地基承载力要求或其他方面的要求为止。在未风化的岩层上修建基础前,应先将淤泥、苔藓、松动的石块清除干净,并洗净岩石。坚硬的倾斜岩层,应将岩层面凿平。倾斜度较大、无法凿平时,则应凿成多级台阶,台阶的宽度宜不小于0.3m。

对于其他特殊地基,尚应选用以下特殊处理方法。

1) 软弱地基

软土及承载力很低的地基称为软弱地基,必须采取措施进行处理,主要方法有换填土、砂砾垫层、袋装砂井和排水塑料板、生石灰桩、真空预压及粉体喷射拌和等。其详细施工工艺及技术要求详见《公路桥涵施工技术规范》(JTG/T F50—2011)。

2) 湿陷性黄土地基

该类地基处理应尽量避免在雨季施工,否则应有专门的防洪、排水设施,基础筑出地面后应及时用不透水土或原土分层回填夯实至稍高于附近地面以利排水。处理方法主要有重锤夯实、换填灰土垫层、土桩深层挤实及土的硅化等方法。其中重锤夯实法和换填灰土分层夯实法应用较为普遍。

3) 多年冻土地基

该类地基施工要按保持冻结的原则,尽量避开高温季节,并注意以下几点:

(1) 严禁地表水流入基坑;

(2) 及时排除季节冻层内的地下水和冻土本身融化水;

(3) 必须搭设遮阳棚和防雨棚;

(4) 施工前做好充分准备,组织快速施工,做好基础后立即回填封闭,防止热量侵入。

4) 泉眼及溶洞处理

若地基出现泉眼,处理方法一种是堵眼:将有螺口的钢管打入泉眼,盖上螺母拧紧,阻止泉水流出;或者向泉眼内压注速凝水泥砂浆,再打入木塞堵眼。另一种方法是引流排水,堵眼有困难时,可用管子塞入泉眼,将水流引至集水坑或天然沟谷。对出露的较大溶洞(图5-10)可采用混凝土掺片石灌注或用钢筋混凝土结构加盖处理。小溶洞采用灌压水泥砂浆或小石子混凝土压灌处理。大型溶洞应专门研究确定施工方案。

图5-9 灰土垫层夯实

图5-10 溶洞

基底开挖并处理完毕后,应通过基底检验,其内容包括如下几点:

(1) 检查基底平面位置、尺寸大小、基底高程;

(2) 检查基底地质情况和承载力是否与设计资料相符;

(3) 检查基底处理和排水情况是否与规范相符;

(4) 检查施工日志及有关试验资料等,平面周线位置不小于设计要求。

基底平面位置和高程允许偏差规定如下。

①平面周线位置：+20cm。
②基底高程：土质为±50mm；石质为+50mm，-200mm。

注：基底检验实测项目遵照《公路工程质量检验评定标准》（JTG F80/1—2004）的规定执行。

五、扩大基础的种类

扩大基础的种类有浆砌片石、浆砌块石、片石混凝土、钢筋混凝土等几种，现将施工方法分别予以介绍。

1. 浆砌块（片）石

一般要求砌块在使用前必须浇水湿润，将表面的泥土、水锈清洗干净，砌第一层砌块时，如基底为岩层或混凝土基础，应先将基底表面清洗、湿润，再坐浆砌筑。砌筑应分层进行，各层先砌筑外圈定位行列，然后砌筑里层，外圈砌石与里层砌块交错连成一体。各砌层的砌块应安放稳固，砌块间应砂浆饱满，黏结牢固，不得直接贴靠或脱空。

片石砌体宜以2~3层砌块组成一工作层，每层的水平缝应大致找平，各层竖缝应相互错开，不得贯通。外圈定位行列和转角石，应选择形状较为方正及尺寸较大的片石，并长短相间地与里层砌块咬接，砌缝宽度一般不应大于4cm。较大的砌块应放在下层，石块的尖锐凸出部分应敲除。竖缝较宽时，在砂浆中塞以小石块填实。

块石砌筑时每层石料高度应大致一样，外圈定位行列和镶面石块，应丁顺相间或二顺一丁排列；砌缝宽度不大于3cm，上下层竖缝错开距离不小于8cm。

2. 加石混凝土和片石混凝土

混凝土中填放片石时应符合以下规定：

（1）埋放石块的数量不宜超过混凝土结构体积的25%；当设计为片石混凝土砌体时，石块可增加为50%~60%。

（2）应选用无裂纹、夹层且未被锻炼过的、高度小于15cm、具有抗冻性能的石块。

（3）石块的抗压强度应不小于25MPa及混凝土强度等级要求。

（4）石块应清洗干净，应在捣实的混凝土中埋入一半以上。石块应分布均匀，净距不小于10cm，距结构侧面和顶面净距不小于15cm；对于片石混凝土，石块净距可以不小于4~6cm，石块不得挨靠钢筋或预埋体。

3. 钢筋混凝土基础

旱地浇筑钢筋混凝土基础，应在对基底及基坑验收完成后尽快绑扎、放置钢筋（图5-11），在底部放置混凝土垫块，保证钢筋的混凝土净保护层厚度，同时安放墩柱或台身钢筋的预埋部分，保证其定位准确；对全部钢筋进行检查验收，保证其根数、直径、间距、位置满足设计文件和技术规范要求时，即可浇筑混凝土。拌制好的混凝土运至现场后，若高差不大，可直接倒入基坑内；若倾卸高度过大，为防止发生离析，应设置串筒或滑槽，槽内焊减速钢梳，保证混凝土整体均匀运入基坑，用插入式振捣棒捣实。浇筑应分层进行，但应连续施工，在下层混凝土开始凝结之前，应将上层混凝土

图5-11 浇筑钢筋混凝土基础

灌注捣实完毕。基础全部筑完凝结后,要立即覆盖草袋、麻袋、稻草或砂子,并经洒水养生。养生时间一般普通硅酸盐水泥混凝土为7d以上,矿渣水泥、火山灰质水泥或掺用塑化剂的混凝土应为14d以上。

水中混凝土基础在基坑排水情况下的施工方法与旱地基础相同,只是在混凝土凝固后即可停止排水,也不需再进行专门的养生工作。

六、安全、环保措施

1. 安全措施

在安全方面,各种临时性结构和设备操作工况,要详细计算,并按规范要求留取足够的安全储备。基坑深度超过1.5m时,应按规定设置上下坡道或爬梯。汛期开挖时要放缓边坡,并采取排水措施。

加强现场施工管理。施工现场人员必须戴好安全帽及其他安全防护用品。基坑周围必须设置围栏,一般为加高80cm的围护栏。要保证施工现场道路畅通,挖出的土方应及时运离基坑,机动车的通行应限速行驶,不得危及坑壁的安全。施工现场的电工必须持证上岗,施工机械必须专人驾驶操作,严禁非驾驶员开车或试车,严禁酒后开车。

施工地段设置各种警告标志(图5-12),夜间应有良好的照明。专职安全人员除日常在工地检查外,对重点新工序要提出安全注意事项,并配合工地技术人员做好安全技术交底。

2. 环保措施

施工现场应制订洒水防尘措施,指定专人负责,及时清运废渣土。对施工弃土、废水,不得向河流和设计范围外的场地直接倾倒。

施工机械的废油废水,采取有效措施加以处理,不超标排放,以免造成河流和水源污染。

图5-12 安全措施

车辆运料过程中,对易飞扬的物料用篷布覆盖严密,且装料适中,不得超限;车辆轮胎及车外表用水冲洗干净,不得污染道路。施工设备、车辆要经过质检部门检验,尾气排放不得超标。

夜间开挖时,应控制施工机械的人为噪声,防止噪声扰民。

第二节 桩基础施工

学习内容:钻孔灌注桩施工;挖孔灌注桩施工;基桩的检验;组合式基础施工要点;承台钢筋绑扎和水下混凝土封底施工要点;施工安全与环保措施。

学习目标:要求学生认知桩基础施工的工序、工艺和质量控制措施与要求;能分析判断钻孔灌注桩施工过程中,常出现的一般事故原因;认知桩基础施工的安全保障措施要求。

当地基浅层土质较差,持力层埋藏较深时,需要采用深基础,以满足结构对地基强度、变形和稳定性的要求。桩基础因适应性强、施工方便等特点而成为应用最普遍的一种深基础形式。桩基础按承受荷载的工作原理不同分为摩擦桩、柱桩、嵌岩桩。按施工方法不同又可分为钻孔灌注桩、挖孔灌注桩、打入桩等,钻孔桩和挖孔桩应用最为广泛。在此主要介绍钻(挖)孔桩基础的施工。

一、钻孔灌注桩施工

1. 施工前的准备工作

钻孔灌注桩由于其施工速度快,质量稳定,受气候环境影响小,因而被普遍采用,但其施工前的准备工作十分重要,只有条件充分才能保证施工顺利进行。

1)施工放样

用全站仪准确放出各桩位中心,用骑马桩固定位置,用水准仪测量地面高程,确定钻孔深度。

2)设备准备

根据地质资料,确定科学合理的钻孔方法和钻孔设备,架设好电力线路,配备适合的变压器。若用柴油机提供动力,则应购置与设备动力相匹配的柴油机和充足的燃油。混凝土拌和机、电焊机、钢筋切割机,以及水泥、砂石材料均要在钻孔开始前准备妥当。

3)埋设护筒

护筒一般采用钢护筒或采用现场预制的钢筋混凝土护筒。在放样好的桩位处,开挖一个圆形基坑将护筒埋入。护筒应坚实、不漏水,护筒内径应比桩径稍大20~30cm。采用反循环钻时应使护筒顶高程高出地下水位2.0m;采用正循环钻时应高出地下水位1.0~1.5m;处于旱地时,护筒在满足上述条件的基础上还应高出地面0.3m。在陆地上施工,可挖坑埋设护筒,使护筒平面位置中心与桩设计中心一致,护筒顶宜高出地下水位或潜水压力1~2m,高出原地面30~50cm。

护筒埋设深度:在黏性土中不宜小于1m,在砂土中不宜小于1.5m,在软土中护筒埋深应根据具体情况确定。桩基础在水中钻孔时,护筒可用钢板卷制而成,护筒较深可分节做,组拼就位。下沉护筒有压重、振动锤击并辅以筒内除土等方式,护筒底应埋入局部冲刷线以下不小于1.0~1.5m,埋入河床深度一般为2~4m。护筒埋设构造图如图5-13所示,埋设护筒施工示意图如图5-14所示。

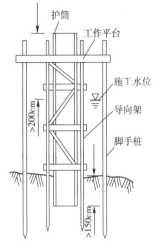

图5-13 护筒埋设构造图　　　　图5-14 埋设护筒施工示意图

4) 制备泥浆(图 5-15)

钻孔泥浆由水、黏土(或膨胀土)和添加剂组成。按钻孔方法和地质情况,一般需采用泥浆悬浮钻渣和护壁,除地层本身全为黏性土、能在钻进中形成合格泥浆外,开工前应准备数量充足和性能合格的黏土和膨胀土。调制泥浆时,先将土加水浸透,然后用拌和机或人工拌制,按不同地层情况严格控制泥浆浓度,正确选用正、反循环钻法钻孔。为了回收泥浆原料和减少环境污染,应设置泥浆循环净化系统。

5) 钢筋笼制作

在钻孔之前或者钻孔的同时要制作好钢筋笼,以便成孔、清孔后尽快灌注混凝土,防止塌孔事故发生。钢筋笼应按图纸尺寸要求,按吊装和钢筋单根定长确定下料长度,注意主筋在 50cm 范围内接头数量不能超过截面主筋根数总数的 50%。加强筋直径要准确;箍筋要预先调直,螺旋形布置在主筋外侧;定位筋应均匀对称地焊接在主筋外侧。下钢筋笼前应对其进行质量检查,保证钢筋根数、位置、净距保护层厚度等满足要求(图 5-16)。

图 5-15　制备泥浆　　　　　　图 5-16　钢筋笼

2. 钻孔施工

开钻时,应先在孔内灌注膨胀土悬浮泥浆或合格的黏土悬浮泥浆。泥浆性能指标根据地层情况和采用的钻孔方法而定。钻进时应保持钻锥稳定、慢速,使初开孔壁坚实、竖直,能起导向作用,避免碰撞护筒。钻锥在孔中能保持竖直稳定时,可适当加速钻进。钻进过程中,随时注意孔内水压差,以防止产生涌沙。孔中泥浆要随时进行检查,保持各项指标符合要求,泥浆过浓影响进度,过稀易塌孔。同时,泥浆应始终高出孔外水位或地下水位 1.0~1.5m。

钻孔施工应遵循以下要求:

(1)钻孔就位前,应对钻孔的各项准备工作进行检查,包括场地与钻机座落处的平整和加固,机具的检查与安装。

(2)必须及时填写施工记录表,交接班时应交代钻进情况及下一班应注意事项。

(3)钻机底座和顶端要平稳,在钻进和运行中不应产生位移和沉陷。回转钻机顶部的起吊滑轮缘、转盘中心和桩位中心三者应在同一铅垂线上,偏差不超过 2cm。

(4)钻孔作业应分班连续进行,经常对钻孔泥浆性能指标进行检验,不符合要求时要及时改正。

各种钻孔方法的适用范围可参考表 5-4。钻孔灌注桩的施工工艺流程如图 5-17 所示。

各种钻孔方法的适用范围　　　　　表 5-4

序号	成孔设备（方法）	适用范围			
		地基条件	孔径(cm)	孔深(m)	泥浆作用
1	机动推钻	黏性土,砂土,砾石粒径小于10cm、含量少于30%的碎石土	60~160	30~40	护壁
2	正循环回转钻法	黏性土,砂土,砾、卵石粒径小于2cm、含量少于20%的碎石土、软岩	80~200	30~100	浮悬钻渣并护壁
3	反循环回转钻法	黏性土,砂土,卵石粒径小于钻杆内径2/3、含量小于20%的碎石土、软岩	80~250	泵吸<40 气举100	护壁
4	正循环潜水钻法	淤泥,黏性土,砂土,砾卵石粒径小于10cm、含量少于20%的碎石土	60~150	50	浮悬钻渣并护壁
5	反循环潜水钻机	各类土层	60~150	泵吸<40 气举100	护壁
6	全护筒冲抓和冲击钻机	各类土层	80~200	30~40	不需泥浆
7	冲抓锥	淤泥,黏性土,砂土,砾石,卵石	60~150	20~40	护壁
8	冲击实心锥	各类土层	80~200	50	浮悬钻渣并护壁
9	冲击管锥	黏性土,砂土,砾石,松散卵石	60~150	50	浮悬钻渣并护壁

钻孔施工方法有以下几种。

1）正循环钻进施工

用钻头旋转切削土体钻进,泥浆泵将泥浆压进钻杆顶部泥浆笼头,通过钻杆中心从钻头喷入钻孔内,泥浆携带钻渣沿钻孔上升,从护筒顶部排浆孔排出至沉淀池,钻渣在此沉淀而泥浆流入泥浆池循环使用。该方法适用于淤泥、黏性土、砂土以及砾卵石粒径小于10cm、含量少于20%的碎石土。其优点是钻进与排渣同时连续进行,在适用的土层中钻进速度较快,但需设置泥浆槽、沉淀池等,施工占地较多且机具设备较复杂。

2）反循环钻机施工

反循环法与正循环法不同的是泥浆输入钻孔内,然后从钻头的钻杆下口吸进,通过钻杆中心排出至沉淀池内。该方法适用于黏性土、砂土以及砾卵石粒径小于钻杆内径2/3、含量少于20%的碎石土、软岩。其钻进与排渣效率较高,但接长钻杆时装卸麻烦,钻渣容易堵塞管路。另外,因泥浆是从下向上流动,孔壁坍塌的可能性较正循环法大,为此需用较高质量的泥浆,如图5-18所示。

3）冲抓锥钻进

冲抓锥是一种最简单的钻孔机械,由三脚立架、锥头、卷扬机三部分组成,如图5-19所示。施工时使三角立架固定滑轮,绕过滑轮的钢丝绳下端吊着由三块钢锥片组成的锥头,锥头张开的最大外围尺寸与桩孔直径相同。锥头对准桩孔中心,放开制动,锥头在自重作用下

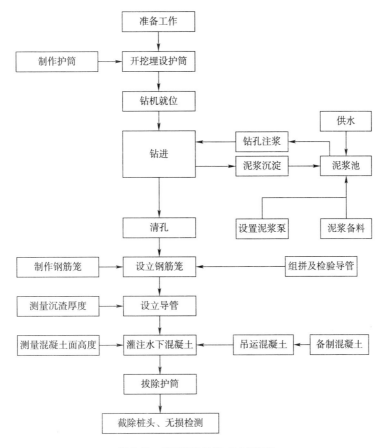

图 5-17 钻孔灌注桩施工工艺流程

下落,打入孔内土层,卷扬机将其向上提升时,通过拉索使锥头合拢,砂土被封闭在锥体内提升至井外。当锥体提升至孔口以上时,工人及时在井口放置一块钢盖板,将手推车或其他运输工具放于其上。打开锥头控制栓,使锥头张开,土体落入运输车中运走。移走钢板,即进行下一轮冲抓作业,如此循环钻进。

该方法的优点是:所需机械简单,成本较低,但施工自动化程度低,需人工操作,劳动强度大,施工速度较慢。适用于砂砾石和砂土地层。

注意:应以小冲程稳而准地开孔,待锥具全部进入护筒后,再松锥进行正常冲抓。提锥应缓慢,冲击高度一般为 1.0~2.5m。

4)冲击钻孔

冲击钻孔的设备由冲击钻头、三角立架、卷扬机三部分组成。该方法适用于砂砾石和岩石地层,

图 5-18 反循环钻机

其工作原理是:用卷扬机钢丝绳通过三角立架上的滑轮将锥头提起,然后放开卷扬机,使锥头自然下落,锥头的冲击作用将砂砾石或岩石砸成碎末、细渣,靠泥浆将其悬浮起来排出孔外。锥体一般为圆柱形,用钢材制成,锥头呈十字形,利于破碎岩石。一般可先用 60~80cm 的细锥头钻进,然后再用大锥头扩孔至设计孔径。这样既可以保证孔壁稳定,防止坍孔,又可以提高功效。卷扬机可以人工操作,也可以选用自动操作设备,因而该方法节省人力,可

以 24h 连续作业,施工效率较高,在工程中普遍适用。

施工时应注意以小冲程开孔,使初成孔坚实、竖直、圆顺并起导向作用。钻进深度超过钻锥全冲程后才能施行正常冲击,若遇坚硬漂卵石层,可采用中、大冲程,但最大冲程不宜超过 4~6m。钻进冲程中及时排除钻渣,并添加黏土造浆,防止塌孔和沉积,使钻锥经常冲击新鲜地层。冲击表面不平整的漂石、硬岩时,应先投入黏土夹小片石,将表面垫平后再钻进,防止出现偏孔、斜孔。

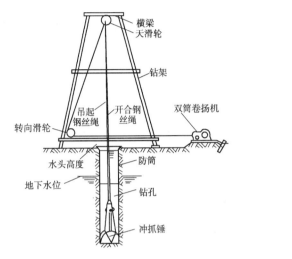
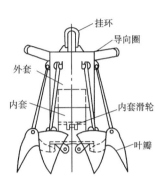

图 5-19　冲抓锥

3. 事故处理

由于地质构造的复杂性和施工期间各种因素的影响,钻孔事故常有发生。事故发生后应及时确认事故类型,采取补救措施,以减少损失,保证工程质量。

1) 坍孔

遇钻孔坍塌时,应仔细分析,待查明坍孔原因和位置后,再进行处理。导致坍孔的原因有:

(1) 护筒埋置过浅,周围封闭不密漏水。
(2) 操作不当,如提升钻头、冲击(抓)锥或掏渣筒倾倒,或放钢筋骨架时碰撞孔壁。
(3) 泥浆稠度小,起不到护壁作用。
(4) 泥浆水位高度不够,对孔壁压力小。
(5) 向孔内加水时流速过大,直接冲刷孔壁。

图 5-20　坍孔

(6) 在松软砂层中钻进,进尺太快。

当坍孔不严重时,可回填至坍孔位置以上,采取改善泥浆性能,加高水头、埋深护筒等措施继续钻进;若坍孔严重,应立即将钻孔全部用砂或小砾石夹黏土回填,暂停一段时间使其性能稳定后,再采取相应措施加大泥浆浓度快速钻进等进行重钻,如图 5-20 所示。

2) 孔身偏斜、弯曲

孔身偏斜、弯曲的原因有:

(1)桩架不稳。钻杆导架不垂直,钻机磨耗,部件松动。
(2)土层软硬不均,致使钻头受力不均。
(3)钻孔中遇有较大孤石、探头石。
(4)扩孔较大处,钻头摆动偏向一方。
(5)钻杆弯曲,接头不正。

一般可在偏斜处吊挂钻锥反复扫孔,使钻孔正直。偏斜严重时应回填黏性土到偏斜处,待沉淀密实后再垂钻。如有探头石,宜用钻机钻透;用冲孔机时,用低速将石打碎;倾斜基岩时,可用混凝土填平,待其凝固后再钻。

3) 扩孔、缩孔

孔径较大或者过小,称为扩孔、缩孔。遇此情况要采取防止坍孔和防止钻锥摆动过大的措施。缩孔是钻锥磨损过大、焊补不及时或因地层中有遇水膨胀的软土、黏土泥岩造成的。前者应及时补焊钻锥,后者则应选用失水率小的优质泥浆护壁。

4) 钻孔漏浆

若发现护筒内水头不能保持,水位下降,则证明有漏浆现象发生。宜采用将护筒周围填土筑实,增加护筒沉埋深度,适当减小水头高度或采取加稠泥浆,加入黏土慢速转动等措施。用冲击法钻孔时,还可填入片石、碎卵石土,反复冲击以增强护壁。

5) 梅花孔或十字槽孔

多见于冲击钻孔,是由于钻锥的转向装置失灵、泥浆太稠、钻锥旋转阻力过大或冲程太小、钻锥来不及旋转而形成的。应采用片石或卵石与黏土的混合物回填钻孔,重新冲击钻进。

6) 糊钻、埋钻

常出现于正反循环回转钻进和冲击钻进中,遇此应对泥浆稠度、钻渣进出口、钻杆内径小、排渣设备进行检查计算,并控制适当进尺。若已严重糊钻,应停钻提出钻锥,清除钻渣。遇到塌方或其他原因造成埋钻时,应使用空气吸泥机吸走埋钻的泥沙,提出钻锥。

7) 卡钻

常发生在冲击钻孔时。卡钻后不能强提,只宜轻提,轻提不动时,可以用小冲击锥或用冲、吸的方法将钻锥周围的钻渣松动后再提出。掉钻落物时,宜迅速用打捞叉、钩、绳套等工具打捞,若落体已被泥沙埋住,应按前述各条先清除泥沙,使打捞工具接触落体后再进行打捞。

应特别注意的是,在任何情况下,严禁施工人员进入没有护筒或其他防护设施的钻孔中处理故障。当必须下入护筒或其他防护设施的钻孔时,应检查孔内有无有害气体,并备齐防毒、防溺、防塌埋等安全设施后,才能行动。

4. 清孔

在钻至设计高程后,检查孔径、桩孔垂直度、桩底地层情况是否与设计相符,达到技术规范要求后,即应进行清孔。其目的是将孔内钻渣清除干净,保证孔底沉淀土层厚度满足要求。清孔方法有掏渣清孔法、换浆清孔法、抽浆清孔法(图5-21)、喷射清孔法等几种。

掏渣清孔法是用掏渣筒、大锅锥或冲抓锥清掏孔底粗钻

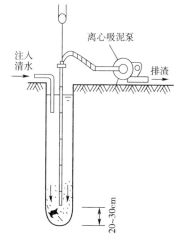

图 5-21 清孔

渣,仅适用于机动推钻、冲抓、冲击钻孔的各类土层摩擦桩的初步清孔。

换浆清孔法适用于正循环钻孔的摩擦桩。于钻孔完成之后,提升钻锥距孔底 10～20cm,继续循环,以相对密度较低(1.1～1.2)的泥浆压入,把钻孔内的悬浮钻渣和相对密度较大的泥浆换出。

抽浆清孔法清孔底效果较好,适用于各种方法钻孔的柱桩和摩擦桩,一般用反循环钻机、空气吸泥机、水力吸泥机或真空吸泥泵等进行。

喷射清孔法只宜配合其他清孔方法使用,是在灌注混凝土前对孔底进行高压射水或射风数分钟,使剩余少量沉淀物漂浮后,立即灌注水下混凝土。

5. 钢筋骨架及导管吊装

1) 钢筋骨架

钢筋骨架由主筋、加强筋、螺旋钢筋、定位筋四部分组成(图 5-22),其构造应满足设计要求,经检查合格后,用吊车吊起垂直放入孔内,相邻节端应焊接牢靠,定位准确。

(1) 混凝土底面接近钢筋骨架时,放慢混凝土浇筑速度。

(2) 混凝土底面接近钢筋骨架时,导管保持较大埋深,导管底口与钢筋骨架底端尽量保持较大距离。

(3) 混凝土表面进入钢筋骨架一定深度后,提升导管使导管底口高于钢筋骨架底端一定距离。

图 5-22 钢筋骨架

(4) 在孔底设置环形筋,并以适当数量的牵引筋牢固地焊接于钢筋笼的底部。下到设计位置后应在顶部采用相应的措施反压并固定其位置,防止在混凝土灌注过程中产生上浮。

2) 导管

导管是灌注水下混凝土的重要工具,一般选用刚性导管。刚性导管用钢管制成(图 5-23),内径一般为 25～35cm,每节长 4～5m,用端头法兰盘螺栓连接,接头间夹有橡胶垫防止漏水。导管上口一般设置储料槽和漏斗,在灌注末期,当钻孔桩桩顶低于桩孔中水面时,漏斗底口高出水面不宜小于 4～6m,当桩顶高于桩孔中水面时,漏斗底口高出桩顶不宜小于 4～6m。导管使用前应进行必要的水密、承压和接头抗拉等试验。吊装前应进行试拼,接口连接应严密、牢固。吊装时,导管应位于桩孔中央,并在混凝土灌注前进行升降试验。

a)　　　　　　　　　　　　　b)

图 5-23 刚性导管

6. 水下混凝土的灌注(图 5-24)

图 5-24 水下混凝土的灌注
a)首批混凝土料斗安装;b)混凝土灌注

灌注混凝土之前,应先探测孔底泥浆沉淀厚度。如果大于规定,要再次清孔,但应注意孔壁的稳定,防止塌孔。运至桩位的混凝土应检查其均匀性和坍落度,如不符合要求,应进行第二次拌和,二次拌和仍达不到要求时不能使用。还应注意:导管下口至孔底的距离一般为 25~40cm;导管埋入混凝土中的深度以不小于 1m 为宜。首批灌注混凝土的数量应能满足导管初次埋置深度($\geq 1.0m$)和填充导管底部间隙的需要,见图 5-25。所需混凝土数量按式(5-2)讲行计算。

$$V \geq \frac{\pi D^2}{4}(H_1 + H_2) + \frac{\pi d^2}{4}h_1 \qquad (5-2)$$

式中:V——灌注首批混凝土所需数量(m^3);
　　D——桩孔直径(m)
　　H_1——桩孔底至导管底端间距,一般为 0.4m;
　　H_2——导管初次埋置深度(m),一般 $H_2 \geq 1.0m$;
　　d——导管内径(m);
　　h_1——桩孔内混凝土高度达到埋置深度 H_2 时,导管内混凝土柱平
　　　　　衡导管外(或泥浆)压力所需的高度(m),即 $h_1 \geq \gamma_w H_w/\gamma_c$;
　　H_w——桩孔内混凝土面以上水或泥浆深度;
　　γ_w——桩孔内水或泥浆的密度(kN/m^3);
　　γ_c——混凝土拌和物的密度(kN/m^3)。

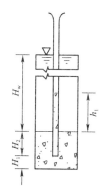

图 5-25 首批混凝土数量计算

灌注时,当钢筋笼就位,导管下至设计深度,首批混凝土已拌和完毕运送至桩位处时,即可开始灌注混凝土(俗称灌桩)。首批灌注时应在导管漏斗底口处设置可靠的防水设施(一般放置一个直径与管内孔完全吻合的木球)。混凝土倒入漏斗,压住木球向下运动,导管中水从管底压出,从孔口逐渐排向井外,混凝土靠自重和向下冲力压至孔底。随着混凝土不断灌入,孔内混凝土面逐渐升高,孔内积水不断上升,直至混凝土灌满全孔,水全部被排出。注意首批灌注的混凝土的初凝时间不得早于灌注桩全部混凝土灌注完成时间,必要时要加入缓凝剂,每灌一段时间,就要及时抽拔导管。导管埋入混凝土中的深度不能大于 6m,但也不能小于 2m,要根据混凝土的灌入量计算灌注高度,从而确定提升导管时间。导管提升太快,若超过已灌混凝土表面,就会形成断桩;若抽拔不及时,埋入过深,则有可能因为混凝土初

凝,使导管不能拔除,造成工程事故。因此,必须严格控制导管提升时间。

混凝土堵管的原因及处理方法如下:

混凝土堵管的原因主要有两种,第一种是导管底端被泥沙等物堵塞,第二种是混凝土离析使粗集料过于集中而卡塞导管。

第一种情况多发生在首批混凝土灌注时。由于导管底口距孔底的距离保持不够,因安装钢筋及导管时间过长,孔内钻渣淤积加深。处理办法是用吊车将料斗连同导管一起吊起,待混凝土灌注畅通后再把导管放置回原位。为避免此类事故发生,当孔内沉淀较厚时,灌注前必须进行二次清孔。

第二种情况多发生在混凝土浇筑过程中。处理办法是把导管吊起,快速向井架冲击,应注意切不可把导管提出混凝土面以外。为避免此类事故发生,应严格做到:①导管要牢固不漏水;②混凝土和易性要好;③混凝土浇筑必须要在初凝前完成,导管埋深控制在 2~6m。

灌注开始后,必须连续进行,无论白天黑夜、刮风下雨都不得中断作业,提升拆除导管的时间要尽可能缩短。在灌注过程中,应将孔内溢出的泥浆引流至适当位置,防止污染环境及河流。灌注的桩顶高程应比设计高程高出 0.5~1.0m,待开挖基坑浇筑承台时凿除(俗称破桩头),并将孔内泥浆全部排除,保证桩体成桩质量。

混凝土灌完后要拔除护筒。处于地面及桩顶以下的孔口整体式刚性护筒,应在灌注完混凝土后立即拔除;处于地面以上能拆卸的护筒,须待混凝土抗压强度达到 5MPa 后才能拆除。

7. 钻孔灌注桩后压浆施工

钻孔灌注桩后压浆施工是指在桩身混凝土达到一定强度后,采用压浆设备,使水泥浆液在压力作用下,通过预先埋设在桩侧或桩底的压浆管,压入桩基四周土体或端部松散层,使之胶结成整体,改善其力学性能,达到提高桩基承载力以及减小沉降量的目的。下面简单介绍这一施工方法。

后压浆施工工艺几乎可以用于各种地质土层条件,砂性土或黏性土等土质均可;也适应于各种类型的桩基,如摩擦桩或柱桩;对于沉降比较敏感、对沉降要求较高的结构,或桩基承载力要求比较高,而设计承载力富余量不太大,为增加承载力的安全储备,也宜采用后压浆施工技术;桩基施工过程中,由于成孔工艺本身固有的缺陷,存在桩底沉渣和桩周泥层太厚等问题,削弱了桩基承载力或增大了沉降量,这种情况下宜采用后压浆施工技术进行改善;也可用于桩基补强或缺陷桩基的加固处理。

施工采用压浆量与压力双控的原则。根据设计及计算要求,确定是以压浆量控制为主、压力控制为辅,还是以压力控制为主、压浆量控制为辅。一般以压浆量控制为主。如注浆压力达到控制压力,并且压浆量达到了 80% 以上,也满足设计要求。

压浆参数主要包括水泥浆强度等级、水胶比、压浆量、工作压力、控制压力 5 个参数,不同的地质条件、不同的桩长采用不同的参数。各参数参考值分别为:水泥浆强度等级一般为 M20、M25;水胶比为 0.45~0.55,黏度为 18~20Pa·s;压浆量通过计算确定,地质情况、桩长、清孔程度、孔隙率、设定的压力、浆液稠度等因素均影响压浆量,该参数是压浆技术最主要的控制指标;工作压力一般为 1.0~3.0MPa,通过压力表读取,与深度成正比;控制压力亦通过计算得出,压力不宜过大,否则浆液易离析、堵管,并扰动原状土体。

工艺流程:注浆泵打开压浆阀→出露压浆管→高压水枪冲洗→压水试验→制浆(稠度试验)→压浆→达到设计给定注浆量或控制压力→稳压 5min→堵孔。

压浆前,首先开启注浆泵泵送1~2下,确保注浆泵未堵管,然后将高压胶管与压浆管用管钳连接牢固。其次启开注浆泵开关开始压浆。压浆时,技术人员要时刻观察压力表读数,若指针大幅度摆动或者压力超出控制压力,必须立即停止,查明原因后再压。

压浆采用压浆量与压力双控的原则,以压浆量控制为主,压力控制为辅,工作压力一般为1~3MPa。压浆量的经验值:由于设计每根桩的压浆量一般为5~10t,一般前两根多压一点,为3~5t,后两根可以少压一点,为1~2t,每根桩压入规定水泥量后即可停止。

压浆完毕后,不应立即拆除高压胶管,要稳压5min左右,让浆液充分渗入桩侧或桩底土体,之后再复压几下,让压浆管内充满水泥浆,最后用木塞子将压浆管堵严实,此时压浆结束。

二、挖孔灌注桩施工

挖孔灌注桩分为人工挖孔、机械旋挖钻孔。

1. 人工挖孔灌注桩

人工挖孔灌注桩适用于无水或少水且密实的土或风化岩层,一般桩长不宜超过15m,桩径宜在1.2m以上,以便于施工。

挖孔桩施工,开挖前应清除现场四周及山坡上的危石、浮土,排除一切不安全因素,做好孔口四周临时围护并设置排水设备。同一墩台各桩的开挖顺序,应根据桩位布置、桩间距离和地层土质决定,防止互相影响。当桩距较大,土质紧密,又不需爆破时,可以同时开挖;反之宜对角开挖或单孔开挖。若桩位为梅花形布置,则宜先挖中孔,灌注混凝土后再挖其他孔。

挖孔施工在保证安全的情况下,应不间断地快速进行。挖孔过程中,开挖和护壁两个工序必须连续交替进行,以免坍孔。一般采用就地浇筑混凝土围圈支护,也可在土质较好、渗水量不大时采用易于拆装的钢、木支撑。混凝土围圈支护如同明挖基础的混凝土围圈支护,开挖一层,支护一层。但由于桩径一般不大,无须分段间隔开挖灌注;可以整圈同时开挖,一次灌注。为避免混凝土圈在下层开挖时失去支承而下沉开裂,每节的下端宜扩挖0.2~0.3m形成喇叭形耳台。每节的深度为1~2m,护壁厚一般采用0.15~0.20m,混凝土为C15~C20,必要时可配置少量钢筋。

挖孔过程中,要经常检查桩孔的平面位置和尺寸。孔的倾斜度偏差不得大于孔深的0.5%,截面尺寸必须满足设计要求,孔口平面位置与设计桩位的偏差不得大于5cm。挖孔过程中;由于地层含有二氧化碳或其他有害气体,以及人的呼吸产生的二氧化碳,孔深越大,对工人的健康危害越大。为保障工人健康,当孔深超过10m,或二氧化碳浓度达到0.3%,或其他有害气体超过卫生标准允许浓度时,均应设置通风设备。

挖孔遇漂石或基岩需要爆破时,必须采用浅眼少药,以松动岩石为目的的方法,以防坍孔。桩孔较深时,应采用电引爆,爆破后应通风排烟,经检查无毒气后,施工人员方可下井继续作业。

挖孔达到设计深度后,检查孔底、孔壁是否符合设计要求。清除浮土,整平孔底,以保证桩身混凝土和孔壁密贴。然后吊装钢筋骨架。当孔底、孔壁渗入的地下水小于6mm/min时,可采用空气中灌注混凝土桩的方法;若大于6mm/min视为有水桩,按前述钻孔灌注桩水下混凝土的方法进行。无水、空气中灌注的桩如为摩擦桩,则应在灌注过程中逐步由下至上拆除支护。孔中有水时,要采用水中灌桩法先向孔中灌水,至少灌至与地下水位相同,用导管灌注混凝土。随着灌注混凝土升高,孔内水位上升时逐层拆除支护。柱桩、嵌岩桩的混凝土护壁可以不拆除。夜间停工时,要在孔口设置标志或覆盖物,防止工作人员不慎坠入。灌注混凝土的方法与钻孔桩相同。

2. 旋挖钻孔灌注桩

旋挖钻孔是用旋挖钻机进行旋转挖孔的成孔方式。旋挖钻机具有装机功率大、输出扭矩大、轴向压力大、机动灵活、施工效率高及多功能等特点。钻孔速度可为其他钻机的数倍,在有些土层可达10倍以上,如图5-26所示。

a)　　　　　　　　　　　　　b)

图 5-26　旋挖钻机

根据钻机的类型和所配的钻头,成孔直径一般为0.5～2.0m,钻孔深度为40～60m,大型旋挖钻机成孔直径可达3.0m,深度达90m。旋挖钻机可在砂(砾)土、黏土、粉质土等土层施工,且在成孔过程中可为原始土挖掘状态,从而实现无泥浆排放,是一种环保型钻机。但旋挖钻机价格昂贵,每台数百万至上千万元,是其未能普遍使用的主要原因。其施工工艺流程为:测量放线及定桩位→配制泥浆→开挖地面表层土埋设钢护筒→检查桩中心轴线→钻机就位及钻进→成孔检查→清孔→吊放钢筋笼→安装混凝土导管→灌注水下混凝土→桩成品检测、验收。

操作方法如下所述。

1)测量放样及定桩位

依据设计资料,复核桩位轴线控制网和高程基准点。确定桩位中心,以中心为圆心、以大于桩身半径为半径在四周设立十字护桩,做好标记并固定好。经驻地监理工程师核查、批准后开钻。

2)配制泥浆

对黏结性好的岩土层,可采用干式或清水钻进工艺,无须泥浆护壁。而对于松散易坍塌地层,或有地下水分布,孔壁不稳定,必须采用静态泥浆护壁钻进工艺,向孔内投入护壁泥浆或稳定液进行护壁。配制泥浆前要根据钻孔的体积确定所需泥浆的数量,泥浆量必须大于钻孔的容积。配制泥浆选取水化性能较好、造浆率高、成浆快、含砂量少的膨润土或黏土为宜。

钻孔过程中要经常测定泥浆技术指标,根据工程钻进需要,随时调整泥浆相对密度,保持各项指标符合要求,不因泥浆过浓影响进度,过稀导致坍孔等。

3)埋设钢护筒

埋设护筒的方法和要求,应符合《公路桥涵施工技术规范》(JTG/T F50—2011)的规定。

如果钻孔是在陆地上进行的,则一般采用挖坑法。钢护筒埋设工作是旋挖钻机施工的开端,埋设前,先准确测量放样,保证钢护筒顶面位置偏差不大于50mm,埋设中保证钢护筒斜度不大于1%。埋设钢护筒时应通过十字护桩放样,把钻机钻孔的位置标于孔底。再把钢护筒吊放进孔内,找出钢护筒的圆心位置,用十字线在钢护筒顶部或底部找出并标记圆心,然后移动钢护筒,使钢护筒中心与钻机钻孔中心位置重合。同时用水平尺或垂球检查,使钢护筒竖直。此后即在钢护筒周围和底脚对称、均匀回填最佳含水率的黏土,要分层夯实,达到最佳密实度,以保证其垂直度及防止泥浆流失及位移、掉落。如果护筒底土层不是黏性土,应挖深或换土,在孔底回填夯实300～500mm厚度的黏土后,再安放护筒,以免护筒底口处渗漏塌方。夯填时要防止钢护筒偏斜,护筒上口应绑扎方木对称吊紧,防止下窜。钢护筒制作及埋设的原则:长度4m以内的钢护筒,采用厚4～6mm的钢板制作,长度大于4m的钢护筒,采用厚6～8mm钢板制作;钢护筒埋置较深时,采用多节钢护筒连接使用,连接形式采用焊接,焊接时保证接头圆顺,同时满足刚度、强度及防漏的要求;钢护筒的内径应大于钻头直径,一般比桩径大200～400mm,具体尺寸按设计要求选用;钢护筒埋设深度应满足设计及有关规范要求。若桩孔在河流中,应将钢护筒埋置至较坚硬密实的上层中深0.5m以上;钢护筒顶高出施工水位或地下水位1.5～2.0m,并高出施工地面0.3m。

4)钻机就位及钻进

(1)钻机钻进一般采用泥浆护壁钻进,当土质条件好时,孔深小于15m时也可以直接钻进。

(2)护筒埋设完成后,钻机开始就位,开钻前利用护桩拉十字线使钻头对准桩位中心。钻进时应先慢后快,确认地下是否有空洞等不利地层,并做好泥浆护壁工作。泥浆相对密度控制在1.05～1.10之间,含砂率不大于2%,使其能在始终保持井壁完整的前提下,具备很好的排渣能力。钻进过程中生成的泥浆,导入泥浆沉淀池自然下降,然后用泥浆车将其运至指定地点以防对环境造成污染。钻进过程中随时注意孔内水压差,以防产生流沙。

经常测定泥浆相对密度,根据工程钻进地质情况,随时调整泥浆比重,保持各项指标符合要求,不因泥浆过浓影响进度,过稀导致坍孔等。钻进时及时填写钻孔施工记录,交接班时应交代钻进情况及下一班的注意事项。因故停钻时,孔口应设护盖,严禁钻头留在孔内,以防埋钻。同时保持孔内有规定的水头和要求的泥浆浓度、黏度,以防坍孔。

(3)钻机操作要领和注意事项。

①钻机就位后,必须对钻机的钻杆进行竖直度检测和调整,调整好后应将钻杆的调整系统锁住,防止钻杆在钻进过程中发生变化。

②由于旋挖钻机将孔内土壤直接挖出,钻进速度较快,为及时调整泥浆相对密度,在钻进过程中,应有专人对地质状况进行检查,调整加入膨润土及外加剂的数量。

③在钻进过程中,要根据地质情况调整钻机的钻进速度。在黏土层内,钻机的进尺可快些,在砂土层中,钻机的进尺要控制,以防坍孔。

④在钻进过程中,必须控制好钻杆的提升速度,因为若钻杆提升过快,其一:钻头的下方就容易出现负压区,若地下水位较高时,就容易使地下水渗入钻孔内,使护壁受到影响而造成坍孔;其二:钻头上部的泥浆通过切齿之间的空隙快速流动以补充因钻头上提而出现的空当,会严重冲刷泥浆护壁,从而出现坍孔的隐患。钻头的下降速度也不可太快,尤其是在刚入钻孔时,否则会造成泥浆四溅。

5)成孔检查

成孔检查方法根据孔径的情况来定,当钻孔为干孔时,可用重锤将孔内的虚土夯实,再直接用测绳及测孔器量测;若孔内存在地下水,则采用水下灌注混凝土施工的方法进行钻孔的测孔工作。经质量检查合格的桩孔,及时灌注混凝土。成孔达到设计高程后,对孔深、孔径、孔壁、垂直度、沉淀厚度等进行检查,不合格时采取措施处理。用测绳测量孔深并记录(钻孔施工人员应严格控制孔深,不得用超钻代替钻渣沉淀),钻孔完成后应用探孔器检测孔径,用测壁(斜)仪或钻杆垂线法检查倾斜度,用长度符合规定的探孔器上下两次检查孔是否合格,合格后方可清孔。

检测标准:孔深、孔径不小于设计规定,钻孔倾斜度误差不大于1%,沉淀厚度符合设计规定,桩位误差不大于50mm。

6)清孔

旋挖钻机成孔由于渣土由钻斗直接从底部取出,一般情况下均能保证孔底泥浆沉淀厚度小于规定值。若是泥浆相对密度过大,则可能出现泥浆沉淀过厚,此时应用钻机再抓一斗,且用钻斗上下搅动,同时抽换孔内浆液,保证泥浆含砂率小于2%。若是下钢筋笼后出现孔底沉淀厚度超标,则可以采用混凝土导管附着水管搅动孔底,同时注水换浆,以达到清孔的目的。

7)吊放钢筋笼

钢筋笼应在加工场地按设计要求加工、运输到现场,为防止钢筋笼变形,必须加焊加强筋。在钢筋笼主筋上每隔2m左右设置一圈4个圆形的水泥砂浆垫块,确保桩身混凝土的钢筋保护层满足设计要求。大直径的钢筋笼宜用吨位适宜的吊车将钢筋笼吊入孔内,要对准孔位、扶稳,缓慢下放,避免碰撞孔壁,必须使钢筋笼中心和钻孔的中心一致。钢筋笼到达设计位置时,应立即固定。当钢筋笼需接长时,先将第一节钢筋笼利用架立筋临时固定在护筒部位,然后吊起第二节钢筋笼,对准位置用焊接或套接进行连接,接头数必须按50%错开焊接或套接,如此接长到预定深度。就位过程中要尽量缩短焊接时间,可以使用多台电焊机同时焊接。焊接时保证上下钢筋笼的中心在同一垂直范围内,焊接长度和焊缝的质量必须符合规范要求;焊接完成、钢筋笼就位后,其底部高程和顶部中心位置必须符合设计要求。最后将钢筋笼固定,可以采用在钢筋笼最上层的架力筋四周焊定位钢筋的方法,确保在混凝土浇筑全过程不会移动。

8)安装混凝土导管

导管采用内径为200~350mm的钢导管。导管使用前必须进行水密承压和接头抗压试验。试验时的水压力不应小于孔内水深1.3倍的压力,也不应小于导管壁和焊缝可能承受灌注混凝土时最大内压力p的1.3倍,确保导管在灌注混凝土的全过程不漏气、不漏水。p值可按《公路桥涵施工技术规范》(JTG/T F50—2011)中的公式计算。

安装导管时应对导管的节段组合做详细记录,以便于在水下混凝土灌注时参考。导管安装完毕后,由施工班组负责人、经理部现场施工主管人员和驻地监理工程师进行检查,主要检查钢筋平面位置是否正确,固定是否牢固,孔底沉淀是否超过规范要求。

如果孔底沉淀厚度超过规范要求,必须进行第二次清孔。检查符合要求后,经驻地监理工程师认可并签字后,及时灌注混凝土。

9)灌注混凝土

水下混凝土浇筑必须按《公路桥涵施工技术规范》(JTG/T F50—2011)的要求进行施工。

首批混凝土灌注时必须满足首批灌注混凝土的数量,剪球后连续灌注。每次混凝土灌注完成后,检测混凝土的上升高度和导管的埋置深度,并及时做好记录。在灌注过程中,导管的埋置深度宜控制在 2～6m。灌注过程中,混凝土放入导管的速度不能太快,以防止将导管上口全部封严,导致导管中部和下部气体无法排出,在导管内形成高压气体,阻止混凝土下落。在灌注混凝土时,应不定时对坍落度进行检测,混凝土坍落度采用 18～22cm 为宜,坚决不使用不合格的混凝土。

三、基桩的检验

桩基础属隐蔽工程,对其质量检验标准必须严格掌握。

钻(挖)孔在终孔和清孔后应使用仪具对成孔的孔位、孔深、孔形、孔径、竖直度、泥浆相对密度、孔底沉淀厚度、有否缩孔、坍塌等进行检验,应满足表5-5中各项技术指标。

钻孔灌注桩成孔质量允许偏差　　　　　　　　　　　　　表 5-5

项　　目	允　许　偏　差
孔中心位置(mm)	群桩:100;单排桩:50
孔径(mm)	不小于设计桩径
倾斜度	钻孔:小于1%;挖孔:小于0.5%
孔深	摩擦桩:不小于设计规定; 支承桩:比设计深度超深不小于50mm
沉淀厚度(mm)	摩擦桩:符合设计要求,当设计无要求时,对于直径≤1.5m 的桩,≤200mm;对桩径＞1.5m 或桩长＞40m 或土质较差的桩,≤300mm;支承桩:不大于设计规定,当设计未规定时≤50mm
清孔后泥浆指标	相对密度:1.03～1.10;黏度:17～20Pa·s;含砂率:＜2%; 胶体率:＞98%

注:清孔后的泥浆指标,是从桩孔的顶、中、底部分别取样检验的平均值。本项指标的测定,限指大直径桩或有特定要求的钻孔桩。

钻孔桩水下混凝土的质量应符合以下要求:

(1)强度不低于设计强度。除用预留试块做抗压强度试验外,还应凿平桩头,并取桩头试块做抗压试验。

(2)桩身混凝土不能有断层或夹层。应仔细检查分析混凝土记录,并用无破损方法检验桩身,对质量可疑的桩,要钻芯取样进行试验。

(3)桩头凿除预留部分不能有残余松散层和薄弱混凝土层。嵌入承台或盖梁内的桩头及锚固钢筋长度要符合规范要求。

四、组合式基础施工

处于特大水流上的桥梁基础工程,墩位处往往水深流急,地质条件极其复杂,河床土质覆盖层较厚,施工时水流冲刷较深,施工工期较长,普遍常用的单一基础形式已难以适应。为了确保基础工程安全可靠,同时又能维持航道交通,宜采用由两种以上形式组成的组合式基础。其功能要满足既是施工围堰、挡水结构物,又是施工作业平台,并能承担所有施工机具与用料等;同时还应成为整体基础结构物的一部分,在桥梁的营运阶段发挥作用。

组合基础的形式很多,常用的有双壁围堰钻孔桩基础、钢沉井加桩柱(钻孔桩)基础、浮运承台与管柱、井柱、钻孔桩基础以及地下连续墙加箱形基础等。可根据设计要求、桥址处的地质水文条件、施工机具设备情况、施工安全及通航要求等因素,通过综合技术经济分析,论证比较,因地制宜,合理选用。

1. 双壁钢围堰加钻孔灌注桩基础

大型双壁钢围堰加钻孔桩基础是近 20 年来开发的大型深水基础工程理想结构物,它不仅能起到深水基础工程的围水与施工平台作用,而且可以参与部分结构受力,既增加了深水基础工程结构的整体性能,又提高了下部结构的防撞能力,方便施工,降低了工程造价。在水深流急的江河中,具有其他结构难以比拟的优越性。国内重庆、泸州、九江、武汉、黄石、铜陵等长江大桥都采用了双壁钢围堰钻孔桩基础,如图 5-27 所示。

图 5-27 双壁钢围堰

2. 浮式沉井加管柱(钻孔桩)基础

随着世界经济的发展,交通建设事业日新月异,桥梁工程正向大跨、轻型、高强、整体方向推进,深水桥梁基础也相应涌现出不少新形式,诸如锁口钢管桩基础、深水设置基础等。锁口钢管桩基础多用大直径钢管桩($\phi 1.0 \sim \phi 1.3 \mathrm{m}$,壁厚 $10 \sim 15 \mathrm{mm}$),两侧焊上钢锁口打入土中,形成圆形或椭圆形的井筒基础。其优点是既具有桩基础那样能适应基岩高低不平的灵活性;又具有像沉井那样的整体刚度,且设备简单、施工快速、水上作业面小、有利通航等。

深水设置基础系采用先在陆地上将结构物预制好,然后在深水中设置的一种基础形式,适用于水深、潮急、航运频繁等修建基础甚为困难的条件。采用这类形式时,必须首先将海底爆破取平,用挖泥船或抓斗式吊船把残渣清除,形成基底台面,然后再用浮式沉井下沉或用大型浮吊吊装等方法,在深水中安置预制的桥梁基础及墩身。这种基础施工安全、施工质量有保障、施工速度快,对航运影响很小。日本及丹麦等国已开始应用于深水基础工程中。

为了在深水中进行桥梁基础部分的施工,必须采用一些特殊的施工方法和施工工艺。下面介绍水下混凝土封底和承台的施工。

桥梁承台有带桩基的与无桩基的两种形式,但不管何种形式,其施工方法都是一样的。施工方法可分为直接开挖法、围护开挖法、沉井或沉箱法、套箱法四种。

直接开挖法用于埋深不深的承台施工,依靠土体的自然边坡稳定,承台直接置于开挖后的地基上,承台下可设桩基也可不设,取决于地基的特性。对小型桥梁,地基承载力又足够,则承台下可不设桩基,承台直接搁置在地基上。用这种方法进行承台施工,一般情况下,承台的埋深在 5m 以内,而且基坑可借助一般的手段(水泵、降水井或井点)将水排干。

如承台埋置较深,靠自然边坡将增加大量土方,而且尚需采用其他辅助手段来加强边坡的稳定性,此时就需用围护开挖法来进行承台施工。围护开挖法中,采用的围护结构很多,有水泥土搅拌桩构成的重力式围护,钢板桩或混凝土板桩、地下连续墙、连续排桩(预制桩或灌注桩)墙等多种形式,但桥梁工程中用得最多的是板桩,而钢板桩更甚于混凝土板桩。钢板桩围护结构施工完后,边挖土边加设支撑,直挖至承台底面,如有桩基,则应将桩顶全部挖出,即可施工垫层,绑扎钢筋,浇筑承台混凝土。

用沉井或沉箱方法进行承台施工,也是一种常用的方法,尤其是沉井更为普遍。如承台底面埋置较深,或水域宽阔,做围护结构非常困难,此时用沉井就相对方便一些。尤其在水上,水深在 10m 以上,打钢板桩已很困难,但如用浮运沉井则就有利得多。即使在陆上,当开挖深度很深时,如果做围护结构就不如用沉井。套箱法承台施工(图 5-28)与沉井类似,但没有下沉这道工序。一般是桩基施工完成后,在水下进行开挖,将承台底高程(比设计高程再低 50cm)挖出后,即将钢套箱或混凝土套箱用船运到施工点(浮运也可以),再用浮吊吊放入位,然后由潜水员在套箱四周用麻袋混凝土或黏土袋封堵(也可在四周灌水下混凝土),最终在套箱内抽水,形成干施工环境后,即可进行清基、浇筑垫层、承台施工。套箱法的另一种施工方式是水下挖泥比承台高程低 2m 以上,然

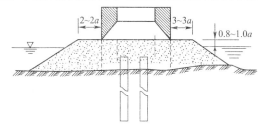

图 5-28 套箱法承台施工

后在套箱内灌注水下混凝土,待混凝土达到一定强度后,就可抽水进行钢筋混凝土承台的施工。

五、承台施工

下面简要介绍承台钢筋绑扎和水下混凝土封底。

1. 承台钢筋绑扎

1) 施工准备

(1) 技术准备

①检查配料表　钢筋绑扎前先认真熟悉图纸,检查配料表与设计图纸是否有出入,核对无误后方可进行钢筋的加工。

②成品检查　按设计要求检查已加工好的钢筋规格、形状、数量是否正确,检查成品尺寸是否与配料表相符。

③钢筋替换　施工中如需要钢筋替换时,必须充分了解设计意图和替换材料性能,严格遵守现行的各种规定,并须征得设计单位同意。

④施工放样　测定承台的轴心,并弹好墨线。

⑤技术交底　开挖前对施工人员进行全面的技术、安全两级交底,确保施工过程的施工质量和人身安全。

(2) 机具准备

①钢筋调直　成盘或弯曲的钢筋调直,应使用检验合格的钢筋调直机或工程师批准的其他机具。

②钢筋截断　钢筋的截断应使用检验合格的专用截断机或工程师批准的其他机具。

③钢筋焊接　钢筋的焊接应使用检验合格的电焊机。

④钢筋绑扎　经工程师同意,钢筋可以采用绑扎施工,钢筋的绑扎宜用专用的钢筋钩子,根据需要还应该设有绑扎架(图 5-29)。

(3) 材料准备

①钢筋　应有出厂合格证,对于每一批进场的钢筋按规定要求做力学性能复检,复检合格后使用。

②铁丝　可采用 20~22 号铁丝(火烧丝)或镀锌铁丝(铅丝),切断长度要满足使用要求。

图 5-29 承台钢筋绑扎图

③保护层垫块 控制混凝土保护层用水泥砂浆垫块、塑料垫块等。

(4)作业条件准备

①钢筋加工场地要求 按施工现场平面图规定的位置,将钢筋堆放场地进行清理、平整,硬化。准备好垫木,按钢筋型号分类堆放。

②钢筋绑扎场地要求 根据施工方案、施工图做好钢筋的采购与下料,有效利用钢筋,减少下脚料。在施工现场用墨线标好钢筋位置,确保施工现场钢筋位置准确。当施工现场地下水位较高时,必须有排水及降水措施。

2)施工操作流程

(1)工艺流程

施工放样→钢筋加工→钢筋运输→底板钢筋绑扎→钢筋固定→顶板钢筋加工→预埋钢筋绑扎。

(2)操作方法

①施工放样

a.依据设计资料,复核承台轴线控制网和高程基准点;确定承台十字轴线,并用墨线弹在施工垫层底板上。经驻地监理工程师核查、批准后绑扎。

b.画钢筋位置线,按图纸标明的钢筋间距,算出底板实际需用的钢筋根数,一般使靠近底板模板边的那根钢筋离模板边为5cm,在底板上弹出钢筋位置线。

②钢筋加工

a.钢筋清理 钢筋表面应洁净,黏着的油污、泥土、浮锈使用前必须清理干净。

b.钢筋调直 可用机械或人工调直。经调直后的钢筋不得有弯曲、死弯、小波浪形,其表面伤痕不应使钢筋截面减小5%。

c.钢筋截断 应根据钢筋直径、长度和数量,长短搭配,先断长料后断短料,尽量减少和缩短钢筋短头,以节约钢材。

③钢筋运输

将加工好的钢筋运往施工现场时,应标好钢筋的编号,并做好钢筋的运输管理工作,防止钢筋在运输过程中发生变形,被污染。

④底板钢筋绑扎

按弹出的钢筋位置线,先铺下层钢筋。根据底板受力情况,决定下层钢筋哪个方向钢筋在下面,一般情况下先铺短向钢筋,再铺长向钢筋。钢筋绑扎时,靠近外围两行的相交点每点都绑扎,中间部分的相交点可相隔交错绑扎,双向受力的钢筋必须将钢筋交叉点全部绑扎。摆放底板混凝土保护层用砂浆垫块,垫块厚度等于保护层厚度,按1m左右距离梅花形摆放。如底板较厚或用钢量较大,摆放距离可缩小。

⑤钢筋固定

先绑2~4根竖筋,并画好横筋分档标志,然后在下部及齐胸处绑两根横筋定位,并画好竖筋分档标志。一般情况下,横筋在外,竖筋在里,所以先绑竖筋后绑横筋。横竖筋的间距及位置应符合设计要求。在钢筋外侧应绑上带有铁丝的砂浆垫块,以保证保护层的厚度。

⑥顶板钢筋绑扎

在进行顶板钢筋绑扎前,应该先对该基础再次施工放样,即对已经施工完成的钢筋绑扎进行检查。根据放样进行顶板的钢筋绑扎,绑扎的工艺与底板的施工工艺基本一致。

⑦预埋件钢筋绑扎

根据弹好的肋板(立柱)位置线,将肋板(立柱)伸入基础的插筋绑扎牢固,插入基础深度要符合设计要求,甩出长度不宜过长,其上端应采取措施保证甩筋垂直,不歪斜、倾倒、变位。

(3)质量评定标准

①承台、系梁预埋件其位置、高程均应符合设计要求。

②绑扎钢筋的缺扣、松扣数量不超过绑扣总数的10%,且不应集中。

③弯钩的朝向应正确。绑扎接头应符合施工规范的规定,搭接长度均不小于规定值,用Ⅰ级钢筋制作的箍筋,其数量符合设计要求,弯钩的角度和平直长度应符合施工规范的规定。

④对焊接头应无横向裂纹和烧伤,焊包均匀。接头处弯折不大于4°,接头处钢筋轴线位移不得大于0.1倍钢筋直径,且不大于2mm。

⑤电弧焊接头焊缝表面平整,无凹陷、焊瘤。接头处帮条沿接头中心线的纵向位移不得大于0.1倍钢筋直径,且不大于3mm。

(4)成品保护

①钢筋成品应存储在高于地面的平台、垫木或支承物上,应尽量保护其不受机械损伤和不暴露在可使钢筋生锈的环境中,以免引起表面锈蚀。

②冬期施工应覆盖保温材料,防止钢筋成品受冻。

③做好成品现场的管理与清洁工作,避免已成型的钢筋成品扭曲、污染。

④安装模板和浇筑混凝土时,应注意保护钢筋,不得攀踩钢筋。

⑤钢筋的混凝土保护层厚度一般不小于50mm,钢筋垫块不得遗漏。

(5)安全、环保措施

①安全措施

a. 施工现场,禁止闲杂人等进入。

b. 施工现场的电工、钢筋工必须持证上岗,施工现场要有用电设计方案。

c. 正式焊接时,应注意焊接时的天气情况,有风天气施焊应采取防风措施,雨天不宜施焊,不准带水作业,以防止触电事故发生。电焊条要采取防潮措施,必要时要进行烘干。

②环保措施

a. 施工现场指定专人负责,及时清理现场的施工垃圾,不允许弃在路基两侧。

b. 加工现场应设在居民区以外,不得扰民。

2. 水下混凝土封底

混凝土封底一般在桥梁水中承台和墩身施工时采用,通常与围堰共同使用。混凝土封底的作用:一是封水;二是加固基底,防止基底在外力作用下,出现管涌、流沙失稳现象;三是通过其自重及其与钻孔桩的黏结作用,抵抗水浮力,从而保证桥梁下部和基础的顺利完成。当天然基础和桩基础受水文、地质条件限制,施工困难而采用沉井基础施工时,封底混凝土将墩台基础全部荷载传递给地基的承重结构层,它把沉井基础与基岩紧密联系在一起,使其共同受力。

1)施工准备

(1)熟悉和分析施工现场的地质、水文资料,必要时在桥位处重新做地质钻探,通过外委试验获取精确的地质数据资料。

(2)熟悉设计文件、图纸,选择合适的围堰和沉井类型,推荐的围堰类型有钢板桩围堰、钢筋混凝土板桩围堰、钢套箱围堰、双壁围堰等。编制围堰及混凝土封底施工组织设计,向班组进行书面的一级技术交底和安全、环保交底。

(3)施工放样。用全站仪测出围堰的四个角点后,先打定位桩,保证围堰位置准确。

(4)根据计算得出封底混凝土的厚度及所需的底高程。

(5)封底施工前,对施工人员进行全面的技术、操作、安全二级交底,确保施工过程的工程质量和人身安全。

2)机具准备

(1)起重设备:塔吊、吊车、浮吊、导链(手动葫芦)、电动葫芦。

(2)钢材加工设备:钢材加工机具、电焊机等。

(3)混凝土浇筑设备:混凝土拌和站、卧泵(泵车)、导管、混凝土罐车、振捣器、吊斗、混凝土储料仓、减速漏斗、导管阀门、抽水设备等。

(4)安全设备:安全带、安全帽、防水照明灯、低压防破电线、救生衣、氧气瓶、空压机、救生船等。

(5)清淤设备:空气吸泥机、高压射水管、空气压缩机等。

(6)辅助设备:工作平台、运输船、扬程水泵等。

3)材料准备

(1)原材料:水泥、石子、砂等由试验人员按规定进行检验,确保原材料质量符合相应标准。

(2)混凝土配合比设计及试验,按混凝土设计强度要求,作出混凝土的试验室配合比和施工配合比,满足水下混凝土灌注的要求。

4)作业条件

(1)搭设封底作业施工操作平台,搭设混凝土运输通道。

(2)完成围堰的插打、支护工作,清除淤泥、石块等杂物至封底高程,保持堰内、外水位基本持平。

(3)布置安全、环保设施。

(4)与气象、电力、航道等有关部门联系,在一切正常的前提下确定封底时间和施工安排。

(5)组织有关人员全面检查准备工作的就绪程度。

(6)按施工组织设计文件要求准确布置浇筑导管。

(7)混凝土拌和站等机具设备、混凝土配合比、各种有关材料等均已经过检查认可。

(8)围堰底与基底之间已紧贴或已用堵漏材料封堵。

(9)封底混凝土范围内的井壁、桩周已清洗干净。

5)水下混凝土封底施工工艺

(1)工艺流程

水下混凝土封底施工工艺流程如下:

准备工作→围堰内基底处理(抛石或堵漏)→布设导管→灌注水下混凝土→围堰内抽水。

(2)施工程序及操作方法

①导管平面布置 当水下封底面积较大时,需要多根导管同时按规定的顺序灌注混凝土,保质保量地灌满整个基底,达到预计的厚度。根据封底面积和每根导管的作用半径(混

凝土流动半径)来确定平面上布设导管的根数和位置。导管间距不得大于5m,一般以3.5~4m为宜,否则容易造成导管底口脱空或埋入的厚度过薄,使导管底口进水,发生质量事故。另外,如果导管很长,一旦灌注中发生导管堵塞,处理比较费时,需利用相邻导管投入工作,因此应将导管布置得密些。为使钢板桩与水下封底混凝土有良好结合,四周导管的布置应较中间密集,并须考虑管柱、围笼杆件、导管的阻挡及便于导管的提升等。若封底面积过大或基底有难以清除的深坑陡坎,可适当增加导管数量。

②立面布置 在围堰顶搭设灌注支架,以悬挂缓降器漏斗及导管,支架顶部设置灌注平台,平台上搭设有储存混凝土的料槽。为方便操作及扩大工作面,条件具备时宜分层设置剪球平台、拆导管平台、测量平台、导管提升平台及灌注平台。

③混凝土生产量的选定 根据施工实践,水下封底混凝土生产量,可按下列原则确定:

a.储料仓内储存的混凝土量,自开阀灌注起保证埋置导管于混凝土中1.0m以上。

b.灌注沉井水下封底混凝土的速度不宜小于0.25m/h。

c.每根导管的首批混凝土的坍落度不要太大,以避免因落下的混凝土不能形成一定的坡率面埋不住导管底口。首批混凝土的需要量V,可近似表示为:

$$V = 1/3\pi R^2 h \tag{5-3}$$

式中:R——圆锥体坡率为i的扩散半径,从管中心起,通常为2.5~4.0m;

h——导管底口处混凝土埋高,一般不小于1.0m。

当以上所有准备工作完成和作业条件具备后,开始下一步工作。

a.抛石、堵漏。为了防止软基在封底混凝土浇筑时失稳,影响封底质量,采用封底前先抛块石,于软基顶面进行基底硬化处理。抛石厚度在50cm左右,要求抛石均匀,不堆、不空。抛石完毕派潜水员水下摸查,大致找平。围堰置于基岩上,围堰与基岩之间如有较大的空隙,必须在浇筑前用堵漏材料(如袋装水泥、棉絮)先予封堵。

b.储料。每根导管灌注前均应在30min内储够所需的混凝土量于储仓内(保证首批混凝土能使导管埋深1m以上),同时漏斗、运输车和拌和机内也都应储满,以便开灌后能连续不断地浇筑。

c.开启导管阀门。先将阀门置关闭状态,固定好卡块,在阀门上面铺一张同样面积的塑料布后,将漏斗装满混凝土,并与储仓连通。当一切准备就绪后,搬动卡块,开启导管阀门,同时打开储仓门,使储存的混凝土陆续通过导管注入井中水下,并埋住导管底口1.0m以上。

d.混凝土灌注(图5-30)。开始灌注后混凝土须连续供应,通过漏斗源源不断灌入导管内,随着导管的不断提升,混凝土在水下不断摊开和升高,直至到达设计高程。如受到混凝土生产速度的限制或封底厚度太大不能采用全面灌注,无法使基底混凝土在同一水平面上普遍均匀升高时,一般采用分层往复灌注的办法,即每次同时灌注3~5根导管,由围堰上游逐渐向下游推进,每灌注2~3m为一层,再返回灌注第二层,按此反复直至顶面。通常按照间隔跳跃的顺序进行。

图5-30 承台混凝土灌注图

灌注过程中如混凝土难以下落,可用吊车提导管上下串动,但一定不能将导管拔出混凝土面,以免水进入导管内影响灌注质量。

灌注时严格控制浇筑高程,随时用测锤测出混凝土面的高低,最后用水准仪复测。

e.灌注结束。一个导管灌注高度达到设计要求时,该导管的工作即告结束。此时将导管拔离混凝土,将漏斗及导管拆除,并用净水逐节冲洗干净,以备再用。

f.围堰内抽水。围堰内抽水应在封底混凝土凝固后进行,需根据水温、混凝土配制强度、配合比、外加剂掺量等具体情况确定抽水开始时间。围堰抽水设备,可根据围堰内总抽水量准备。刚开始抽水时,可利用吸泥管进行抽水,待抽不上时,再将水泵放入围堰内抽水。为防止抽水过程中发生意外事故,保证围堰安全,应配备从堰外向堰内灌水的水泵。一旦发生异常情况,立即向堰内灌水,恢复内外平衡,经检查处理后再抽水。抽水过程中,须派专人对钢板桩和内导环进行观察,同时由专人进行堵漏。堵漏工作在围堰内外同时进行。堰外用细煤渣和木屑混合物倒入漏水部分,堰内由潜水员用棉絮塞缝。由于堰外上半部的粉煤渣常易被水流及风浪冲击洗走,故堵漏工作须一直进行到墩身出水面为止。

6) 施工中的另外规定

(1) 采用分层往复的混凝土灌注方法,主要控制灌注次层水下混凝土时必须在前一层灌注的水下混凝土初凝时间以内,因而在选择水泥品种和强度等级时,以采用初凝时间较长的水泥为佳。

(2) 混凝土拌和时间应较普通情况稍加延长,一般为 $1.5\sim2\text{min}$。

(3) 自拌和机出料到通过导管灌注的时间不应超过 30min。

(4) 正常灌注时,拌和机上料到通过导管灌注应缩短到不超过 20min。

(5) 正常灌注时,混凝土在导管内停滞的时间不应超过 20min。

(6) 导管埋入混凝土深度至少 1m,一般在 $2\sim4\text{m}$ 范围以内,过深将使底层混凝土凝结导管,过浅将使新灌入的混凝土从导管四周翻起,影响质量。

(7) 混凝土的施工坍落度采用 $18\sim20\text{cm}$,灌注开始及将近结束时采用 $20\sim22\text{cm}$。混凝土面的流动坡度应保持在 $1/10\sim1/5$,不宜有超过 $1/4$ 较长时间的或更陡的流动坡面。

(8) 如系两次封底,当第一次混凝土灌注完毕,待其强度达到 5MPa(以水中养护为准)后,用 $0.5\sim1.0\text{MPa}$ 的高压射水将表面浮浆或松散砂石冲起,用空气吸泥机清除干净后,方可开始第二次灌注,以免形成两次混凝土间的薄弱夹层。为了减少拔除钢板桩的黏结力,应在第二次灌注前将钢板桩重打一遍,打入深度一般为 $5\sim10\text{cm}$。

7) 解决水化热的措施

若封底体积较大,在大体积混凝土施工时,正确解决混凝土的温升开裂问题,是保证封底质量的一个关键。施工中必须认真研究、测试,制订出有针对性的处理办法。解决水化热可采用下列几种措施:

(1) 用低水化热的矿渣水泥或大坝水泥。

(2) 降低混凝土入模温度,选择低温的夜间进行施工,对集料采取降温措施。

(3) 掺 0.2% 水泥用量的木钙以削减水化热峰值。

(4) 选择最佳混凝土配合比,尽量减少水泥用量,采用加掺粉煤灰等"双掺技术"。

(5) 用车载串筒浇筑工艺,避免使用泵送,以减少水泥用量。

(6) 分层分块浇筑,使混凝土有一个散热期,避免在水化热高峰期 $3\sim5\text{d}$ 时覆盖上层混凝土。

(7) 埋设降温水管,在水化热高峰前通水降温。

(8) 埋设测温计、测缝计,加强监测,随时掌握情况,及时采取必要措施。

(9)加强混凝土养护,进行表面覆盖,以减小混凝土的内外温差。

8)水下混凝土封底质量检查

水下混凝土封底质量的优劣,主要取决于基底清理的质量及灌注施工操作的熟练程度,应从以下几个方面进行检查:

(1)基底检查。基底浮泥、沉淀泥沙、沉渣应清除干净,以期封底混凝土底面能直接支承于坚实的土层上或与基岩面胶结良好。

(2)施工前应对机具设备、材料、混凝土配合比及施工布置等进行检查,以保证混凝土拌和物质量良好,灌注中不发生故障。

(3)施工灌注中应严格按照工艺操作规则进行。对于在灌注中发生的故障或不正常现象,应做详细记录,以便封底后对该处进行取样检查。

(4)封底检查。对于个别部位封底质量有怀疑时,可派潜水员至水下排查,发现问题及时加以处理。若封底达到一定程度仍有怀疑时,可采用地质钻探方法,对封底混凝土钻孔取样,做抗压强度试验及外观检查。在灌注中发生故障并认为混凝土质量有影响的部位,应钻孔至封底底面以下,以便检查基底面与混凝土结合情况。为提高混凝土强度试验的准确性,岩芯直径不宜太小。钻孔结束后对钻孔应灌浆封闭。封底质量经检查发现问题时,应组织有关人员分析研究,并进行处理。

思考与练习题

1. 简述扩大基础施工前技术准备工作的主要内容。
2. 桥涵水中基础施工常用的围堰种类有哪几种?
3. 简述水中基础施工常用围堰的各自适用条件。
4. 简述使用井点法排水时应注意的事项。
5. 按地质情况基底处理的类型有哪几种?并分别简述相应的技术要求。
6. 简述扩大基础施工中的安全与环保措施的要点。
7. 钻孔灌注桩施工前的准备工作主要有哪些?
8. 简述钻孔灌注桩施工工艺的主要流程。
9. 钻孔灌注桩施工中易发生的事故类型有哪些?
10. 简述灌注桩施工中,灌注水下混凝土的技术要求。
11. 组合基础的常见形式有哪些?
12. 简述承台钢筋绑扎施工的流程和施工方法。
13. 简述承台水下混凝土封底施工的主要技术要求。

第六章 墩台施工

第一节 圬工墩台施工

学习内容:现浇混凝土墩台的施工;石砌墩台施工;墩台帽施工;台背回填与防排水及桥台附属工程施工要点。

学习目标:要求学生认知圬工墩台施工的工序、工艺和质量控制措施与要求;认知墩台施工的安全保障措施要求。

圬工墩台是桥梁常用的墩台形式。桥梁的桥墩台施工是桥梁工程施工中的一个重要部分,其施工质量的优劣,不仅关系到桥梁上部结构的制作与安装质量,而且对桥梁的使用功能关系重大。桥梁圬工墩台施工方法常用的是现场就地浇筑与砌筑,其优点是工序简便,机具较少,技术操作难度较小,但是施工期限较长,需耗费较多的劳力与物力。

一、现浇混凝土墩台的施工

就地浇筑的混凝土桥墩施工有两个主要工序,一是制作与安装桥墩模板;二是混凝土浇筑。

1. 模板

1)模板设计原则

根据《公路桥涵施工技术规范》(JTG/T F50—2011)的规定,模板的设计原则如下:

(1)宜优先使用胶合板和钢模板。

(2)在计算荷载作用下,对模板结构按受力程序分别验算其强度、刚度及稳定性。

(3)模板板面之间应平整,接缝严密,不漏浆,保证结构物外露面美观,线条流畅,可设倒角。

(4)结构简单,制作、拆装方便。模板一般用钢材、胶合板、塑料和其他符合设计要求的材料制成。浇筑混凝土之前,木板应涂刷脱模剂,外露面混凝土模板的脱模剂应采用同一品种,不得使用废机油等油料,且不得污染钢筋及混凝土的施工缝处。重复使用的模板应经常检查、维修。

2)常见模板类型

(1)拼装式模板

拼装式模板系用各种尺寸的标准模板利用销钉连接,并与拉杆、加劲构件等组成桥墩所需形状的模板。如图6-1所示,将桥墩表面划分为若干小块,尽量使每部分板扇尺寸相同,以便于周转使用。板扇高度通常与墩台分节灌注高度相同,一般为3~6m,宽度为1~2m,具体视桥墩台尺寸和起吊条件而定。拼装式模板由于在厂内加工制造,因此板面平整、尺寸准确、体积小、质量轻,拆装容易、快速,运输方便,因而应用广泛。

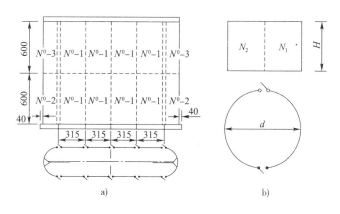

图 6-1 拼装式模板(尺寸单位:cm)

(2)整体吊装模板

整体吊装模板系将墩台模板水平分成若干段,每段模板组成一个整体,在地面拼装后吊装就位(图 6-2)。分段高度可视起吊能力而定,一般为 2~4m。整体吊装模板的优点是:安装时间短,无需设施工接缝,加快施工进度,提高了施工质量;将拼装模板的高空作业改为平地操作,有利于施工安全;模板刚性较强,可少设拉筋或不设拉筋,节约钢材;可利用模外框架做简易脚手架,不需另搭施工脚手架;结构简单,装拆方便,对建造较高的桥墩较为经济。

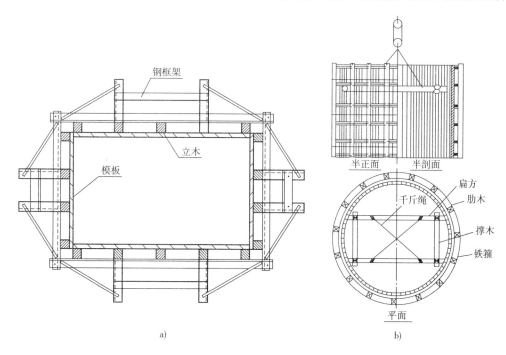

图 6-2 整体吊装模板

(3)组合型钢模板

组合型钢模板系以各种长度、宽度及转角标准构件,用定型的连接件将钢模拼成结构用模板,具有体积小、质量轻、运输方便、装拆简单、接缝紧密等优点,适用于在地面拼装、整体吊装的结构上。

(4)滑动钢模板

滑动钢模板适用于各种类型的桥墩。各种模板在工程上的应用,可根据桥墩高度、桥墩形式、机具设备、施工期限等条件,因地制宜,合理选用。

模板安装前应对模板尺寸进行检查;安装时要坚实牢固,以免振捣混凝土时引起跑模漏浆;安装位置要符合结构设计要求。有关模板制作与安装的允许偏差见表6-1和表6-2。

模板制作的允许偏差 表6-1

项次	项 目		允许偏差(mm)
木模板	(1)模板的长度和宽度		±5.0
	(2)不刨光模板相邻两板表面高低差		3.0
	(3)刨光模板相邻两板表面高低差		1.0
	(4)平板模板表面最大的局部不平(用2m直尺检查)	刨光模板	3.0
		不刨光模板	5.0
	(5)拼合板中木板间的缝隙宽度		2.0
	(6)榫槽嵌接紧密度		2.0
钢模板	(1)外形尺寸	长和宽	0,−1
		肋高	±5
	(2)面板端偏斜		≤0.5
	(3)连接配件(螺栓、卡子等)的孔眼位置	孔中心与板面的间距	±0.3
		板端孔中心与板端的间距	0,−0.5
		沿板长、宽方向的孔	±0.6
	(4)板眼局部不平(用300mm长平尺检查)		1.0
	(5)板面和板侧挠度		±1.0

模板安装的允许偏差 表6-2

项次	项 目		允许偏差(mm)
1	模板高程	(1)基础	±15
		(2)墩台	±10
2	模板内部尺寸	(1)基础	±30
		(2)墩台	±20
3	轴线偏位	(1)基础	±15
		(2)墩台	±10
4	装配式构件支承面的高程		+2,−5
5	模板相邻两板表面高低差		2
	模板表面平整度(用2m直尺检查)		5
6	预埋件中心线位置		3
	预留孔洞中心线位置		10
	预留孔洞截面内部尺寸		+10,−0

2.混凝土浇筑施工要点

墩台身混凝土施工前,应将基础顶面冲洗干净,凿除表面浮浆,整修连接钢筋。灌注混凝土时,应经常检查模板、钢筋及预埋件的位置和保护层的尺寸,确保位置正确,不发生变形。混凝土施工中,应切实保证混凝土的配合比、水灰比和坍落度等技术性能指标满足规范要求。

1) 混凝土的运送

墩台混凝土的水平与垂直运输相互配合方式与适用条件可参照表 6-3 选用。如混凝土数量大,浇筑捣固速度快时,可采用混凝土皮带运输机或混凝土输送泵。运输带速度应不大于 1.0~12m/s。其最大倾斜角:当混凝土坍落度小于 40mm 时,向上传送为 18°,向下传送为 12°;坍落度为 40~80mm 时,则分别为 15°与 10°。

混凝土的运输方式及适用条件 表 6-3

水平运输	垂直运输	适用条件	附 注
人力混凝土手推车、内燃翻斗车、轻便轨人力推运翻斗车,或混凝土吊车	手推车	中小桥梁水平运距较近	搭设脚手平台,铺设坡道,用卷扬机拖拉手推车上平台
	轨道爬坡翻斗车	$H<10m$	搭设脚手平台,铺设坡道,用卷扬机拖拉手推车上平台
	皮带输送机	$H<10m$	倾角不宜超过 15°,速度不超过 1.2m/s。高度不足时,可用两台串联使用
	履带(或轮胎)起重机起吊高度≈20m	$10<H<20m$	用吊斗输送混凝土
	木制或钢制扒杆	$10<H<20m$	用吊斗输送混凝土
	墩外井架提升	$H>20m$	在井架上安装扒杆提升吊斗
	墩内井架提升	$H>20m$	适用于空心桥墩
	无井架提升	$H>20m$	适用于滑动模板
轨道牵引车输送混凝土、翻斗车或混凝土吊斗汽车倾卸车、汽车运送混凝土吊斗、内燃翻斗车	履带(或轮胎)起重机起吊高度≈30m	大中桥水平运距较远	用吊斗输送混凝土
	塔式吊机	$20<H<50m$	用吊斗输送混凝土
	墩外井架提升	$H<50m$	井架可用万能杆件组装
	墩内井架提升	$H>50m$	适用于空心桥墩
	无井架提升	$H>50m$	适用于滑动模板
	索道吊机	$H>50m$	
	混凝土输送泵	$H<50m$	可用于大体积实心墩台

注:H 为墩高。

2) 混凝土的灌注速度

为保证灌注质量,混凝土的配制、输送及灌注的速度应满足式(6-1)的要求。

$$V \geqslant Sh/t \tag{6-1}$$

式中:V——混凝土配料、输送及灌注的容许最小速度(m^3/h);

S——灌注的面积(m^2);

h——灌注层的厚度(m);

t——所用水泥的初凝时间(h)。

如混凝土的配制、输送及灌注需时较长,则应采用式(6-2)计算。

$$V \geqslant Sh/(t-t_0) \tag{6-2}$$

式中：t_0——混凝土配制、输送及灌注所消费的时间(h)。

混凝土灌注层的厚度 h 可根据使用捣固方法按规定数值采用。

桥梁墩台是大体积圬工，为避免水化热过高，导致混凝土因内外温差引起裂缝，可采取如下措施：

(1)用改善集料级配、降低水灰比、掺加混合材料与外加剂、掺入片石等方法减少水泥用量。

(2)采用 C30、C35 含量小、水化热低的水泥，如大坝水泥、矿渣水泥、粉煤灰水泥、低强度水泥等。

(3)减小浇筑层厚度，加快混凝土散热速度。

(4)混凝土用料应避免日光暴晒，以降低初始温度。

(5)在混凝土内埋设冷却管通水冷却。当浇筑的平面面积过大，不能在前层混凝土初凝或能重塑前浇筑完成次层混凝土时，为保证结构的整体性，宜分块浇筑。分块时应注意：各分块面积不得小于 50m²；每块高度不宜超过 2m；块与块间的竖向接缝面应与墩台身或基础平截面短边平行，与平截面长边垂直；上下邻层间的竖向接缝应错开位置做成企口，并应按施工接缝处理。混凝土中填放片石时应符合有关规定。

3) 混凝土浇筑

为防止桥墩基础第一层混凝土中的水分被基底吸收或基底水分渗入混凝土，对墩台基底处理除应符合天然地基的有关规定外，尚应满足以下要求：

(1)基底为非黏性土或干土时，应将其润湿。

(2)如为过湿土时，应在基底设计高程下夯填一层 10～15cm 厚片石或碎(卵)石层。

(3)基底面为岩石时，应加以润湿，铺一层厚 2～3cm 的水泥砂浆，然后于水泥砂浆凝结前浇筑第一层混凝土。

墩身混凝土宜一次连续灌注，否则应按桥涵施工规范的要求，处理好连接缝。墩身混凝土未达到终凝前，不得泡水。混凝土墩台的位置及外形尺寸允许偏差见表 6-4。

混凝土、钢筋混凝土基础及墩台允许偏差(单位：mm)　　表 6-4

项次	项目		基础	承台	墩台身	柱式墩台	墩台帽
1	端面尺寸		1±50	±30	±20		±20
2	垂直或斜坡				0.2%H	0.3%H≤20	
3	底面高程		±50				
4	顶面高程		±30	±20	±10	±10	
5	轴线偏位		25	15	10	10	10
6	预埋件位置						10
7	相邻间距						±15
8	平整度						
9	跨径	$L_0 \leqslant 60m$			±20		
		$L_0 > 60m$			±L_0/3 000		
10	支座处顶面高程	简支梁					±10
		连续梁					±5
		双支座梁					±2

注：表中 H 为结构高度；L_0 为标准跨径。

二、石砌墩台施工

石砌桥墩台具有就地取材和经久耐用等优点,在石料丰富地区建造桥墩时,在施工期限许可的条件下,为节约水泥,应优先考虑石砌桥墩台方案。

1. 石料、砂浆与脚手架

石砌桥墩台是用片石、块石及粗料石以水泥砂浆砌筑的,石料与砂浆的规格要符合有关规定。浆砌片石一般适用于高度小于6m的桥墩身、基础、镶面以及各式墩身填腹;浆砌粗料石则用于磨耗及冲击严重的分水体及破冰体的镶面工程以及有整齐美观要求的桥墩。

将石料吊运并安砌到正确位置是砌石工程中比较困难的工序。当质量小或距地面不高时,可用简单的马凳跳板直接运送;当质量较大或距地面较高时,可采用固定式动臂吊机或桅杆式吊机或井式吊机,将材料运到桥墩台上,然后再分运到安砌地点。用于砌石的脚手架应环绕桥墩搭设,用以堆放材料,并支持施工人员砌筑镶面定位行列及勾缝。脚手架一般常用固定式轻型脚手架(适用于6m以下的桥墩)、简易活动脚手架(能用在25m以下的墩台)以及悬吊式脚手架(用于较高的桥墩)。

2. 墩台砌筑施工要点

在砌筑前应按设计图放出实样,挂线砌筑。砌筑基础的第一层砌块时,如基底为土质,只在已砌石块的侧面铺上砂浆即可,不需坐浆;如基底为石质,应将其表面清洗、润湿后,先坐浆再砌石。砌筑斜面墩台时,斜面应逐层放坡,以保证规定的坡度。砌块间用砂浆黏结并保持一定的缝厚,所有砌缝要求砂浆饱满。形状比较复杂的工程,应先作出配料设计图,注明块石尺寸;形状比较简单的,也要根据砌体高度、尺寸、错缝等,先行放样配好料石再砌。

砌筑方法:同一层石料及水平灰缝的厚度要均匀一致,每层按水平砌筑,丁顺相间,砌石灰缝互相垂直,灰缝宽度和错缝按表6-5规定办理。砌石顺序为先角石,再镶面,后填腹。填腹石的分层厚度应与镶面相同;圆端、尖端及转角形砌体的砌石顺序,应自顶点开始,按丁顺排列接砌镶面石。砌筑图见图6-3,圆端形桥墩的圆端顶点不得有垂直灰缝,砌石应从顶端开始先砌石块,然后应丁顺相间排列,安砌四周镶面石;尖端桥墩的尖端及转角处不得有

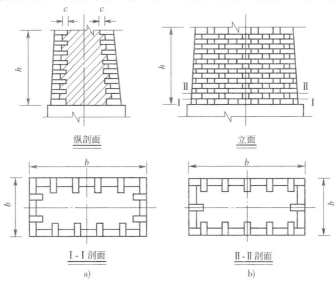

图6-3 桥墩砌筑

垂直灰缝,砌石应从两端开始,先砌石块,再砌侧面转角,然后丁顺相间排列,安砌四周的镶面石,如图6-3所示。

浆砌镶面石灰缝规定　　　　　　　　　　　表6-5

种类	灰缝宽度(cm)	错缝(层间或行列间)(cm)	三块石料相接处空隙(cm)	砌筑行列高度(cm)
粗料石	1.5~2	≥10	1.5~2	每层石料厚度一致
半细料石	1~1.5	≥10	1~1.5	
细料石	0.8~1	≥10	0.8~1	

砌体质量应符合以下规定:
(1)砌体所有各项材料类别、规格及质量符合要求。
(2)砌缝砂浆或小石子混凝土铺填饱满、强度符合要求。
(3)砌缝宽度、错缝距离符合规定,勾缝坚固、整齐,深度和形式符合要求。
(4)砌筑方法正确。
(5)砌体位置、尺寸不超过允许偏差(表6-6)。

墩台砌体位置及外形尺寸允许偏差　　　　　　　　表6-6

项次	检查项目	砌体类别	允许偏差(mm)
1	跨径 L_0	$L_0 \leq 60$m	±20
		$L_0 > 60$m	±L_0/3 000
2	墩台宽度及长度	片石镶面砌体	+30,-10
		块石镶面砌体	+30,-10
		粗料石镶面砌体	+20,-10
3	大面平整度(2m直尺检查)	片石镶面	30
		块石镶面	20
		粗料石镶面	10
4	竖直度或坡度	片石镶面	0.5%H
		块石、粗料石镶面	0.3%H
5	墩台顶面高程		5±10
6	轴线偏位		10

三、墩台帽施工

墩台帽是用来支承桥跨结构的,其位置、高程及垫石表面平整度等均应符合设计要求,以避免桥跨结构安装困难,或使顶帽、垫石等出现破裂或裂缝,影响墩台的正常使用功能和耐久性。以下介绍墩台顶帽施工的主要工序。

1. 墩台帽放样

桥墩混凝土(或砌石)灌注至离墩帽底30~50cm高度时,即需测出墩台纵横中心线,并开始竖立墩、台帽模板,安装锚栓孔或安装预埋支座垫板、绑扎钢筋。台帽放样时,应注意不要以基础中心线作为台帽背墙线,浇筑前应反复核实,以确保墩、台帽中心、支座垫石等位置方向与水平高程等不出差错。

2. 墩台帽模板

墩台帽系支承上部结构的重要部分,其尺寸位置和水平高程的准确度要求较严,浇筑混凝土应从墩台帽下 30~50cm 处至墩台帽顶面一次浇筑,以保证墩、台帽底有足够厚度的紧密混凝土。墩台帽模板下面的拉杆可利用墩帽下层的分布钢筋,以节省铁件。

3. 钢筋和支座垫板的安设

墩帽台钢筋绑扎应遵照《公路桥涵施工技术规范》(JTG/T F50—2011)有关钢筋工程的规定。墩台帽上的支座垫板的安设一般采用预埋支座垫板和预留锚栓孔的方法。前者须在绑扎墩台帽和支座垫石钢筋时,将焊有锚固钢筋的钢垫板安设在支座的准确位置上,即将锚固钢筋和墩台帽骨架钢筋焊接固定,同时将钢垫板做一木架,固定在墩台帽模板上。此法在施工时垫板位置不易准确,应经常校正。后者须在安装墩台帽模板时,安装好预留孔模板,在绑扎钢筋时注意将锚栓孔位置留出。此法安装支座施工方便,支座垫板位置准确。

4. 石砌桥台台帽施工

1) 支架搭设与底板立模

台帽立模支架搭设时先检查和处理原地面,支脚部位要做夯实处理,必要时浇混凝土垫块或铺设道木,以提高地基承载力,尽可能减少沉降。立模支架采用建筑钢管或门式支架,也可采用贝雷片,采用柱木支架时要选用材质良好的木质,并要确保足够的支架数量。支架横梁采用工字钢或槽钢,模板与支架横向固定采用底板高程调整用的优质木楔,底板高程确定要高出设计高程 1.0cm,以抵消支架的弹性变形。支架搭设要确保强度和整体稳定性,加固要到位,严防施工中出现地质下沉、支承变形或整体移位情况。

2) 绑扎钢筋

台帽钢筋绑扎安装前要在底模上准确放出台帽轴线和钢筋边缘位置,骨架筋要在地面钢筋加工场地焊接完成,安装时用吊车逐片吊装,台帽钢筋整体安装遵循先骨架后箍筋的原则,并确保钢筋焊接牢固,位置准确,整体稳定,同时要确保混凝土保护层厚度。

5. 混凝土浇筑和养生

混凝土浇筑和养生按照相关规范的规定执行。

四、台背回填与防排水

1. 回填范围与台阶开挖

台背回填范围为:底宽 4m,顶宽 2×台高 +4m,从填方基底或涵洞顶部至路床顶面,路堤填筑时按 1:2 坡度预留台背回填部分,并严格控制压实指标。台背回填前对已完成路堤结合部位必须挖台阶,台阶尺寸宽度为 1m,高度为 45cm,且应形成 2%~4% 的内倾斜度。为避免机械开挖不彻底,所有台阶均采用人工配合机械开挖,开挖到压实度满足要求时为止,并将开挖的土方及时清理出台背回填范围外。

2. 下承层准备

原地面处理是解决台背回填下沉的关键,开工前首先对台背回填区天然地基的下承层采用压路机进行碾压处理,下承层压实度为 93%。基坑超挖部分采用素土分层夯实回填,层厚不得超过 20cm,压实度同样需达到 93%。

3. 填料选择与拌和(图 6-4)

填料统一采用二八灰土。石灰选用Ⅲ级以上磨细生石灰,每 200t 抽检一次,并根据进场情况加大检测频率。素土粒径不得大于 1.5cm,含水率控制在最佳含水率 ±2%。灰剂量严格控制在 10% +1%。采用厂拌设备或路拌机集中场拌。采用路拌机集中场拌时,场地应具备足够工作面,要求长度不得少于 50m,宽度不得大于 4m。拌和场地需画出网格线,设立高度控制线,计算素土和石灰用量后进行码方,根据灰剂量按体积比1:4均匀摊铺素土和铺洒石灰,然后用路拌机充分拌和两遍,路拌机应匀速行进,减少停顿。拌和后,由试验人员进行含水率、灰剂量的取样测定,如满足要求,可以使用;反之,进行洒水和加白灰,再次进行拌和。

4. 摊铺与整平

将拌和好的灰土用装载机铲运或自卸车拉运至台背,根据装载机每铲运土情况在台背上划分网格,确定各网格的填土量来控制松铺厚度,通过同点填前、填后抄平或立标尺来监控松铺厚度。松铺厚度根据试验确定,但不得超过20cm。先用装载机进行初平,再用人工配合平地机进行终平,死角处人工整平,灰土层面达到平整均匀。摊铺时,灰土层面坡度与涵洞坡度一致,以利台背灰土排水。

5. 压实

构造物两边应同时对称填筑,每层压实厚度按15cm控制。控制压实机械,碾压采用C220型振动压路机先进行稳压,然后低振两遍,最后用18~21t压路机静压,直至无明显轮迹。压实度为96%(从填方基底或涵洞顶部至路床顶面)。对于压路机无法压到的死角、边角,采用小型夯实机具(如电夯等)进行夯实(图6-5),直到压实度满足设计要求为止。

图6-4 填料选择与拌和

图6-5 夯实机

6. 洒水养生

碾压结束后,及时进行洒水养生。

7. 桥台防排水

防水及排水施工要求如下:

(1)桥、涵台背及挡土墙的墙背的粒料排水层应采用分层反开挖的施工方法施工。施工时,不得使周围的细粒土堵塞排水层的排水通道,以及满足排水要求。排水层内的水应引出路基外,必要时可在八字墙部位的排水层中加设100mmPVC多孔透水管。

(2)桥、涵基础顶面以下的部分,采用不透水的材料回填,回填时材料的强度应符合要求。挡土墙基础顶面以下的部分应按设计图纸的要求采取满砌或满浇混凝土的方法回填,图纸没有规定时,采用不低于基底强度要求的材料回填。

(3)在基础顶面及地面线附近的泄水孔底部,用厚为3cm的水泥砂浆进行封闭,以防止雨水渗入基底或继续下渗。

五、桥台附属工程施工要点

1. 桥台锥坡的施工要点

(1)锥体填土应按设计高程及坡度填足,砌筑片石厚度不够时再将土挖去,不允许填土不足,临时边砌石边填土。锥坡拉线放样时,坡顶应预先放高 2~4cm,使锥坡随同锥体填土沉降后,坡度仍符合设计规定。

(2)砌石时放样拉线要张紧,表面要平顺,锥坡片石背后应按规定做碎石倒滤层,防止锥体受水侵蚀变形。

(3)锥坡与路肩或地面的连接必须平顺,以利排水,避免砌体背后冲刷或渗透坍塌。

(4)在大孔土地区,应检查锥体基底及其附近有无陷穴,并彻底进行处理,保证锥体稳定。

(5)干砌片石锥坡,用小石子砂浆勾缝时,应尽可能在片石护坡砌筑完成后间隔一段时间,待锥体基本稳定再进行勾缝,以减少灰缝开裂。

(6)锥体填土应分层夯实,填料一般以黏土为宜。锥坡填土应与台背填土同时进行,并应按设计宽度一次填足。

2. 台后搭板的施工要点

(1)设置搭板是解决台后错台跳车的重要工程措施,其效果与搭板之下的路堤压缩程度和搭板长度有密切关系。

(2)桥头搭板应设置一个较大的纵坡 i_2,若路线纵坡是 i_1,则搭板纵坡应符合 $10\% \leqslant i_2 - i_1 \leqslant 15\%$,以保证在台后长度方向上的沉降分布较均匀,并逐渐缩小。搭板末端顶面应与路基平齐;搭板前端顶面应留有路面面层的厚度。

(3)对台后填土应有严格的压实要求。应先清理基坑,使其尺寸符合要求。接着进行基底压实,如压路机使用困难,可用小型手推式电动振动打夯机压实,并用环刀法测定压实度。基底填筑达到规定高程后,可填筑并压实二灰碎石,一般可用 12~15t 压路机压实,每层碾 6~8 遍,分层压实的厚度一般不大于 20cm,对于边角部位可用小型打夯机补压。可在填压达到搭板顶部的高程,压实或通行车辆一段时间后,再挖开浇筑搭板和枕梁。

(4)对上述填筑台后路堤材料有困难时,至少应选用透水性良好的砂性土,或掺用 40%~70% 的砂石料,分层厚度为 20~30cm,压实度不小于 95%。靠近后墙部位(1.5m 宽)可用小型打夯机,也可填筑块片石及级配砂砾石,用振动器振实。用振动器振实。用透水性材料填筑时,应以干密度控制施工质量。

(5)台背填筑前应在土基上或某一合适高度设置泄水管或盲沟,并注意将泄水管或盲沟引出路基之外。

3. 台后泄水盲沟施工

(1)地下水较多时,泄水盲沟以片石、碎石或卵石等透水材料砌筑,并按坡度设置,沟底用黏土夯实。盲沟应建在下游方向,出口处应高出一般水位 0.2m。平时无水的干河沟应高出地面 0.3m。

(2)如桥台在挖方内,横向无法排水时,泄水盲沟在平面上可在下游方向的锥体填土内折向桥台前端排水,在平面上呈 L 形。

(3)地下水较大时,盲沟的一般构造可参见图 6-6。盲沟施工时应注意下列事项:

①盲沟所用各种填料应洁净、无杂质,含泥量应小于 2%;

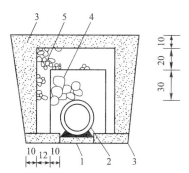

图 6-6 盲沟一般构造(尺寸单位:cm)
1-渗水管基座;2-渗水管;3-粗砂层;
4-粒径 2~3cm 卵石;5-粒径小于 2cm 卵石

②各层的填料要求层次分明,填筑密实;

③盲沟应分段施工,当日下管填料应一次完成;

④盲沟滤管一般采用无砂混凝土管或有空混凝土管,也可用短节棍混凝土管,但应在接头处留1～2cm间隙,供地下水渗入;

⑤盲沟滤管基底应用混凝土浇筑,并与滤管密贴,纵坡应均匀,无反向坡;管节应逐节检查,不合格者不得使用;

⑥管道安装完毕后,应将管内砂浆残渣、杂物清除干净。

第二节 钢筋混凝土墩台施工

学习内容:现浇柱式墩台施工;装配式柱式墩施工;后张法预应力混凝土装配墩施工;高墩施工要点。

学习目标:要求学生认知钢筋混凝土墩台施工的工序、工艺和质量控制措施与要求;认知支架和模板的构造要求;认知钢筋混凝土墩台施工的安全保障措施要求。

一、柱式墩台施工

1.现浇法施工

1)钢筋施工

所有钢筋均在钢筋加工场下料,弯制成型,现场绑扎。为便于施工,墩柱钢筋一般在地面绑扎完成,并在承台钢筋施工时吊装预埋,焊接定位,吊装后在周围对墩柱钢筋用三条钢丝绳进行对拉,用地锚固定。

2)模板施工

(1)模板构造

墩台身立柱均采用定型钢模板(图6-7)。钢模面板一般采用5mm厚钢板,面板外设竖向肋和围檩,竖肋采用8号槽钢,间距35cm一道;围檩采用12.5a槽钢,间距50cm一道,接合面以段续焊焊连。每节模板以两块半圆形钢模组成,接缝处焊接10mm厚连接钢板,钢板上每30cm设一螺栓孔,以M16螺栓连接。方柱形立柱钢模分四块拼接,拼接缝设置定位销和$\phi 16mm$连接螺栓,并在围檩转角处的端部设$\phi 16mm$钢拉杆加强。

(2)模板安装

墩台身钢筋骨架完成后,安装钢模时一般利用钢筋施工用后的支架,采用吊车将钢模自立柱钢筋顶部垂直吊入支架内。模板安装前由测量人员以全站仪测定墩身中心位置,在承台面上确定底口边线。模板合龙并初步就位后,以垂线吊中检查模板位置,以撬棍移动钢模,直至吊中垂线至模板周边距离均与立柱半径相等。垂线吊中时,应量取模板上、中、下三个部位的尺寸。准确就位后,固定钢模下口,在承台面上按钢模螺栓孔位置以电钻向混凝土内钻孔,孔深5～10cm,直径12mm,以$\phi 12mm$短钢筋头打入承台混凝土内。钢模周边采用上述方法固定四点后,再以斜撑木固定模板下部,以钢丝绳固定模板上口。上口钢丝绳通过倒链拉结于地锚上或桩柱上(图6-7)。墩身高度大于2m时,钢模上口应设混凝土浇筑作业平台,圆柱形墩作业平台尺寸为$(D+3.0)m \times (D+3.0)m$,以脚手钢管连接形成。平台底面的水平钢管支撑在钢模顶面,悬空部分设斜撑支承,斜撑下端插入钢模围檩间隙内。

3）墩柱混凝土浇筑

浇筑墩身混凝土，当下料高度较大时，应设置串筒。混凝土振捣操作人员应进入墩柱底部作业。每插点振捣时间不少于15s，混凝土的振捣常采用ZP22型行星棒，分层浇筑厚度一般为30cm。振动棒插点呈梅花形布置，间距50cm左右（振动半径的1.5倍）。每插点振捣时间为15～30s，至混凝土面大致平整，液面不再下沉，表面无气泡上冒时可换点振捣。插点布置时，还应注意模板边缘和转角位置。插点离模板边缘15cm左右，并尽量减少与钢筋、模板碰撞。振动棒操作时应做到快插慢拔，防止空气混入混凝土中。墩身混凝土应超高浇筑3cm，以便于盖梁底模与墩身紧密相贴，防止漏浆。

混凝土浇筑完成后，一般采用薄膜包裹养护，做到保湿保温。一般在夏季24h后就可拆除墩身模板，模板拆除应自上而下进行，采用吊车配合。支架拆除应由上层开始，所有杆件的拆除应逐层进行。

4）桥墩盖梁的施工

盖梁的钢筋骨架多在地膜上架设（图6-8），骨架高程一般要有1%的横坡，制作过程中应跟踪测量其布筋情况。盖梁的模板要保证整体的稳定性，各接缝要密闭，以免漏浆。盖梁混凝土浇筑后，要插入锚栓孔钢筋以及垫块钢筋网，并按要求进行混凝土养护，在混凝土强度达到规定的强度后即可拆除模板。

图6-7　定型钢模板

图6-8　盖梁钢筋骨架

2. 装配式柱式墩施工

装配式柱式墩系将桥墩分解成若干轻型部件，在工厂或工地集中预制，再运送到现场装配桥梁，如图6-9所示。其形式有双柱式[（图6-10a）]、刚架式[（图6-10b）]、排架式（图6-11）和板凳式等。

施工工序为预制构件、安装连接与混凝土养护等。其中拼装接头是关键工序，既要牢固安全，又要结构简单便于施工。常用的拼装接头有以下几种形式：

（1）承插式接头　将预制构件插入相应的预留孔内，插入长度一般为1.2～1.5倍的构件宽度，底部铺设2cm厚砂浆，四周以半干硬性混凝土填充，常用于立柱与基础的接头连接。

图6-9　预制墩

（2）钢筋锚固接头　构件上预留钢筋或型钢，插入另一构件的预留槽内，或将钢筋互相焊接,再灌注半干硬性混凝土,多用于立柱与顶帽处的连接。

(3)焊接接头　将预埋在构件中的铁件与另一构件的预埋铁件用电焊连接,外部再用混凝土封闭。这种接头易于调整误差,多用于水平连接杆与立柱的连接。

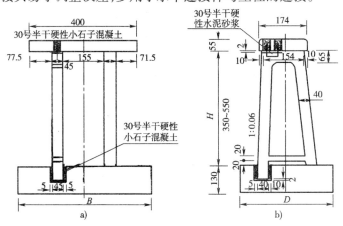

图 6-10　双柱式和刚架式拼装墩(尺寸单位:cm)

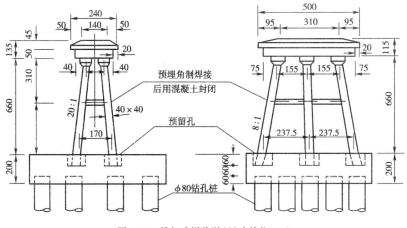

图 6-11　排架式拼装墩(尺寸单位:cm)

二、后张法预应力混凝土装配墩施工

装配式预应力钢筋混凝土墩分为基础、实体墩身和装配墩身三大部分(图6-12)。装配墩身由基本构件、隔板、顶板及顶帽四种不同形状的构件组成,用高强钢丝穿入预留的上下贯通的孔道内,张拉锚固而成。实体墩身是装配墩身与基础的连接段,其作用是锚固预应力钢筋,调节装配墩身高度及抵御洪水时漂流物的冲击等。

施工工艺流程分成施工准备、构件预制及墩身装配三方面。全过程贯穿着质量检查工作。实体墩身灌注时要按装配构件孔道的相对位置,预留张拉孔道及工作孔。构件装配的水平拼装缝采用 M5 水泥砂浆,砂浆厚度为 15mm,便于调整构件水平高程,不使误差积累。安装构件要求确保"平、稳、准、实、通"五个关键,即起吊平、构件顶面平、内外壁砂浆接缝要"抹平";起吊、降落、松钩要"稳";构件尺寸"准"、孔道位置"准"、中线"准"及预埋配件位置"准";接缝砂浆要"密实";构件孔道要"畅通"。张拉预应力的钢丝束分两种:一种是直径为 5mm 的高强度钢丝,用 18ϕ5mm 锥形锚;另一种用 7ϕ4mm 钢绞线,用 JM12~6 型锚具,采用

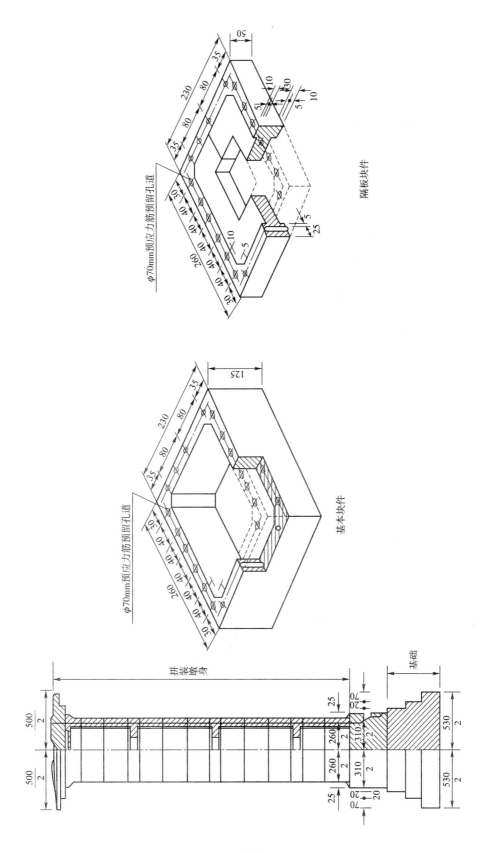

图 6-12 装配式预应力钢筋混凝土墩（尺寸单位：cm）

一次张拉工艺。张拉位置可以在顶帽上张拉,亦可在实体墩下张拉,一般多在顶帽上张拉。孔道压浆前先用高压水冲洗,采用纯水泥浆,为了减少水泥浆的收缩及泌水性能,可掺入水泥质量为$(0.8\sim1.0)/10\ 000$的铝粉。压浆最好由下而上压注。压浆分初压与复压,初压后,约停1h,待砂浆初凝即进行复压,复压压力可为$0.8\sim1.0$Pa,初压压力可小一点。压浆时,若构件上的砂浆接缝全部湿润,说明接缝砂浆空隙中压入了水泥浆,起到了密实接缝的作用。实体墩身的封锚采用与墩身同强度等级的混凝土,同时要采用防水措施。顶帽上的封锚采用钢筋网罩焊在垫板上,单个或多个连在一起,然后用混凝土封锚。

装配式墩台的允许偏差:《公路桥涵施工技术规范》(JTG/T F50—2011)规定,构件安装前必须检查其外形和构件的预埋件尺寸和位置,其允许偏差不得超过设计规定;构件安装就位完毕后,经过检查校正,符合要求,才允许焊接或浇筑混凝土以固定构件;分段安装的构件继续安装时,必须在先安装的构件固定和受力较大的接头混凝土达到设计要求的强度后方可进行(一般应达到设计强度等级的70%)。装配式墩台完成时的允许偏差为:

(1)墩台柱埋入基座内的深度和砌块墩、台埋置深度,必须符合设计规定;

(2)墩台倾斜为$0.3\%H$(H为墩台高),最大不得超过20mm;

(3)墩台顶面高程±10mm;墩台中线平面位置±10mm;相邻墩台柱间距±15mm。

三、高墩施工

公路通过深沟宽谷或大型水库,若采用高桥墩能使桥梁更为经济合理,它不仅可以缩短线路,节省造价,而且可以提高运营效益,减少日常维护工作。高桥墩可分为实体墩、空心墩与钢架墩。自20世纪70年代以来,较高的桥墩一般均采用空心墩。

高桥墩的施工设备与一般桥墩所用设备大体相同,但其模板却另有特色。一般有滑动模板、爬升模板、翻升模板等几种,这些模板都是依附于灌注的混凝土墩壁上,随着墩身的逐步加高而向上升高。目前滑动模板的高度已达百米。滑动模板施工的主要优点是:施工进度快,在一般气温下,每昼夜平均进度可达$5\sim6$m;混凝土质量好,采用干硬性混凝土,机械振捣,连续作业,可提高墩台质量;节约木材和劳力,有资料统计表明,可节省劳动力30%,节约木材70%;滑动模板可用于直坡墩身,也可用于斜坡墩身,模板本身附带有内外吊篮、平台与拉杆等,以墩身为支架,墩身混凝土的浇筑随模板缓慢滑升连续不断地进行,故而安全可靠。以下将介绍这三种施工方法。

1.滑模施工

1)滑动模板构造

滑模施工是现浇混凝土结构机械化生产的一种施工技术。滑模施工能连续作业,可以避免或减少施工缝;混凝土浇筑层较薄,浇灌振捣都在上口进行,容易保证混凝土质量;施工速度快,工期短;能利用各种机具设备,减轻工人劳动强度;不需要大量的支撑脚手架,在一定条件下,提升任务可以依靠滑模本身解决;另外,高空施工也比较安全。因此,对于20m以上的桥墩,利用滑模施工都比较经济。尤其是有几个相同截面的桥墩能够安排流水作业法,最有推广运用的价值。

滑模主要由模板系统、操作平台系统、液压提升系统组成,有吊运人员和混凝土任务的滑模还要增加内外提升系统。滑动模板的构造由于桥墩类型、提升工具的类型不同,模板构造也稍有差异,但其主要部件与功能则大致相同。一般主要由工作平台、内外模板、混凝土平台、工作吊篮和提升设备等组成,如图6-13所示。

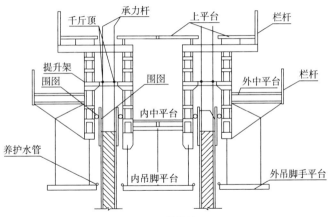

图 6-13 滑模施工

(1) 工作平台由外钢环、辐射梁、内钢环、栏杆、步板组成，除提供施工操作的场地外，还用它把滑模的其他部分与顶杆相互连接起来，使整个滑模结构支承在顶杆上。可以说，工作平台是整个滑模结构的骨架，因此，应具有足够的强度和刚度。

(2) 内外模板采用薄钢板制作，用于上下壁厚相同的直坡空心桥墩的滑模。内外模板均通过立柱固定在工作平台的辐射梁上。用于上下壁厚相同的斜坡空心墩的收坡滑模，内外模板仍固定在立柱上，但立柱架（或顶梁）不是固定在辐射梁上，而是通过滚轴挂在辐射梁上，并可利用收坡丝杆沿辐射方向移动立柱架及内外模板位置。用于斜坡式不等壁厚空心墩的收坡滑模，则内外立柱固定在辐射梁上，而在模板与立柱间安装收坡丝杆，以便分别移动内外模板的位置。

(3) 混凝土平台由辐射梁、步板、栏杆等组成，利用立柱支承在工作平台的辐射梁，供堆放及灌注混凝土施工操作之用。

(4) 工作吊篮悬挂在工作平台的辐射梁和内外模板的立柱上，它随着模板的提升而向上移动，供施工人员对刚脱模的混凝土进行表面修饰和养生等施工操作之用。

(5) 提升设备由千斤顶、顶杆、顶杆导管等组成，通过顶升工作平台的辐射梁使整个滑模提升，如图 6-14 所示。

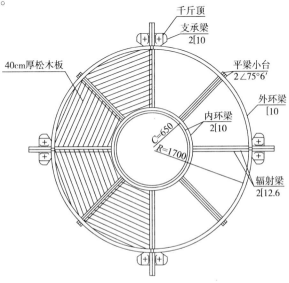

图 6-14 滑模施工工作平台（尺寸单位：cm）

2)施工准备工作

(1)混凝土配合比设计

滑模混凝土宜采用半干硬或低流动混凝土,要求和易性好,不易产生离析、泌水现象,坍落度应控制在 3～5cm 范围内,混凝土出模强度宜控制在 0.2～0.4MPa,以保证混凝土出模后既能易于抹光表面,不致拉裂或带起,又能支承上部混凝土的自重,不致流淌、坍落或变形。混凝土强度过低时,混凝土易坍塌,不能承受上部浇筑的混凝土自重;若强度过高,则模板与混凝土之间产生黏结,滑升困难,易发生拉裂、掉角现象。

模板的滑升速度取决于混凝土的出模强度、支承杆的受压稳定和施工过程中结构的整体稳定性。在浇筑上层混凝土时,下层混凝土仍处于塑性状态,故要求初凝时间控制在2h左右,在出模时混凝土应接近终凝,故要求终凝时间控制在 4～6h。

如果由于气温条件、施工条件、水泥品种等因素的影响,混凝土凝结速度过快或过慢,在规定的滑升速度下,不能保证最优出模强度要求时,则可在混凝土中掺入缓凝剂或减水剂。

(2)滑模施工的组织设计

滑模施工是一项综合性工艺,为此必须做好详细的施工组织计划,制订可靠的质量保证措施,设立完善的安全保证体系,以保证连续作业和施工质量。

(3)模板制作及滑模系统

先根据墩台结构形式确定模板的组合方式和合适的围圈材料及围圈断面,计算各种规格模板所需数量,然后确定模板及千斤顶的连接方式,最后绘制滑模各组成部分详图。滑升模板及配套设备主要有:钢模板围圈、支承杆(亦称爬杆、顶杆)、千斤顶、顶架、操作平台和吊装设备等。改进后的模板装置,则由以下 3 部分组成:

①滑模系统。由全钢模及提升架组成,钢模均使用定型钢模板,模板中间采用螺栓连接。

围圈应有一定的刚度,围圈接头应采用刚性连接,并上下错开布置附着在钢模板上联成一个整体,以防模板变形。

②提升系统。由液压控制台、千斤顶、油路及支承杆组成,控制台采用 HY-36 型,千斤顶采用 QYD-60 型。油路为三级并联,液压控制台设置在操作平台中部。

③操作平台系统。由外挑架及吊架组成。外挑架采用钢管连接为桁架形式,以增加整体刚度。外设防护栏杆,挂安全网。

施工放样、绑扎钢筋后,设备的组装顺序如下:

拼装模板→安装提升架腿→安装外挑架及钢管→铺外平台→安装千斤顶及油路,调试液压系统→插支承杆→调平后设限位卡→挂安全网。

(4)机具设备准备

爬杆用材以前常用 $\phi 25mm$ 的圆钢,后因其承压能力小,较易发生弯曲而被同截面的 $48mm \times 3.5mm$ 钢管取代。钢管位置一般取决于墩台的截面,爬杆应尽量处于混凝土的中心,其数量由起重量计算确定,应做到受力均匀,提升同步并具有一定的安全储备,通常其间距为 1.5～2.5m。

为了保证工期进度,滑模设备必须准备4套以上,用混凝土运输车及塔吊运送混凝土,钢筋焊接采用电渣压力焊。

3)施工过程

(1)钢筋绑扎 钢筋绑扎一般在组装模板之前完成。构造物水平钢筋第一次只能绑至和模板相同的高度,以上部分在滑升开始后在千斤顶架横梁下和模板上口之间的空隙内绑扎。为施工方便,竖向钢筋每段长度不宜过长。钢筋接长时,在同一断面内钢筋接头截面积不宜超过钢筋总截面积的50%。

（2）提升过程（图6-15）　混凝土初浇筑高度一般为60cm,分2~3层浇筑,3~4h后即可将模板升5cm,检查出模混凝土强度是否合格,合格后可以将模板提升3~5个千斤顶行程。第一个行程试滑后停机检查模板结构、滑升系统是否正常,正常后转入连续滑升。在正常气温下,滑升速度为20~30cm/h,继续绑扎钢筋,浇筑混凝土,开动千斤顶,提高模板。如此反复作业,直到完成结构工程量为止,平均每昼夜滑升2.4~6m。每次浇筑混凝土应

图6-15　混凝土提升过程

分段、分层均匀进行,分层厚度一般为20~30cm,每次浇筑至模板上口以下约10cm为止。各层浇筑时间间隔应不大于混凝土的凝结时间,当时间间隔超过时,对接茬处应按施工缝要求进行处理。在分段浇筑时应对称浇筑,各段浇筑时间应大致相等。当气温较高时,宜先浇筑内墙,后浇筑阳光直射的外墙；先浇筑直墙,后浇筑墙角。在浇筑混凝土的同时,应随时清理黏结在模板内表面的砂浆或混凝土,以免增加滑行阻力,影响表面光滑,造成质量事故。混凝土宜采用振捣棒捣实,振捣时不得触及钢筋、模板和支承杆,振捣棒插入下一层混凝土的深度不得超过5cm。滑升速度应与混凝土凝固程度相适应,一般情况下,混凝土表面湿润,手摸有硬的感觉,可用手指按出深度1mm左右的印子,或表面用抹子可抹平时即可滑升。脱模后8h左右就需要进行混凝土养生。养生可根据具体情况采取养护液保水养生、缠裹塑料薄膜养生、附在吊架下环绕墩台身的带小孔管养生。当混凝土浇至最后1m时,应注意操平找正,要全面检查,最后分散浇平。浇筑要均匀,要注意变换浇筑方向,防止墩台倾斜或扭转。在混凝土强度达到设计强度的70%时进行拆模工作,注意按一定顺序进行,以确保安全。

（3）滑升状态检查控制　滑升过程中,应遵循"薄层浇筑,均衡提升,减少停顿"的原则,其他各工序作业均应在限定时间内完成,不得以停滑或减缓滑速来迁就其他作业。每滑升300mm,千斤顶用限位卡平一次,用平台水平控制水平偏差。滑升高程由专人负责,每滑升1.5m用水平仪低度操平一次,以确保高程准确无误。滑升时,当垂直度超过3mm时应采取纠偏措施。

（4）滑模停滑措施　滑模滑升时,因停电等特殊原因停滑时,需要采取停滑措施：第一,混凝土浇筑至同一水平面；第二,1h提升一个行程,直至混凝土初凝并与模板脱离,但混凝土在模板内的剩余量不小于模板全高的1/2；第三,继续滑升时,混凝土的接茬应按施工缝处理。

4）施工过程的控制项目

（1）墩台竖直度的控制　墩台竖直度允许偏差为墩台高度的0.3%,且不超过20mm。为此,在正常的施工中,每滑升1m就要进行一次中心校正。滑升中如发现偏扭,应查明原因,逐渐纠正。纠正的方法一般是将偏扭一方的千斤顶相对提高2~4cm后逐步纠正,每次纠正量不宜过大,以免产生明显的弯曲现象。

（2）操作平台水平度的控制　控制操作平台的水平度是滑模施工的关键之一,如果操作

平台发生倾斜,将导致墩台扭转和滑升困难。为避免平台倾斜,平台上材料堆放要均匀,并应注意混凝土浇筑是否顺利,还要经常进行观测和调整。具体做法是用水平仪观察各千斤顶高差,并在支承杆上画线标记千斤顶应滑升到的高度,在同一水平面上的千斤顶其高度不宜大于 20mm,相邻千斤顶高差不宜大于 10mm。

(3) 模板安装准确度的控制　滑升模板一旦组装好直到施工完毕,中途一般不再拆装。因此,模板安装要认真、细致,符合允许误差的要求。模板组装前,要检查起滑线以下已施工的基础或结构的高程和几何尺寸,并标出结构的设计轴线、边线和提升架的位置等。

(4) 爬杆弯曲度的控制　爬杆弯曲必须予以防止,否则会引起严重的质量和安全事故。

爬杆负荷要通过计算确定,如果负荷过大或脱空距离过大时,就会引起爬杆弯曲,平台倾斜也会使爬杆弯曲。若爬杆弯曲程度不大,可用钢筋与墩台主筋焊接固定,以防再弯;若弯曲较大时,应切去弯曲部分,再补焊一截新杆。弯曲严重时,应切去上部,另换新杆。新杆与混凝土接触面应垫 10mm 厚钢靴。

2. 液压爬模施工

爬模是适用于高层建筑或高耸构造物现浇钢筋混凝土结构的先进模板施工工艺。液压自动爬升模板是依附在建筑结构上,随着结构施工而逐层上升的一种模板体系,当混凝土达到拆模强度后脱模,模板不落地,依靠机械设备和支承体将模板和爬模装置向上爬升一层,定位紧固,反复循环施工。液压千斤顶自动爬升模板是滑模和支模相结合的一种新工艺,它吸收了支模工艺按常规方法浇筑混凝土,劳动组织和施工管理简便,受外界条件的制约少,混凝土表面质量易于保证等优点,又避免了滑模施工常见的缺陷,施工偏差可逐层消除。液压千斤顶自动爬模工艺将立面结构施工简单化,节省了按常规施工所需的大量反复装拆所用的塔吊运输,使塔吊有更多的时间保证钢筋和其他材料的运输。液压爬模工艺在 N 层安装即可在 N 层实现爬模。爬模可节省模板堆放场地,对于在城市中心施工、场地狭窄的项目有明显的优越性。液压爬模的施工现场文明,在工程质量、安全生产、施工进度和经济效益等方面均有良好的保证。

1) 液压爬模系统

液压爬模系统主要由爬升装置、外组合模板、移动模板支架、上爬架、下吊架、内模板及电器、液压控制系统等部分构成,如图 6-16 所示。

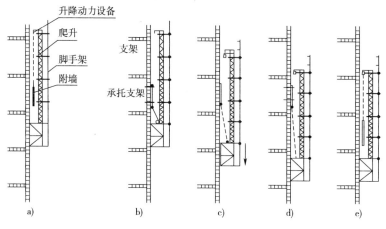

图 6-16　液压爬模系统

爬升装置由锚锥、锚板、锚靴、爬头、轨道、下撑脚、步进装置、承重架及支撑等部件组成。

锚锥是液压爬模系统的主要预埋件,由以下构件组成:伞形头、内连杆、锥形接头、高强螺栓等,锚锥通过堵头螺栓固定在外组合模板上,在关模后浇筑混凝土时将其埋入混凝土中。它是整个液压爬模系统的最终承力结构。锚板通过连接螺栓安装在预埋的锚锥上并附着于已浇筑混凝土墙体上,锚靴是挂在锚板上的传力装置,锚板和锚锥承接轨道和主梁传递的荷载,它主要受施工活荷载、重力荷载、风荷载及弯矩等作用,故其具有很强的抗拉、抗剪和抗弯力,同时它还起到为轨道导向的作用。轨道由两根槽钢及一系列梯档组焊而成,梯档间距300mm,供上下步进装置的爬头将荷载传递到轨道,进而传递到埋件系统上。爬头及步进装置是在千斤顶的顶升下实现轨道及爬架交替爬升的爬升装置。

承重架承受整个液压爬模系统自重及施工荷载,并通过轨道、锚靴、锚板和锚锥传递到已浇筑混凝土墩柱上。

模板系统为减轻液压爬模系统自重,外组合模板为可拆装式组合钢木模板,由面板、木I字形梁、背楞及其连接件、模板对拉螺杆组成。面板通常采用优质进口面板材料,板面为酚醛树脂双面覆膜,四周边缘采用防水涂料封边,均为活动可拆换式,方便根据需要更换面板,以确保混凝土外观质量。

内模板通常也采用可拆式组合钢木模板,面板可采用国产胶合板,背楞及围檩均可采用小型槽钢。

模板支架:移动模板支架由型钢通过销轴及螺栓连接,组成一个可拆装式的三角稳定支撑体系,设置于承重架上。主要构件有竖围檩、横梁、可调撑杆及实现支架移动的齿轮齿条等。移动模板支架在浇筑混凝土时安装和支撑模板,并承受部分混凝土侧压力。混凝土浇筑完毕后,通过支架上齿轮条带动固定在支架上的模板整体脱模,并可让出足够空间,进行模板维护工作。

上爬架是模板安装、调整、拆除,锚锥的安装及待浇混凝土段的钢筋绑扎施工的工作平台支架,共三层,由若干基本单元构件拼装而成。

下吊架由吊杆、横梁及斜撑组成,所有部件均为拼装构件,采用螺栓和销轴连接。共三层,主要作为爬升装置操作、锚锥的拆除、墩身混凝土表面修饰及设置电梯入口的工作平台支架。

动力装置与管路系统由液压动力站、快换管路、液压缸和电控及其操作系统等几个主要部分构成。

2)液压爬模工艺原理

爬模的爬升通过液压油缸对导轨和爬架交替顶升来实现。当爬模架处于工作状态时,导轨和爬模架都支撑并安装在预埋锚锥的锚板上,两者之间无相对运动。退模后,在所浇段混凝土中预埋的锚锥上安装连接螺杆、锚板及锚靴,调整步进装置手柄方向来顶升导轨,爬架附墙不动,待导轨顶升到位并锁定在锚板及锚靴上后,操作人员转到下平台拆除导轨提升后露出的位于下平台处的锚板及锚靴等。解除爬模架上所有拉结,进入爬模架升降状态,调整步进装置手柄方向顶升爬模架,导轨保持不动,爬模架就相对于导轨向上运动。在液压千斤顶一个行程行走完毕后,通过步进装置一个爬头锁定爬升对象,一个爬头回缩或回伸,进行下一行程爬升,直至完成爬升过程,如图6-17所示。

3)液压千斤顶自动爬模施工工艺(图6-18)

(1)施工方法

爬模施工程序如下:

①绑扎第一层墙体钢筋,安装门窗洞口边框模板,边框模板之间加支撑稳固,防止变形。
②安装模板及爬模装置。第一层为非标准层时,爬升模板多爬升一次。
③按常规操作方法浇筑墙体混凝土,每个浇灌层高度1m左右,即标准层模板高度范围内分4~5个浇筑层,分层浇筑,分层振捣,混凝土浇筑宜采用布料机。
④当混凝土强度能保证其表面及棱角不因拆除模板而受损坏后,方可开始脱模,一般在强度达到1.2MPa后再进行。
⑤脱模程序。取出穿墙螺栓,松开大模板与角模之间的连接螺栓;大模板采取分段整体进行脱模,首先用脱模器伸缩丝杠,顶住混凝土脱模,然后用活动支腿伸缩丝杠使模板后退,墙模一般脱开混凝土50~80mm;将角模脱模后,应将角模紧固于大模板上,以便于一起爬升。
⑥在预埋螺栓位置安装连接螺栓和钢牛腿,安装导轨滑轮和防坠装置,下降支承杆至混凝土墙顶,开始液压爬升。边爬升边绑扎上层钢筋,安装墙内的预埋铁件,预埋管线等。
⑦模板下口爬升高出上层楼面高程600~800mm。支楼板底模板,绑扎楼板钢筋,浇筑楼板混凝土。但应注意的是,筒体内模要比外模低,且要充分考虑与下层混凝土墙体有效搭接等方面。
⑧紧固墙模,浇筑墙体混凝土,重复⑤~⑦步骤。

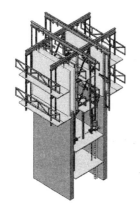

图6-17 自动爬模

图6-18 自动爬模施工

(2)防偏与纠偏

采用爬模工艺施工的高层建筑,结构复杂,模板爬升总高度较高,对主体工程垂直度的要求高,故以防偏为主,纠偏为辅。

①防偏措施

a. 严格控制支承杆高程、限位卡底部高程、千斤顶顶面高程,使它们保持在同一水平面上,做到同步爬升。每隔1 000mm调平一次。

b. 操作平台上的荷载(包括设备、材料及人流)应保持均匀分布。

c. 保持支承杆的清洁、稳定和垂直度,定位用的埋入式支承杆用短钢筋同结构钢筋焊接加固。

d. 注意混凝土的浇筑顺序、匀称布料和分层浇捣。

②纠偏方法

a. 在偏差方向将提升架立柱下部的纠偏丝杠滑轮顶紧墙面,向偏差反方向纠偏。必要时采用 3/8 钢丝绳和 5t 手动葫芦,从一个墙角的提升架或外围图到另一个墙角的门洞(加钢管)或穿墙螺栓洞(加钢筋)上,向偏差的反方向拉紧。

b. 纠偏前应认真分析偏移或旋转的原因,采取相应措施,如荷载不均匀,应先分散或撤除荷载等,然后再进行纠偏。纠偏过程中,要注意观测平台激光靶的偏差变化情况,纠偏应徐缓进行,不能矫枉过正。当采用钢丝绳纠偏时,应控制好钢丝绳的松紧度,纠偏完成、浇筑混凝土后,要及时放松钢丝绳。

(3)模板的清理和润滑

①一般情况下,当模板脱开混凝土 50~80mm 后即可进行清理。清理的主要方法是:定员定岗,分段包干,对于模板上口的积垢,用铲刀除掉。对于板面要用长柄铲刀除掉,然后用清水冲洗。必要时,墙体模板可以尽量向外退 400~500mm。其方法是拆除角模和平模的连接以及分段背楞之间的连接,拆除提升架立柱与横梁的钢销和斜撑的连接螺栓,依靠立柱上端的滑轮,向外推动或用平移丝杠向外顶动。此时,工人可以进入钢筋与模板之间进行清理。

②模板脱模剂要采用专用 M75 脱模油剂或 M73 化学脱模剂等。

③对于模板上的脱模器和支腿的调节丝杠应经常清理和注油润滑。

3. 翻模施工

翻模吸取了滑模、爬模的优点,把平台和模板分成了两个独立的体系,克服了滑模施工要求的连续性、施工组织的复杂性及混凝土外表质量差的不足,解决了爬模形成施工平台困难的问题。

1)翻模系统

翻模结构由工作平台、提升架、内外吊架、模板系统、提升设备、抗风架、中线控制系统和附属设备等部件组成。

2)翻模施工的基本原理

将工作平台支承于已达到一定强度的墩身混凝土上,以液压千斤顶或手拉葫芦为动力提升工作平台,达到一定高度后在平台上悬挂吊架,施工人员在吊架上进行模板的拆卸、提升、安装、钢筋绑扎等项作业,进行混凝土的浇筑、振动工作,吊架移位单元和中线控制等作业则在工作平台上进行。内外模共设两节,每节高度为 3m,循环交替翻升。当第二节混凝土灌注完成后,拆卸并提升第一节模板至第三节上方,安装、校正后,浇筑混凝土,提升工作平台,依次周而复始。当临近墩顶连接处时,在墩身上预埋托架钢板,支立墩顶模板,浇筑墩顶连接处混凝土,直至完成整个墩身的施工。

3)施工准备

翻模施工的桥墩质量与翻模的设计、加工和施工控制密切相关,因此,在施工前要做好人员、机具设备、场地等的准备工作,编制施工工艺细则,进行技术培训。翻模在工厂制作完成后,应检查测试其参数是否符合设计要求并编号;翻模运到工地后,要进行试拼,提升设备各部件应提前进行调试。

4)工作平台及翻模组装

(1)组装顺序

平台就位方法选择得当与否,对平台翻模施工一开始能否进入正常状态至关重要。在浇筑根部变化端空心墩混凝土时,按顶杆的位置,用 70mm 铁皮管预留套管孔洞,组装工作平台时,将套管和顶杆插入预留孔内就可使平台形成稳定状态。

(2)组装注意事项

①工作平台必须对中调平,平台上设备、材料对称均匀布置;

②第一节模板组装时必须确保中线水平精度要求,模板间连接缝保证平顺密贴,安装第一节顶杆时,必须用不同长度顶杆交替排列,避免顶杆接头在同一水平高度,影响平台的稳定性;

③第三节模板组装时应同时安装内外吊装架并绑扎好安全网;

④液压设备安装必须严格按产品技术要求进行;

⑤内外模之间必须设拉筋和支撑;

⑥电气设备必须做好接地保护,电线接头必须绝缘。

5)钢筋绑扎

钢筋绑扎在吊架上进行,应检查成型钢筋接头是否符合设计和规范要求。

6)混凝土浇筑

浇筑混凝土前,应对模板、钢筋及预埋件进行检查,并做好记录,符合设计要求后方可进行浇筑。混凝土采用拌和站集中拌和,灌车配合混凝土输送泵浇筑。入模前应检查混凝土的均匀性和坍落度。浇筑混凝土时,应分层、均匀、对称进行,每层厚度不超过30cm。振捣时做到不欠振,振动棒不要插得过深,深入下层5cm左右,也不得碰触模板及其他预埋件。

7)提升工作平台

第一次提升工作平台应在混凝土灌注达到一定高度后进行,时间应在初凝后终凝前。提升高度以千斤顶一个行程(3~6cm)为限。第二次及以后提升工作平台,提升高度与第一次相同。提升工作平台的总高度以能满足一节模板组装高度即可,切忌空提过高。提升过程中应随时进行纠偏、调平。

8)模板翻升

(1)模板解体。在灌注最上层混凝土前,将第一层模板翻升。翻升前可将模板对称分解成几大部分进行整体解体,然后提升和安装。解体前先用挂钩吊住模板,然后抽出拉筋,拆下围带。

(2)模板提升。将拆下的模板吊升到相邻的上节模板位置,及时将模板清理干净,在安装位置进行组装。吊升过程中应有专人检查监视,以防模板与固定物触碰。

(3)最后检查模板组装质量,合格后方可安放撑木,拧紧拉筋,紧固好各部连接螺栓。

9)翻模拆除

拆模顺序为:后支的先拆,先支的后拆,先拆除非承重部分,后拆除承重部分,重大、复杂的模板拆除应制订相应的拆模方案。拆模时间视混凝土强度情况及结构类型而定,并遵照招标文件的规定和有关规范执行。翻模拆除与组装顺序相反。拆除工作应在停工处理后进行,平台上堆放的材料和机具先清除走。拆除前必须在纵、横梁下均匀垫放木块,并用木楔楔紧。拆除工作必须严格对称进行,边拆边运。拆除顺序为:拆模板→卸吊装→拆提升支架→去平台铺板→卸液压控制台→卸千斤顶→除套管连接螺栓→平台解体→抽顶杆→灌孔。

 思考与练习题

1. 简述桥墩台模板常见类型和设计的原则要求。
2. 简述墩台混凝土浇筑施工中质量控制的要点。
3. 简述墩台砌筑施工的技术要点。

4. 简述台背回填与防排水的技术要求。
5. 简述台后搭板的施工要点。
6. 简述墩柱混凝土浇筑的技术要点。
7. 简述高桥墩滑模施工过程中的控制项目。
8. 简述高桥墩爬模施工主要程序。
9. 简述翻模的组成系统。

第七章 基础、墩台质量检测与评定

第一节 基础工程质量检测与评定

学习内容：模板、支架和拱架；钢筋；混凝土及钢筋混凝土；砌体及扩大基础；钻（挖）孔桩；承台以及大体积混凝土结构等施工质量的评定。

学习目标：要求学生认知扩大基础和桩基础工程的施工质量检测与评定要求及方法；认知扩大基础和桩基础质量检测的技术标准。

一、桥梁单位、分部及分项工程的划分

桥梁工程的单位工程、分部工程及分项工程的划分，通常按一般建设项目进行划分。一般建设项目的工程划分方法与内容见表7-1。

一般建设项目的工程划分 表7-1

单位工程	分部工程	分项工程
桥梁工程（特大、大、中桥）	基础及下部构造*（每桥或每墩、台）	扩大基础，桩基*，地下连续墙*，承台，沉井*，桩的制作*，钢筋加工及安装，墩台身（砌体）浇筑*，墩台身安装，墩台帽*，组合桥台*，台背填土，支座垫石和挡块等
	上部构造预制和安装*	主要构件预制*，其他构件预制，钢筋加工及安装，预应力筋的加工和张拉*，梁板安装，悬臂拼装*，顶推施工梁*，拱圈节段预制，拱的安装，转体施工拱*，劲性骨架拱肋安装*，钢管拱肋制作*，钢管拱肋安装*，吊杆制作和安装*，钢梁制作*，钢梁安装，钢梁防护*等
	上部构造现场浇筑*	钢筋加工及安装，预应力筋的加工和张拉*，主要构件浇筑*，其他构件浇筑，悬臂浇筑*，劲性骨架混凝土拱*，钢管混凝土拱*等
	总体、桥面系和附属工程	桥梁总体*，钢筋加工及安装，桥面防水层施工，桥面铺装*，钢桥面铺装*，支座安装，搭板，伸缩缝安装，大型伸缩缝安装*，栏杆安装，混凝土护栏，人行道铺设，灯柱安装等
	防护工程	护坡，护岸*，导流工程*，石笼防护，砌石工程等
	引道工程	路基，路面*，挡土墙*，小桥*，涵洞*，护栏等

注：表内标注*号者为主要工程，评分时给以2的权值；不带*者为一般工程，权值为1。

二、基础工程质量检测与评定

桥涵施工必须按照国家有关的基本建设程序进行。施工单位的工程质量负责人对工程应进行自检，在施工完成后应配合监理工程师检查验收。在此将《公路工程质量检验评定标

准》(JTG F80/1—2004)和《公路桥涵施工技术规范》(JTG/T F50—2011)中常规桥涵施工的质量检查和质量标准摘录如下。

1. 模板、支架和拱架

模板、支架和拱架制作应根据设计要求确定模板的形式及精度要求,在设计无规定时,参照《公路桥涵施工技术规范》(JTG/T F50—2011),执行(表7-2)。

模板、支架及拱架制作时的允许偏差表　　表7-2

项　目			允许偏差(mm)
木模板制作	模板的长度和宽度		±5
	不刨光模板相邻两板表面高低差		3
	刨光模板相邻两板表面高低差		1
	平板模板表面最大的局部不平	刨光模板	3
		不刨光模板	5
	拼合板中木板间的缝隙宽度		2
	支架、拱架尺寸		±5
	榫槽嵌接紧密度		2
钢模板制作	外形尺寸	长和高	0, -1
		肋高	±5
	面板端偏斜		≤0.5
	连接配件(螺栓、卡子等)的孔眼位置	孔中心与板面的间距	±0.3
		板端中心与板端的间距	0, -0.5
		沿板长、宽方向的孔	±0.6
	板面局部不平		1.0
	板面和板侧挠度		±1.0

注:①木模板中第5项已考虑木板干燥后在拼合板中发生缝隙的可能。2mm以下的缝隙,可在浇筑前浇湿模板,使其密合。
②板面局部不平用2m靠尺、厚薄规检测。

模板、支架和拱架安装的允许偏差,在设计无要求时,应符合表7-3的规定。

模板、支架及拱架安装的允许偏差　　表7-3

项　目		允许偏差(mm)
模板高程	基础	±15
	柱、墙和梁	±10
	墩台	±10
模板内部尺寸	上部构造的所有构件	+5,0
	基础	±30
	墩台	±20
轴线偏位	基础	15
	柱或墙	8
	梁	10
	墩台	10

续上表

项 目		允许偏差(mm)
装配式构件支承面的高程		+2, -5
模板相邻两板表面高低差		2
模板表面平整		5
预埋件中心线位置		3
预留孔洞中心线位置		10
预留孔洞截面内部尺寸		+10, 0
支架和拱架	纵轴的平面位置	跨度的1/1 000或30
	曲线形拱架的标高(包括建筑拱度在内)	+20, -10

2. 钢筋

钢筋混凝土中的钢筋和预应力混凝土中非预应力钢筋必须符合现行《钢筋混凝土用钢 第1部分:热轧光圆钢筋》(GB 1499.1——2008)、《钢筋混凝土用钢 第2部分:热轧带肋钢筋》(GB 1499.2—2007)、《冷轧带肋钢筋》(GB 13788—2008)、《低碳钢热轧圆盘条》(GB/T 701—2008)的规定。钢筋应具有出厂质量证明书和试验报告单。对桥涵所用钢筋应抽取试样做力学性能试验。钢筋质量检查和质量标准尚应满足下列规定。

1)钢筋的加工

钢筋加工的允许偏差不得超过表7-4的规定。

钢筋加工的允许偏差 表7-4

项 目	允许偏差(mm)
受力钢筋顺长度方向加工后的全长	±10
弯起钢筋各部分尺寸	±20
箍筋、螺旋筋各部分尺寸	±5

2)钢筋的焊接

焊接钢筋网和焊接骨架的偏差不得超过表7-5的规定。

焊接网及焊接骨架的允许偏差 表7-5

项 目	允许偏差(mm)	项 目	允许偏差(mm)
网的长、宽	±10	骨架的宽及高	±5
网眼的尺寸	±10	骨架的长	±10
网眼的对角线差	15	箍筋间距	0, -20

3)钢筋的安装

钢筋的级别、直径、根数和间距均应符合设计要求。绑扎或焊接的钢筋网和钢筋骨架不得有变形、松脱和开焊,钢筋位置的偏差不得超过表7-6的规定。

钢筋位置允许偏差 表7-6

检 查 项 目			允许偏差(mm)
受力钢筋间距	两排以上排距		±5
	同排	梁、板、拱肋	±10
		基础、锚碇、墩台、柱	±20
	灌注桩		±20

续上表

检 查 项 目		允许偏差(mm)
箍筋、横向水平钢筋、螺旋筋间距		±10
钢筋骨架尺寸	长	±10
	宽、高或直径	±5
弯起钢筋位置		±20
保护层厚度	柱、梁、拱肋	±5
	基础、锚碇、墩台	±10
	板	±3

3. 混凝土及钢筋混凝土工程

实施混凝土质量控制应符合下列规定：

（1）通过对原材料的质量检验与控制，混凝土配合比的确定与控制，混凝土生产和施工过程各工序的质量检验与控制，以及合格性检验控制，使混凝土的质量符合规定要求。

（2）在施工过程中应进行质量检测，应用各种质量管理图表，掌握动态信息，控制整个生产和施工期间的混凝土质量，制订保证质量的措施，完善质量控制过程。

（3）必须配备相应的技术人员和必要的检验及试验设备，建立和健全必要的技术管理与质量控制制度。

1）质量检验

（1）各种材料、各工程项目和各个工序，应经常进行检验，保证符合设计和施工技术规范的要求。检验项目和次数应符合下列规定。

①浇筑混凝土前的检验：

a. 施工设备和场地；

b. 混凝土组成材料及配合比（包括外加剂）；

c. 混凝土凝结速度等性能；

d. 基础、钢筋、预埋件等隐蔽工程及支架、模板；

e. 养护方法及设施，安全设施。

②拌制和浇筑混凝土时的检验：

a. 混凝土组成材料的外观及配料、拌制，每一工作班至少2次，必要时随时抽样试验；

b. 混凝土的和易性（坍落度等）每工作班至少2次；

c. 砂石材料的含水率，每日开工前检测1次，气候有较大变化时随时检测；当含水率变化较大、将使配料偏差超过规定时，应及时调整；

d. 钢筋、模板、支架等的稳固性和安装位置；

e. 混凝土的运输、浇筑方法和质量；

f. 外加剂使用效果；

g. 制取混凝土试件。

③浇筑混凝土后的检验：

a. 养护情况；

b. 混凝土强度，拆模时间；

c. 混凝土外露面或装饰质量；

d. 结构外形尺寸、位置、变形和沉降。

(2)隐蔽工程检查、分部工程检查、工程变更设计、施工技术修改、施工方案变更、质量事故的发生和处理等事项,应按有关规定及时通知有关人员。

(3)对混凝土的强度,应制取试件检验其在标准养护条件下28d龄期的抗压极限强度。试件制取组数应符合下列规定:

①不同强度及不同配合比的混凝土应分别制取试件,试件应在浇筑地点或拌和地点随机制取。

②浇筑一般体积的结构物(如基础、墩台等)时,每一单元结构物应制取2组。

③连续浇筑大体积结构物混凝土时,每80~200m³或每一工作班应制取2组。

④每片梁长16m以下应制取1组,16~30m制取2组,31~50m制取3组,50m以上者不少于5组。

⑤就地浇筑混凝土小桥涵,每一座或每一工作班制取不少于2组;当原材料和配合比相同,并由同一拌和站拌制时,可几座合并制取2组。

(4)应根据施工需要,制取与结构物同条件养护的试件作为考核结构混凝土在拆模、出池、吊装、预施应力、承受载荷等阶段强度的依据。

2)质量标准

(1)混凝土抗压强度应以标准条件下养护28d龄期试件的抗压强度进行评定,其合格条件如下:

①应以强度等级相同、龄期相同以及生产工艺条件和配合比相同的混凝土组成同一验收批,同一验收批的混凝土强度应以同批内所有各组标准尺寸试件的强度测定值(当为非标准尺寸试件时应进行强度换算)为代表值。

②大桥等重要工程及中小桥、涵洞工程的试件大于或等于10组时,应以数理统计方法按下述条件评定:

$$R_n - K_1 S_n \geq 0.9R \quad (7-1)$$
$$R_{\min} \geq K_2 R \quad (7-2)$$

式中:R_n——同批 n 组试件强度的平均值(MPa);

n——同批混凝土试件组数;

S_n——同批 n 组试件强度的标准差(MPa),当 $S_n < 0.06R$ 时,取 $S_n = 006R$;

R——设计的混凝土强度等级(MPa);

$R_{\min}$——n 组试件中强度最低一组的值(MPa);

K_1、K_2——合格判定系数,见表7-7。

K_1、K_2 的值　　　　表7-7

n	101~14	151~24	≥25
K_1	1.70	1.65	1.60
K_2	0.90	0.85	

③中小桥及涵洞等工程,同批混凝土试件少于10组时,可用非统计方法按下述条件进行评定:

$$R_n \geq 1.15R \quad (7-3)$$
$$R_{\min} \geq 0.95R \quad (7-4)$$

(2)当混凝土强度按试件强度进行评定达不到合格条件时,可采用钻取试样或以无损检测法查明结构实际混凝土的抗压强度和浇筑质量,如仍有不合格,应由有关单位共同研究处理。

(3)结构混凝土应符合下列规定:

①表面应密实、平整。

②如有蜂窝、麻面,其面积不超过结构同侧面积的0.5%。

③如有裂缝,其宽度不得大于设计规范的有关规定。

④预制桩桩顶、桩尖等重要部位无掉边或蜂窝、麻面。

⑤小型构件无翘曲现象。

⑥对蜂窝、麻面、掉角等缺陷,应凿除松弱层,用钢丝刷清理干净,用压力水冲洗、湿润,再用较高强度的水泥砂浆或混凝土填塞捣实,覆盖养护;用环氧树脂等胶凝材料修补时,应先经试验验证。

⑦如有严重缺陷,影响结构性能时,应分析情况,研究处理。

4. 基础砌体

1)基本要求

(1)石料或混凝土预制块的强度、质量和规格必须符合有关规范的要求。

(2)砂浆所用的水泥、砂和水的质量必须符合有关规范的要求,按规定的配合比施工。

(3)地基承载力应满足设计要求,严禁超挖回填虚土。

(4)砌块应错缝、坐浆挤紧,嵌缝料和砂浆饱满,无空洞、宽缝、大堆砂浆填隙和假缝。

2)实测项目(表7-8)

基 础 砌 体　　　　　　　　　　　　　　　　表7-8

项次	检查项目		规定值或允许偏差	检查方法和频率	权值
1	砂浆强度(MPa)		在合格标准内	按JTG F80/1—2004附录F检查	3
2	轴线偏位(mm)		25	经纬仪:纵、横各测量2点	2
3	平面尺寸(mm)		±50	尺量:长、宽各3处	2
4	顶面高程(mm)		±30	水准仪:测5~8点	1
5	基底高程(mm)	土质	±50	水准仪:测5~8点	2
		石质	+50,-200		

3)外观鉴定

(1)砌体表面应平整,不符合要求时减1~3分。

(2)砌缝不应有裂隙,不符合要求时减1~3分。裂隙宽度超过0.5mm时必须进行处理。

5. 扩大基础

1)基本要求

(1)所用的水泥、砂、石、水外掺剂及混合材料的质量和规格必须符合有关规范的要求,按规定的配合比施工。

(2)不得出现露筋和空洞现象。

(3)基础的地基承载力必须满足设计要求。

(4)严禁超挖回填虚土。

2)实测项目(表7-9)

扩大基础实测项目　　　　　　　　　　　　　　　　　　　表7-9

项次	检查项目		规定值或允许偏差	检查方法和频率	权值
1	砂浆强度(MPa)		在合格标准内	按JTG F80/1—2004 附录D检查	3
2	平面尺寸(mm)		±50	尺量:长、宽各检查3处	2
3	基础底面高程(mm)	土质	±50	水准仪:测量5~8点	2
		石质	+50, -200		
4	基础顶面高程(mm)		±30	水准仪:测量5~8点	1
5	轴线偏位(mm)		25	全站仪或经纬仪:纵、横各检查2点	2

3)外观鉴定

混凝土表面平整,无明显施工接缝。不符合要求时减1~3分。

6. 钻孔灌注桩

1)基本要求

(1)桩身混凝土所用的水泥、砂、石、水、外掺剂及混合材料的质量和规格必须符合有关规范的要求,按规定的配合比施工。

(2)成孔后必须清孔,测量孔径、孔深、孔位和沉淀层厚度,确认满足设计或施工技术规范要求后,方可灌注水下混凝土。

(3)水下混凝土应连续灌注,严禁有夹层和断桩。

(4)嵌入承台的锚固钢筋长度不得低于设计规范规定的最小锚固长度要求。

(5)应选择有代表性的桩用无破损法进行检测,重要工程或重要部位的桩宜逐根进行检测。设计有规定或对桩的质量有怀疑时,应采取钻取芯样法对桩进行检测。

(6)凿除桩头预留混凝土后,桩顶应无残余的松散混凝土。

2)实测项目(表7-10)

钻孔灌注桩实测项目　　　　　　　　　　　　　　　　　　表7-10

项次	检查项目			规定值或允许偏差	检查方法和频率	权值
1	混凝土强度(MPa)			在合格标准内	按JTG F80/1—2004 附录D检查	3
2	桩位(mm)	群桩		100	全站仪或经纬仪:每桩检查	2
		排架桩	允许	50		
			极值	100		
3	孔深(m)			不小于设计	测绳量:每桩测量	3
4	孔径(mm)			不小于设计	探孔器:每桩测量	3
5	钻孔倾斜度(mm)			1%桩长,且不大于500	用测壁(斜)仪或钻杆垂线法:每桩检查	1
6	沉淀厚度(mm)	摩擦桩		设计规定,设计未规定时按施工规范要求	沉淀盒或标准测锤:每桩检查	2
		支承桩		不大于设计规定		
7	钢筋骨架底面高程(mm)			±50	水准仪:测每桩骨架顶面高程后反算	1

3)外观鉴定

(1)无破损检测桩的质量有缺陷,但经设计单位确认仍可用时,应减3分。

(2)桩顶面应平整,桩柱连接处应平顺且无局部修补。不符合要求时减1~3分。

7. 挖孔桩

1) 基本要求

(1) 桩身混凝土所用的水泥、砂、石、水、外掺剂及混合材料的质量和规格必须符合有关规范的要求,按规定的配合比施工。

(2) 挖孔达到设计深度后,应及时进行孔底处理,必须做到无松渣、淤泥等扰动软土层,使孔底情况满足设计要求。

(3) 嵌入承台的锚固钢筋长度不得小于设计规范规定的最小锚固长度要求。

2) 实测项目(表7-11)

挖孔桩实测项目　　　　　　　表7-11

项次	检查项目		规定值或允许偏差	检查方法和频率	权值
1	混凝土强度(MPa)		在合格标准内	按JTG F80/1—2004附录D检查	3
2	桩位(mm)	群桩	100	全站仪或经纬仪:每桩检查	2
		排架桩 允许	50		
		极值	100		
3	孔深(m)		不小于设计	测绳量:每桩测量	3
4	孔径(mm)		不小于设计	探孔器:每桩测量	3
5	钻孔倾斜度(mm)		0.5%桩长,且不大于200	垂线法:每桩检查	1
6	钢筋骨架底面高程(mm)		±50	水准仪测骨架顶面高程后反算:每桩检查	1

3) 外观鉴定

(1) 无破损检测桩的质量有缺陷,但经设计单位确认仍可用时,应减3分。

(2) 桩顶面应平整,桩柱连接处应平顺且无局部修补。不符合要求时减1~3分。

8. 承台

1) 基本要求

(1) 所用的水泥、砂、石、水、外掺剂及混合材料的质量和规格必须符合有关规范的要求,按规定的配合比施工。

(2) 必须采取措施控制水化热引起的混凝土内最高温度及内外温差在允许范围内,防止出现温度裂缝。

(3) 不得出现露筋和空洞现象。

2) 实测项目(7-12)

承台实测项目　　　　　　　表7-12

项次	检查项目	规定值或允许偏差	检查方法和频率	权值
1	混凝土强度(MPa)	在合格标准内	按JTG F80/1—2004附录D检查	3
2	尺寸(mm)	±30	尺量:长、宽、高检查各2点	1
3	顶面高程(mm)	±20	水准仪:检查5处	2
4	轴线偏位(mm)	15	全站仪或经纬仪:纵、横各测量2点	2

3) 外观鉴定

(1) 混凝土表面平整,棱角平直,无明显施工接缝。不符合要求时每处减1~3分。

(2) 蜂窝麻面面积不得超过该面总面积的0.5%。不符合要求时,每超过0.5%减3分;

深度超过1cm的必须处理。

(3)混凝土表面出现非受力裂缝时减1~3分,裂缝宽度超过设计规定或设计未规定时超过0.15mm必须处理。

9.大体积混凝土结构

1)基本要求

(1)所用的水泥、砂、石、水、外掺剂及混合材料的质量和规格必须符合有关规范的要求。

(2)材料配合比应满足大体积混凝土施工的要求,按规定的配合比施工。

(3)必须采取措施控制水化热引起的混凝土内最高温度及内外温差在允许范围内,防止出现温度裂缝。

(4)不得出现露筋和空洞现象。

2)实测项目(表7-13)

大体积混凝土结构实测项目　　　　　　　　　　　表7-13

项次	检查项目	规定值或允许偏差	检查方法和频率	权值
1	混凝土强度(MPa)	在合格标准内	按JTG F80/1—2004附录D检查	3
2	轴线偏位(mm)	20	全站仪或经纬仪:纵、横各测量2点	2
3	断面尺寸(mm)	±30	尺量:检查1~2个断面	2
4	结构高度(mm)	±30	尺量:检查8~10处	1
5	顶面高程(mm)	±20	水准仪:测量8~10处	2
6	大面积平整度(mm)	8	2m直尺:检查两个垂直方向,每20m²测1处	1

3)外观鉴定

同混凝土结构规定。

第二节　墩台结构质量检测与评定

学习内容:墩台身砌体;预应力混凝土工程;墩台身混凝土的浇筑与安装;墩台帽与盖梁;拱桥组合桥台以及台背填土等施工质量的评定。

学习目标:要求学生认知墩台结构工程的施工质量检测与评定要求及方法;认知墩台结构质量检测的标准。

一、墩台身砌体

1.基本要求

(1)石料或混凝土预制块的强度、质量和规格,必须符合有关规范的要求。

(2)砂浆所用的水泥、砂和水的质量必须符合有关规范的要求,按规定的配合比施工。

(3)砌块应错缝坐浆挤紧,嵌缝料和砂浆饱满,无空洞、宽缝、大堆砂浆填隙和假缝。

2.实测项目(表7-14)

3.外观鉴定

(1)砌体直顺,表面平整。不符合要求时减1~3分。

(2)勾缝平顺,无开裂和脱落现象。不符合要求时减 1~3 分。

(3)砌缝不应有裂隙。不符合要求时减 1~3 分。裂隙宽度超过 0.5mm 时必须进行处理。

墩、台身砌体实测项目 表 7-14

项次	检查项目		规定值或允许偏差	检查方法和频率	权值
1	砂浆强度(MPa)		在合格标准内	按 JTG F80/1—2004 附录 F 检查	3
2	轴线偏位(mm)		20	全站仪或经纬仪:纵、横各测量 2 点	1
3	墩台长、宽(mm)	料石	+20, -10	尺量:检查 3 个断面	1
		块石	+30, -10		
		片石	+40, -10		
4	竖直度或坡度	料石、块石	0.3%	垂线或经纬仪:纵、横各测量 2 处	1
		片石	0.5%		
5	墩、台顶面高程(mm)		+10	水准仪:测量 3 点	2
6	大面积平整度(mm)	料石	10	2m 直尺:检查竖直、水平两个方向,每 20m² 测 1 处	1
		块石	20		
		片石	30		

二、预应力混凝土工程

预应力混凝土用预应力筋主要有钢丝、钢绞线和粗钢筋三大类,其质量应符合现行国家标准的规定。预应力筋进场时应分批验收(外观质量与力学性能),预应力筋的实际强度不得低于现行国家标准的规定。

预应力筋的制作安装允许偏差应符合表 7-15 和表 7-16 的规定。

先张预应力筋制作安装允许偏 表 7-15

项 目		允许偏差(mm)
镦头钢丝同束长度相对差	束长 >20m	L/5 000 及 5
	束长 6~20m	L/3 000
	束长 <6m	2
冷拉钢筋接头在同一平面的轴线偏位		2 及 1/10 直径
力筋张拉后的位置与设计位置之间偏位		4% 构件最短边长及 5
张拉应力值		符合设计要求
张拉伸长率		符合设计要求,设计未规定时 ±6%

后张预应力筋制作安装允许偏差 表 7-16

项 目		允许偏差(mm)
管道坐标	梁长方向	±30
	梁高方向	±10
管道间距	同 排	10
	上下层	10
张拉应力值		符合设计要求
张拉伸长率		符合设计要求,设计未规定时 ±6%

预应力混凝土锚具、夹具和连接器应具有可靠的锚固性能、足够的承载能力和良好的适用性能,并应符合现行国家标准的规定。

预应力混凝土结构梁体混凝土强度等级不应低于C40,混凝土表面应平整、密实,预应力部位不得有蜂窝、露筋现象。

三、墩、台身和盖梁

1. 混凝土墩、台身浇筑

1) 基本要求

(1) 混凝土所用的水泥、砂、石、水、外掺剂及混合材料的质量和规格,必须符合有关技术规范的要求,按规定的配合比施工。

(2) 不得出现空洞和露筋现象。

2) 实测项目

见表7-17及表7-18。

墩、台身实测项目 表7-17

项次	检查项目	规定值或允许偏差	检查方法和频率	权值
1	混凝土强度(MPa)	在合格标准内	按 JTG F80/1—2004 附录D检查	3
2	断面尺寸(mm)	±20	尺量:检查3个断面	2
3	竖直度或斜度(mm)	0.3%H且不大于20	吊垂线或经纬仪:测量2点	2
4	顶面高程(mm)	±10	水准仪:测量3处	2
5	轴线偏位(mm)	10	全站仪或经纬仪:纵、横各测量2点	2
6	节段间错台(mm)	5	尺量:每节检查4处	1
7	大面积平整度(mm)	5	2m直尺:检查竖直、水平两个方向,每20m^2测1处	1
8	预埋件位置(mm)	10或设计要求	尺量:每件	1

注:H为墩、台身高度。

柱或双壁墩身实测项目 表7-18

项次	检查项目	规定值或允许偏差	检查方法和频率	权值
1	混凝土强度(MPa)	在合格标准内	按 JTG F80/1—2004 附录D检查	3
2	相邻间距(mm)	±20	尺或全站仪测量:检查顶、中、底3处	1
3	竖直度(mm)	0.3%H且不大于20	吊垂线或经纬仪:测量2点	2
4	柱、墩顺高程(mm)	±10	水准仪:测量3处	2
5	轴线偏位(mm)	10	全站仪或经纬仪:纵、横各测量2点	2
6	断面尺寸(mm)	±15	尺量:检查3个断面	1
7	节段间错台(mm)	3	尺量:每节检查2~4处	1

注:H为墩身或柱高度。

3) 外观鉴定

(1) 混凝土表面平整,施工缝平顺,棱角线平直,外露面色泽一致。不符合要求时减1~3分。

(2) 蜂窝麻面面积不得超过该面面积的0.5%。不符合要求时,每超过0.5%减3分;深度超过1cm的必须处理。

(3)混凝土表面出现非受力裂缝时减1~3分,裂缝宽度超过设计规定或设计未规定时超过0.15mm必须处理。

(4)施工临时预埋件或其他临时设施未清除处理时减1~2分。

2.墩、台身安装

1)基本要求

(1)墩、台身预制件必须经检验合格后,方可进行安装。

(2)墩、台柱埋入基座坑内的深度和砌块墩、台埋置深度必须符合设计规定。

2)实测项目(表7-19)

墩、台身达式安装实测项目 表7-19

项次	检查项目	规定值或允许偏差	检查方法和频率	权值
1	轴线偏位(mm)	10	全站仪或经纬仪:纵、横各测量2点	3
2	顶面高程(mm)	±10	水准仪:检查4~8处	2
3	倾斜度(mm)	0.3%墩、台高,且不大于20	吊垂线:检查4~8处	2
4	相邻墩、台柱间距	±15	尺量或全站仪:检查3处	1

3)外观鉴定

墩、台表面应平整,接缝应密实饱满,均匀整齐。不符合要求时减1~3分。

3.墩、台帽或盖梁

1)基本要求

(1)混凝土所用的水泥、砂、石、水、外掺剂及混合材料的质量和规格必须符合有关技术规范的要求,按规定的配合比施工。

(2)不得出现露筋和空洞现象。

2)实测项目(表7-20)

墩、台帽或盖梁实测项目 表7-20

项次	检查项目	规定值或允许偏差	检查方法和频率	权值
1	混凝土强度(MPa)	在合格标准内	按JTG F80/1—2004附录D检查	3
2	断面尺寸(mm)	±20	尺量:检查3个断面	2
3	轴线偏位(mm)	10	全站仪或经纬仪:纵、横各测量2点	2
4	顶面高程(mm)	±10	水准仪:检查3~5点	2
5	支座垫石预留位置(mm)	10	尺量:每个	1

3)外观鉴定

(1)混凝土表面平整、光洁,棱角线平直。不符合要求时减1~3分。

(2)墩、台帽和盖梁如出现蜂窝麻面,必须进行修整,并减1~4分。

(3)墩、台帽和盖梁出现非受力裂缝时减1~3分,裂缝宽度超过设计规定或设计未规定时超过0.15mm必须处理。

4.拱桥组合桥台

1)基本要求

(1)地基强度必须满足设计要求。

(2)组合桥台的各个组成部分,其接触面必须紧贴。

(3)阻滑板不得断裂。
(4)必须对组合桥台的位移、沉降、转动及各部分是否紧贴进行观测,提供观测数据。
(5)拱桥台背填土必须在承受拱圈水平推力以前完成,并应控制填土进度,防止桥台出现过大的变位。

2)实测项目

除按有关各节评定各组成部分自身的质量外,还需按本节评定其组合性能,见表7-21。

拱桥组合桥台实测项目　　　　　　表7-21

项次	检查项目	规定值或允许偏差	检查方法和频率	权值
1	架设拱圈前,台后沉降完成量	设计值的85%以上	水准仪:测量台后上、下游两侧填土后至架设拱圈前高程差	2
2	台身后倾率	1/250	吊垂线:检查沉降缝分离值推算	2
3	架设拱圈前台后填土完成量	90%以上	按填土状况推算,每台	3
4	拱建成后桥台水平位移	在设计允许值内	全站仪或经纬仪:检查预埋测点,每台	3

3)外观鉴定

(1)各组成部分接触面不平整者,减3~5分。
(2)各组成部分接近桥面的项面如因沉降不同而有错台时减3~5分,错台大时必须整修。

5.台背填土

1)基本要求

(1)台背填土应采用透水性材料或设计规定的填料,严禁采用腐殖土、盐渍土、淤泥、白垩土、硅藻土和冻土块。填料中不应含有机物、冰块、草皮、树根等杂物及生活垃圾。
(2)必须分层填筑压实,每层表面平整,路拱合适。
(3)台身强度达到设计强度的75%以上时,方可进行填土。
(4)拱桥台背填土必须在承受拱圈水平推力以前完成。
(5)台背填土的长度,不得小于规范规定,即台身顶面处不小于桥台高度加2m,底面不小于2m;拱桥台背填土长度不应小于台高的3~4倍。

2)实测项目

除台背填土压实度见表7-22外,其余按路基要求进行评定。

台背填土实测项目　　　　　　表7-22

项次	实测项目	规定值或允许偏差			检查方法和频率	权值
		高速、一级公路	二级公路	三、四级公路	按JTG F80/1—2004附录B检查,每50m²每压实层至少检查1点	1
1	压实度(%)	96	94	94		

3)外观鉴定

(1)填土表面平整,边线直顺。不符合要求时,减1~3分。
(2)边坡坡面平顺稳定,不得亏坡。曲线圆滑。不符合要求时,减1~5分。

思考与练习题

1.简述桥梁单位、分部及分项工程划分的主要内容。
2.简述混凝土及钢筋混凝土工程质量检验要点。

3. 简述基础砌体和扩大基础质量检验的基本要求。
4. 简述钻孔灌注桩质量检验的基本要求。
5. 简述墩台身砌体外观鉴定要求。
6. 简述混凝土墩、台身浇筑外观鉴定要求。
7. 简述墩、台帽或盖梁外观鉴定要求。
8. 简述拱桥组合桥台和台背填土质量检验的基本要求。

参 考 文 献

[1] 中华人民共和国行业标准.JTG D60—2004 公路桥涵设计通用规范[S].北京:人民交通出版社,2004.
[2] 中华人民共和国行业标准.JTG D62—2004 公路钢筋混凝土及预应力混凝土桥涵设计规范[S].北京:人民交通出版社,2004.
[3] 中华人民共和国行业标准.JTG D63—2007 公路桥涵地基与基础设计规范[S].北京:人民交通出版社,2007.
[4] 中华人民共和国行业标准.JTG D61—2005 公路圬工桥涵设计规范[S].北京:人民交通出版社,2005.
[5] 中华人民共和国行业推荐性标准.JTG/T F50—2011 公路桥涵施工技术规范[S].北京:人民交通出版社,2011.
[6] 中华人民共和国行业标准.JTG F80/1—2004 公路工程质量检验评定标准[S].北京:人民交通出版社,2005.
[7] 郭发忠.桥涵工程[M].2版.北京:人民交通出版社,2009.
[8] 郭发忠.桥梁工程技术[M].2版.北京:人民交通出版社,2010.
[9] 王荣霞,彭大文.墩台与基础[M].北京:人民交通出版社,2011.
[10] 汪迎红,张伟华.桥梁下部构造施工[M].北京:人民交通出版社,2010.
[11] 李辅元,等.桥梁工程[M].2版.北京:人民交通出版社,2013.
[12] 刘孟良.桥涵施工技术[M].北京:人民交通出版社,2009.
[13] 孙元桃.桥涵工程施工技术[M].北京:人民交通出版社,2009.
[14] 王井春.桥涵施工[M].西南交通大学出版社,2010.
[15] 陈方晔,盛涌.基础工程[M].2版.北京:人民交通出版社,2008.